**고객의 95%는
자기 의지로
물건을 사지
않는다**

고객의 95%는 자기 의지로 물건을 사지 않는다

존 젠슨 지음 | 최고봉 옮김

감정이 결정하고 논리로 뒷받침하는
덕테이프 마케팅의 비밀

빌리버튼 billybutton

일러두기

본문에 나오는 '1인 기업'은 small business를 뜻합니다. 규모, 평균매출액, 업종, 독립성 등의 기준에 따라 중소기업, 스타트업, 자영업 등 여러 명칭으로 부를 수 있는 사업체 조직을 두루 일컫습니다.

규모가 작을수록
마케팅 역량은 빛을 발합니다

저는 수년간 1인 기업과 긴밀히 협력하면서 그들의 흥망성쇠를 지켜보며 얻은 마케팅에 대한 이해를 공유하기 위해 이 책을 썼습니다. 이 책을 쓰면서 제가 중요하게 생각한 세 가지 원칙은 단순성, 전략적 일관성, 1인 기업을 위한 맞춤형 접근입니다.

첫째, 이 책은 단순성을 가장 강조합니다. 저는 덕테이프 한 장으로 많은 문제를 해결할 수 있는 것처럼, 간단하고 효과적인 마케팅 전략이 비즈니스를 변화시킬 수 있다고 항상 믿어왔습니다. 수년 동안 저는 기업들이 종종 정교한 마케팅 전략과 디지털 도구에 얽매여 마케팅의 기본 원칙을 잊어버리는 것을 목격했습니다. 이 책은 기본으로 돌아가 예산이나 팀 규모에 관계없이 간단하면

서도 효과적인 마케팅 전략을 이해하고 실행할 수 있도록 도와드립니다.

둘째, 마케팅에서는 전략적 일관성이 중요합니다. 이 책에서 저는 성공적인 마케팅은 임시방편이나 일시적인 성공이 아니라 장기적인 결과를 가져오는 탄력적인 시스템을 구축하는 것임을 강조했습니다. 이 책에서 소개하는 원칙과 전략은 비즈니스의 모든 측면에 내장되어 일관되게 적용될 수 있도록 구성되었습니다.

마지막으로 가장 중요한 점은 이 책이 1인 기업을 위해 특별히 설계되었다는 점입니다. 제 경험상 대부분의 마케팅 서적은 1인 기업의 특수한 상황을 고려하지 않고 일반적인 접근 방식을 취합니다. 그래서 저는 부족한 자원, 빠듯한 예산, 모자라는 인력 같은 제약 조건을 고려하여 이 책을 집필했으며, 여러분의 고유한 상황에 맞게 특별히 설계된 실용적이고 실행 가능한 해결책을 제공하기 위해 노력했습니다. 비즈니스 세계에 내재된 도전과 경쟁 속에서 어떻게 생존하고 번창할 수 있는지 보여드리고자 합니다.

이 책의 목표는 단순하고 일관성 있고 개인화된 마케팅 전략을 제공하여 1인 기업에 힘을 실어주는 것입니다. 마케팅 환경이 아무리 방대하고 복잡해 보여도 성공으로 이끌 수 있는 명확하고 간단한 전략은 항상 존재한다는 것을 상기시켜드리고 싶습니다. 이 책이 마케팅의 흥미진진한 여정을 헤쳐나가는 데 길잡이 역할을 하기를 진심으로 바랍니다. 이 책은 노련한 경영자든 신생 사업자 든 상관없이 강력하고 일관되며 성공적인 마케팅 전략을 구축하 는 데 도움이 되는 실용적인 인사이트와 도구를 제공합니다.

이 책의 페이지를 넘기면서 단순성, 일관성, 관련성의 힘을 받아 들이시기 바랍니다. 이 책에서 소개하는 원칙, 전략 및 팁은 마케 팅 활동을 혁신하고 비즈니스를 성공으로 이끄는 데 도움이 될 것 입니다. 건투를 빕니다!

존 잰스

고객이 당신을 알고, 당신을 좋아하고, 당신을 믿게 만드세요

제가 이 책의 초판을 쓴 뒤로 지금까지 어떤 변화가 있었을까요?

지난 몇 년 동안 사업을 해온 사람이라면 누구나 잘 알듯이, 몇 몇 비즈니스 분야에서는 놀라운 변화가 일어났지만 많은 부분은 변하지 않았습니다. 이 개정판에서는 덕데이프 마케팅의 도구, 규칙, 전술 등에서 많은 내용이 업데이트되었지만 '마케팅은 시스템'이라는 기본 메시지를 유지합니다.

한때, 1인 기업은 마케팅 활동을 보조하고 마케팅 메시지를 퍼뜨리는 추가적인 채널로 인터넷을 활용해야 한다고 결론 내린 적이 있습니다. 그러나 오늘날의 비즈니스는 이 생각을 근본적으로 다시 발전시키지 않으면 멸종에 직면하게 될 것입니다. 소셜 미디어 사용의 공세는 단순히 또 다른 마케팅 전략을 만들어낸 것이 아니라, 21세기 내내 마케팅 환경에 엄청난 변화가 밀어닥칠 것이라는 분명한 신호였습니다.

이제 인터넷과 디지털 인터랙티브는 마케팅의 중심이 되었습니다. 대부분의 마케팅 의사 결정은 여기서 시작되고 끝나야 합니다. 오늘날의 마케터는 온라인을 중심으로 전략과 전술을 바라보아야 합니다. 판매와 서비스를 촉진하는 대부분의 오프라인 거래 기능이 그 너머로 뻗어나가는 것도 염두에 두어야 합니다.

업종에 관계없이 모든 비즈니스는 O2O 비즈니스(Online to Offline이라는 뜻으로, 주로 모바일 접속을 통해 온라인을 오프라인으로 연결하는 비즈니스 방식)라고 부르는데, 이들의 주요 마케팅 목표는 온라인에서 사람들을 오프라인으로 유도하는 데 초점을 맞추고 있습니다. 따라서 온라인에 구축한 웹사이트의 영향력이 더욱 중요해졌습니다. 예를 들어 다음과 같은 사항을 특히 고려해야 합니다.

- 한때 광고는 주로 판매를 창출하거나 이미지를 개선하는 데 사용되었지만, 이제는 웹 콘텐츠에 대한 인지도를 높이는 데 사용되어야 합니다.
- 검색 엔진 최적화(SEO)는 한때 주로 웹사이트를 최적화하는 기능이었지만, 이제는 소셜 미디어 전반에서 브랜드 자산을

최적화하는 기능이 되어야 합니다.

- 리드 생성(리드lead는 '잠재 고객'을 말하며, '리드 생성'은 '잠재 고객 확보'를 말함)은 과거에는 방송 메시지로 구성되었지만, 이제 는 24시간 모든 곳에서 발견되는 것에 크게 의존해야 합니다.
- 과거에는 리드 전환(잠재 고객인 리드를 구매 고객으로 만드는 것) 이 정보를 제공하기 위한 여러 번의 영업 전화로 이루어졌다 면, 이제는 웹 정보 수집을 가치 전달로 보완해야 합니다.
- 과거에는 추천(referral)이 단순히 이름을 전달하는 것이었지 만, 이제는 조직의 온라인 평판, 평가, 리뷰에 크게 의존하고 있습니다.
- 오프라인 매장 위치는 항상 중요했지만, 지역 업체의 온라인 위치는 사활이 걸린 문제가 되었습니다.

여전히 선형적으로 마케팅 모델을 바라보고 있다면, 즉 온라인 전략이 전체 마케팅 과정의 어느 한 부분이라고 생각한다면, 이 모델을 바라보는 관점을 완전히 바꿔야 합니다. 오늘날의 마케터 는 먼저 중심부터 구축해야 합니다. 그래야만 향후 10년 동안 마 케팅을 이끌어갈 강력한 기반을 만들 수 있습니다.

마케팅이란 무엇인가

《덕테이프 마케팅》 초판에서 저는 수년간 1인 사업가들과 함께 일하면서 개발한 마케팅에 대한 정의를 공개했는데, 이는 교과서적인 정의가 현실 세계에서는 별 의미가 없었기 때문입니다. 해가 갈수록 새로운 마케팅 도구와 기법이 발전할 때마다 마케팅에 대한 저의 실제 정의가 더 적절해지는 것 같아 기쁘게 생각합니다.

제가 생각하는 마케팅의 정의는 '필요를 가진 사람이 나를 알고, 좋아하고, 신뢰하게 만드는 것'입니다. 알고, 좋아하고, 신뢰하는 것을 시도하고, 구매하고, 반복하고, 추천하는 것으로 전환하는 과정에서 우리가 구현해야 하는 작업입니다. 이제 짐작하셨겠지만, 이 작업은 전체 마케팅 세계를 운영할 수 있는 시스템과 시스템 사고방식을 구축함으로써 이루어집니다.

현재 수만 명의 마케터가 마케팅을 바라보는 방식에 혁명을 일으킨 오리지널 덕테이프 마케팅 시스템의 요소는 인터넷, 기술, 소셜 미디어 행동의 채택으로 인한 엄청난 변화에 따라 재구성되고 강조되었지만 여전히 그대로 유지되고 있습니다.

덕테이프 마케팅 시스템

마케팅은 시스템입니다. 나아가 모든 비즈니스에서 가장 중요한 시스템이기도 합니다. 다음은 덕테이프 마케팅의 기초가 되는 '시스템 마케팅'에 대한 7가지 핵심 단계입니다.

1. 전술보다 전략을 먼저 개발하기

대부분의 사업자는 좋은 마케팅 전략이 성공적인 마케팅 구현의 가장 중요한 요소임에도 불구하고 주먹구구식, 전술적 접근 방식을 취합니다. 예를 들어 다이렉트 메일(Direct Mail, 이하 DM)이나 페이스북 페이지를 만들기 전에 마케팅 전략을 채택하고 실행에 옮겨야 합니다.

모든 전술적 결정은 전략을 통해 필터링되어 전체 마케팅 전략에 합당한지 또는 지원되는지 확인해야 합니다.

마케팅 전략이라는 개념이 낯설거나 어렵게 느껴질 수 있지만, 실제로는 이상적인 고객을 결정하고 좁게 정의하고 차별화의 핵심 포인트를 만들어 전달하는 것에 지나지 않습니다. 문제는 사업자가 모든 사람에게 모든 것이 될 수 없으며, 좋은 서비스를 제공한다고 말하는 것은 차별화 요소가 아니라 기대치라는 것을 깨달을 때 발생합니다.

2. 깔대기에서 모래시계로 확장하기

여러분은 마케팅 퍼널(고객이 제품이나 서비스를 구매하기까지의 과정을 깔대기 모양으로 시각화한 개념)이라는 말을 들어봤을 겁니다. 깔대기 모양처럼, 맨 위에서는 최대한 많은 잠재 고객을 확보하고 밑으로 내려갈수록 좁아져서 소수의 구매 고객을 확보하는 것을 말합니다. 마케팅 모래시계는 퍼널의 큰 끝에서 시작하여 모래시계처럼 새로운 고객을 지지자 및 추천 파트너의 확장된 기반으로 전환하는 각 잠재 고객에 대한 논리적 경로가 있음을 시사합니다. 이 접근 방식은 고객 경험에 중점을 두고 시작하고 끝내야 하며, 잠재 고객이 알고, 좋아하고, 신뢰하고, 시도하고, 구매하고, 반복하고, 추천하는 경로를 따라 논리적으로 이동할 수 있도록 시스템과 프로세스를 만드는 데 특별한 주의를 기울여야 합니다.

3. 콘텐츠 발행 모델 정하기

오늘날 마케터는 출판사와 마찬가지로 콘텐츠 제작에 전념해야 합니다. 잠재 고객은 어떤 주제나 과제에 대해 유용한 정보를 많이 검색하고 찾기를 기대합니다. 고객 성공 사례, 추천사, 블로그 게시물, 전자책, 온라인 세미나 형태의 교육 자료 등 인지도와 신뢰를 구축하는 콘텐츠를 지속적으로 제작하는 것은 새로운 마케팅 시스템의 주요 구성 요소입니다.

4. 온라인에서 존재감을 구축하기

웹사이트를 보유하고 온라인에 참여하고 있다고 생각하는 것만으로는 충분하지 않습니다. 오늘날 대부분의 구매 결정에는 어느 정도의 온라인 조사가 포함됩니다. 오늘날의 비즈니스는 온라인에서 빠르게 검색되고, 쉽게 참여하고, 쉽게 소통할 수 있어야 합니다. 이를 위해서는 검색 엔진 최적화(SEO)와 소셜 미디어 참여에 중점을 두어야 합니다(7장에서 SEO를 자세히 살펴봅니다).

물론 이는 온라인에서 다진 입지를 모든 오프라인 비즈니스 기능에 통합하는 것을 의미하기도 합니다.

5. 잠재 고객 생성 완성하기

리드 생성 시스템이 완벽하게 작동하면 리드의 상당 부분이 추천에서 비롯될 수 있지만, 광고와 PR을 추가하여 시스템을 구축하면 각각의 노력을 증폭시킬 수 있습니다. 잠재 고객이 광고 메시지를 접하고 업계 정보지에서 신제품에 대한 정보를 읽은 후 회계사로부터 교육 워크숍에 초대받으면 사실상 스스로 판매한 것입니다.

6. 리드 전환 시스템 구축하기

대부분의 1인 기업은 리드 전환을 통해 성공을 측정할 수 있어야만 마케팅을 리드 생성 활동으로 간주합니다.

잠재 고객이 더 많은 정보를 원할 때에도 리드를 생성할 때와 동일한 체계적인 접근 방식이 마련되어 있어야 합니다. 모든 신규 리드가 걸어가는 경로, 리드를 육성하고 교육하는 방법, 신규 고객 오리엔테이션을 위한 입증된 프로세스를 마련하는 것만으로도 조직이 경험하는 최종적인 전환 결과에 극적이고 긍정적인 영향을 미칠 수 있습니다.

7. 마케팅 일정 지키기

모든 비즈니스에서 가장 부족한 자원은 시간입니다. 할 수 있는 일보다 해야 할 일이 늘 더 많습니다. 어떤 사람들은 '압도적인 업무량'에 눌려 일하기를 멈추고 거의 아무것도 하지 않습니다.

마케팅 모멘텀을 확보하려면 장기적으로 일관된 작업이 필요하며, 이는 마케팅 캘린더를 작성하여 처리하는 것이 가장 좋습니다. 연간 마케팅 캘린더는 캠페인과 제품 출시를 위한 훌륭한 계획 도구이지만, 시기적절하고 일관된 방식으로 수행해야 하는 많은 프로젝트의 일정을 계획하는 데에도 효과적인 도구입니다. 월별 프로젝트 및 테마, 주간 실행 단계, 일일 마케팅 과제를 정해놓으면 마케팅 시스템을 구축하는 데 집중할 수 있습니다.

1부
덕테이프 마케팅의 기초:
제대로 된 궤도에 올리자

2부
현장에서 바로 통하는 실행법:
노출과 추천을 최대화하자

3부
모든 과정을 선순환시키는 유지관리법:
진짜 마케팅을 시작합시다

덕테이프 마케팅의 기초:
제대로 된 궤도에 올리자

DUCT TAPE
MARKETING

1부에서는 마케팅 비즈니스를 올바른 궤도에 올리기 위해 해야 할 기초 단계를 자세히 살펴봅니다. 기초 단계를 완료하는 것은 건물의 기초를 다지는 것과 매우 유사합니다. 건물이 흔들림 없이 서 있으려면 기초가 튼튼해야 합니다. 마케팅 기초 단계에는 리드나 고객을 창출하기 전에 필요한 전략과 도구를 만드는 것이 포함됩니다.

1부의 9개 장에서는 이상적인 잠재 고객 파악부터 팀 전체의 마케팅 참여 유도까지 모든 것을 다룹니다. 각 장은 고객이 여러분의 회사와 제품과 서비스를 더 많이 알고, 좋아하고, 신뢰하도록 만드는 능력을 활용하는 데 도움이 될 것입니다. 9가지 기초 단계가 모두 함께 작동하면 진정으로 끈끈한 마케팅을 위해 절대적으로 필요한 토대를 갖추게 될 것입니다.

1장

'무엇을'보다
'어떻게'를 먼저 정한다

제 강연을 듣거나 제 블로그의 글을 읽어본 사람이라면 누구나 마케팅 전략이 마케팅 전술보다 1인 기업에 훨씬 더 중요하다는 것을 알고 있습니다. 그럼에도 불구하고 '금주의 전술 아이디어'는 대부분의 사업자들에게 관심을 받습니다.

비즈니스가 진정한 추진력을 얻으려면 전략과 전술이 함께 진행되어야 하지만, 효과적인 전략이 먼저 수립되어야만 전술이 의미가 있습니다.

1장의 제목은 《손자병법》에서 빌려왔습니다. 《손자병법》에 나오는 다음 문장은 이 주제에 대한 제 생각을 잘 요약해줍니다.

"전략이 있는데 전술이 없으면 이기기가 매우 어렵고, 전술이 있는데 전략이 없으면 패배를 자초하는 길이다."

마케팅 계획에서 전략이 대부분 립서비스에 그치는 이유는 대부분의 사람들이 마케팅 전략의 참모습을 오해하고 있기 때문입니다. 그래서 전략이 무엇인지부터 말씀드리겠습니다. 전략은 위시리스트, 사명 선언문 또는 목표의 나열이 아닙니다. 그렇다면 전략은 무엇일까요?

마케팅 전략 개발 3단계

마케팅 전략은 '무엇을'이나 '어디에'가 아니라 '어떻게'에 대한 명확한 설명입니다. 효과적인 마케팅 전략은 회사가 정한 목표를 달성하기 위해 명시된 실행 계획을 간결하게 설명하는 것입니다.

시장 리더가 되는 것은 전략이 아니라 목표입니다. 고객에게 진실하고 진지한 서비스를 제공하는 것은 전략이 아니라 임무입니다. 신규 고객 수를 두 배로 늘리는 것은 전략이 아니라 장기 목표입니다.

목표, 임무, 목적도 좋지만 이를 달성하기 위한 계획, 즉 전략을 논리적인 전술과 결합하는 것이 가장 확실한 승리의 길입니다.

시장 리더가 되기 위해 틈새 시장을 개척하여 그 시장을 지배하는 것이 효과적인 전략입니다.

고객에게 진실하고 진지한 서비스를 제공하려면 효과적인 마케팅 전략이 사람을 쓰는 일에서 시작된다는 것을 알 수 있습니다.

신규 고객 수를 두 배로 늘리기 위한 가장 효과적인 마케팅 전략은 전략적 추천 파트너로 구성된 공식적인 모임을 만드는 것일 수 있습니다.

각 전략에는 해당 전술과 실행 단계 목록이 있지만, 실행 계획과 캠페인에는 전략이 의사 결정과 계획 수립의 근거로 작용합니다.

수천 명의 1인 사업가와 함께 일하면서 저는 마케팅 전략을 개발하는 3단계 프로세스를 개발했습니다. 하지만 이 과정에서 시장 상황, 경쟁 환경, 트렌드 기회 등이 모두 변수로 작용한다는 점을 알려드립니다. 확고한 플레이어가 있는 성숙한 시장에서 마케팅 전략을 고려하는 회사와, 구매 습관이 입증되지 않은 시장에 새로운 기술을 도입하려는 회사는 사물을 바라보는 관점이 크게 다를 것입니다.

마케팅 전략을 개발할 때는 다음 단계를 고려해야 합니다.

1. 중요 고객 정하기

모든 전략과 그에 따른 전술이 효과를 발휘하려면 누군가의 관심을 끌 수 있어야 합니다. 따라서, 대상을 정하는 일이 가장 중요합니다. 좁게 정의된 이상적인 고객을 중심으로 마케팅 전략을 개발하세요(이에 대해서는 2장과 3장에서 자세히 설명합니다). 이렇게만 해도 틈새 시장을 잘 공략할 수 있는 전략이 될 수 있습니다.

이상적인 고객 프로필을 전략의 기초로 사용하면 서비스 제공

방식과 고객 유치 전략을 구체적으로 떠올릴 수 있습니다. 이상적인 고객 세분화(세그먼트)에 집중하지 않으면 마케팅 전략이 흐트러지는 경우가 많습니다.

2. 차별화하기

이상적인 고객의 프로필을 개발했다면 이 그룹에 어필할 수 있는 방법을 찾아야 합니다. 제 경험상 유일하게 확실한 방법은 다른 시장과 명확하게 차별화되는 접근 방식, 제품 또는 서비스를 찾아내거나 만드는 것입니다. 시장은 비교하고 대조할 수 있는 방법을 원하는데, 이를 제공하지 않으면 기본적으로 가격 비교를 하게 됩니다.

고객이 진정으로 가치 있게 여기는 방식을 찾아내야 합니다. 업계에서 사람들을 좌절시키는 일은 무엇일까요? '항상 해오던' 방식을 어떻게 혁신의 기회로 바꿀 수 있을까요? 정말 독특한 일을 하고 있더라도 핵심 마케팅 메시지를 효과적으로 전달하지 못할 수도 있습니다.

이 단계를 진지하게 받아들이지 않으면 다른 모든 마케팅 작업의 효과가 훨씬 떨어질 것입니다. 남들과 다르게 한다는 것은 너무나 진지한 주제입니다(이 단계에 대한 자세한 내용은 3장에서 확인하세요).

3. 점 연결하기

마케팅 전략의 마지막 단계는 이상적인 고객을 정의하고 핵심 차별화 요소를 만드는 등 앞서 수행한 작업을 바탕으로 이를 명시된 전략으로 정하는 것입니다.

덕테이프 마케팅을 만들 때 제가 세운 전략은 '1인 기업을 위한 마케팅을 시스템과 제품으로 전환하여 누구나 알아볼 수 있는 1인 기업 마케팅 브랜드를 만드는 것'이었습니다. 이 전략에는 이상적인 고객과 명확한 차별화 요소를 좁게 정의하는 것이 포함되었습니다.

우리의 임무는 1인 사업가가 마케팅을 바라보는 방식을 근본적으로 바꾸는 것이었고, '시스템으로서의 마케팅' 전략은 이를 실현하는 방법이 되었습니다.

대부분의 효과적인 전략이 그렇듯이, 현재 상황과 포지셔닝과의 격차를 인식하는 일이 분명한 기회를 제공했습니다. 여러 전략을 연결하려면 해당 분야의 경쟁 환경을(관련 없는 다른 산업 분야까지도) 면밀히 조사하여 혁신 또는 차별화를 통해 니즈를 충족해야 합니다.

다시 한 번《손자병법》의 한 구절을 인용합니다.

"승리하기 위해 내가 사용한 전술은 모든 사람이 알 수 있지만 승리가 어떤 전략에서 비롯되었는지는 아무도 알 수 없다."

페이스북이 링크드인보다 사업에 더 적합한지, DM이 여전히 리드를 생성하는 효과적인 방법인지 판단하기 전에 궁극적으로 가장 큰 영향력을 발휘할 수 있는 지점, 즉 전략부터 시작하세요.

온라인과 오프라인의 결합이 궁극적인 참여다

마케팅 전략의 관점에서 고려해야 할 한 가지는 잠재 고객과 고객이 인터넷과 소셜 미디어를 받아들인 방식입니다. 이 변화를 최대한 활용하는 기업들은 오프라인 전술과 온라인 전술을 융합하여 고객 참여를 위한 관계 구축에 사용하고 있습니다.

이런 모습을 지켜본 결과, 모든 지역 사업자가 인터넷과 소셜 미디어 활용을 중요한 마케팅 전략을 채택해야 한다고 저는 확신합니다. 인터넷과 소셜 미디어를 판매 채널로만 볼 일이 아닙니다. 오프라인 구매자가 의사 결정을 내리는 방식에 맞게 마케팅 프로세스를 모두 조정해야 하고, 그래야만 비즈니스 기회가 생깁니다.

재포스(Zappos), 델(Dell), 아마존(Amazon)은 고객과의 접점이 많은 대면 비즈니스에서는 고객 참여와 경험을 창출할 수 없습니다. 이것이 바로 경쟁 우위입니다. 온라인에서 판매할 생각만 하지 말고 좋은 인상을 남길 수 있는 기회를 잡아야 합니다. 그러려면 제품, 서비스, 브랜드, 콘텐츠 및 전문 지식에 대한 인지도를 높이기 위해 온라인 전사가 되어야 합니다. 현지 쇼핑객이나 정보 수집가가 검색 엔진을 사용하면 해당 고객을 오프라인으로 안내하여 전체 패키지를 구매하도록 유도하세요.

저는 오프라인에서 고객을 창출하는 것이 1인 기업이 장기적으로 고수익을 창출하는 가장 효과적인 방법이 될 것이라고 생각합니다. 하지만 온라인 정보 공간을 먼저 마스터하지 않으면 이러한 수익은 결코 나타나지 않을 것입니다.

온라인에서 오프라인으로 전환하는 사고방식에는 많은 사람이 검색 엔진 최적화(SEO)라고 부르는 원칙이 적절히 포함되어 있지만, 실제로는 온라인 방문자를 확보한 후 어떻게 참여를 유도하느냐에 따라 성공 여부가 결정됩니다. 온라인-오프라인 융합 접근법을 개발하는 데는 세 단계가 있습니다.

1. 발견

이 단계에서는 지역 잠재 고객이 무엇을 찾고 있는지 알아야 하고, 이 데이터를 사용하여 제품 및 서비스에 대한 인지도를 높일 방법을 찾아야 합니다. 여러분이 오프라인 사업자라면 고객에게 직접 물어볼 수 있다는 뚜렷한 이점이 있지만, 이미 성공한 온라인 경쟁업체로부터도 단서를 얻을 수 있어야 합니다.

2. 콘텐츠

콘텐츠는 온라인에서 매우 크고 성장하는 개념이지만, 여기서는 잠재 고객이 제품/서비스에 대해 가질 수 있는 질문에 답하기 위한 교육용 콘텐츠 제작으로 해석합니다. 또한 로컬 디렉토리, 소셜 네트워크, 북마크 사이트와 같이 기본 웹 허브로 다시 연결되는 경로를 통해 콘텐츠의 전초기지를 자유롭게 사용하는 것도 포함됩니다.

3. 참여

이 용어는 요즘 소셜 미디어 업계에서 자주 사용되지만, 대면 참여보다 좋은 것은 거의 없습니다. 일단 사람들의 시선을 사로잡고 구글 지도(Google Maps) 같은 지역 정보 웹사이트에서 주요 부동산을 확보했다면, 이제 참여 전략을 시작해야 합니다. 이는 매장, 이벤트, 워크숍, 데모, 설명회 등을 통해 이러한 시선을 오프라인으로 유도하기 위한 의도적인 전술적 접근 방식입니다. 온라인 참여로는 절대 얻을 수 없는 가치, 경험, 신뢰성, 전문성을 오프라인에서 확실하게 보여줄 수 있는 기회입니다(힌트: 동영상이 온라인 콘텐츠로서 매우 효과적인 이유입니다).

전 세계 사람에게 상품을 판매하는 도구인 인터넷은 지역에서도 효과가 강력합니다. 인터넷을 잘 활용하면 오프라인 리드 전환 시스템으로 잠재 고객을 끊임없이 유입시킬 수 있습니다.

성공하는 기업이 알고 있는 것

이제 막 사업을 시작했거나 사업을 계획하고 있다면, 이상적인 고객 또는 핵심 차별화를 좁게 정의한 마케팅 전략을 어떻게 수립하는지 궁금할 것입니다. 깊이 들어가기 전에 다음 사항을 고려해 보세요.

세상에는 훌륭한 사업 아이디어가 많습니다. 여러분은 대단한 의 사업계획서를 작성해 놓고 큰 아이디어를 실행에 옮길 완벽한 때를 기다리고 있을지도 모릅니다. 많은 스타트업 비즈니스가 큰 아이디어에서 시작되지만, 안타깝게도 그 꿈의 일부를 실현하기도 전에 실패하는 경우가 너무 많습니다.

사업을 벌이는 일은 위험할 수 있지만, 시작하기 전에 다음과 같은 속성을 고려한다면 스타트업을 확실하게 성공시키는 법을 이해할 수 있을 것입니다.

사업자가 고객이다

좁게 정의된 타깃 시장의 특성, 욕구, 행동을 이해하는 일은 매우 어렵지만 성공하려면 반드시 해야 합니다. 모든 마케팅 서적이나 전문가가 이 사실을 알려주지만, 잠재 고객의 마음속으로 깊이 들어갈 수 있는 마법을 알려주는 사람은 거의 없습니다. 다양한 조사 기법을 통해 어느 정도 지식을 습득할 수는 있지만, 잠재 고객과 똑같이 살아 숨 쉬고 느끼는 것만큼 좋은 것은 없습니다. 역사상 가장 확실한 성공 사례 중 일부는 개인적인 필요를 충족하기 위해 제품이나 서비스를 만들고 이를 통해 비즈니스를 발견한 창업자에게 나왔습니다.

답은 결국 시장에 있다

어떤 창업가들은 1년 정도 푹신한 방에 갇혀 있다가 세계 최고의 혁신 제품을 내놓는 것을 꿈꿉니다. 낭만적으로 들리겠지만, 혁신이 사람들이 아직 알지 못하는 놀라운 문제를 해결해 준다면 그 혁신이 실현되기도 전에 자금이 소진될 수도 있습니다. 검증된 시장을 중심으로 혁신하거나, 관련 없는 산업에서 천재성을 빌리거나, 해결책을 갈망하는 성숙한 시장에서 충족되지 못한 수요를 발견하는 것이 더 낫습니다.

경쟁이 극심한 시장에도 파고들 틈이 있다

마케터들은 때때로 경쟁을 피하기도 합니다. 시장 조사 결과 특정 지역이나 산업에서 경쟁이 너무 심하다고 판단되면 시장이 포화 상태여서 스타트업이 설 자리가 없을 것이라고 생각하기 때문입니다. 저는 말도 안 되는 소리라고 단언합니다. 여러분의 이웃은 동네에 또 커피숍이 들어온다고 푸념하겠지만, 저는 한 업계에서(심지어 한 동네에서) 여러 업체가 줄줄이 성공한다면 그것이 기회의 징조라는 사실을 깨달았습니다.

사람들이 이미 제품이나 서비스에 돈을 쓰고 있다면 일의 3분의 2는 끝난 것입니다. 사람들은 지갑을 열 정도로 제품을 이해하고 가치를 인정하고 있습니다. 이제 남은 일은 고객에게 얼마나 더 나은 경험을 제공할 수 있는지 보여주는 것입니다. 정말 훌륭한 서비스를 제공하는 기업은 거의 없습니다. 사실, 성숙한 시장에서 시장 점유율을 빼앗는 것은 스마트한 스타트업이 가장 쉽게 성공할 수 있는 방법 중 하나입니다.

혁신은 단순할수록 좋다

스타트업 성공을 위한 아이디어는 대부분 이미 검증된 시장에 진입하는 데 초점을 맞춥니다. 물론 저도 그렇게 조언을 하지만, 시장이 쉽게 이해하고 인정할 수 있는 중요한 차별화 포인트를 가지고 있어야 한다는 점을 기억하세요. 다른 사업자들의 운영 방식을 파악한 다음, 그 틀을 깨고 제품을 단순화함으로써 차별화를 꾀할 수 있습니다. 예를 들어, 서비스업계에 있는 사업자들이 제안서와 입찰을 통해 계약을 따낸다면, 여러분은 고정가격을 제시해볼 수 있습니다. 기존 업체들이 맞춤 제작을 하느라 작업시간이 길고 제작단가가 높다면, 여러분은 고객의 요구사항을 잘 파악해서 규격화된 패키지 제품을 판매할 수도 있습니다.

캘리포니아주 버클리에는 유명한 피자 레스토랑이 있습니다. 매일 특별 메뉴 한 가지를 대량으로 만드는데, 한 판에 20달러 하는 피자가 수천 판씩 팔립니다.

고객이 무엇을 원하는지 항상 고민한다

1인 기업 창업자인 여러분이 밝고 반짝이는 신생 스타트업과, 회사가 만들어내는 제품을 사랑하게 되면 시장의 현실을 보지 못하게 될 수 있습니다. 열린 마음으로 시장이 진정으로 원하는 것이 무엇인지 발견하고 그에 맞추어 발빠르게 적응하는 의지와 능력이야말로 1인 기업이 지닌 강점임을 잊지 마세요.

고객과 대화하고, 경쟁사와 대화하고, 직원과 대화하세요. 숫자가 증명하는 것만큼 소중한 것은 없다는 것을 기억하세요.

2장

이상적인 고객을
찾아낸다

저는 워크숍에서 여러 1인 사업가들과 이야기할 때 "고객을 제대
로 타기팅하면 더 이상 멍청한 사람들과 일할 필요가 없다는 사실
을 알게 될 것"이라는 말을 자주 합니다. 이 말을 할 때면 항상 웃
음이 나오지만 청중이 안도하며 고개를 끄덕이는 모습도 볼 수 있
습니다.

여러분이 제공하는 서비스를 소중히 여기고, 여러분과의 협력
을 파트너십으로 여기며, 여러분이 성공하기를 바라는 고객을 유
치할 수 있지만, 그 이상적인 고객의 모습이 그려져 있을 때만 가
능합니다.

이 장에서는 여러분의 비즈니스에 완벽하게 적합한 고객(또는 세
그먼트)을 좁은 타깃 범위에서 식별하고, 설명하고, 집중하는 법을
자세히 알아보겠습니다. 여기에는 실제로 몇몇 이상적인 세그먼

트의 발견이 포함될 수 있습니다.

잠시 '이상적'이라는 개념을 강조하고 싶습니다. 저는 비즈니스 관계의 개념을 소개하기 위해 이 용어를 의도적으로 사용하고 있습니다. 건강한 고객/비즈니스 상호 작용에서 '관계'라는 개념은 모든 거래의 최전선에 있습니다. 건강한 관계에서는 양 당사자 모두 책임, 필요, 목표가 있습니다. 서로가 이러한 요구를 충족하도록 돕는 것은 좋은 관계에서 당연한 일입니다.

건강한 1인 기업 마케팅 관계에서도 마찬가지입니다. 따라서 이상적인 고객이라는 개념에는 몇 가지 전제 조건이 있습니다. 완벽하게 작동하는 마케팅 시스템, 즉 예측 가능한 결과를 만들어내는 시스템을 구축하면 이상적인 고객으로 간주되는 사람을 선택할 수 있는 자신감을 얻을 수 있습니다. 이는 속물근성이 아니라 기본적인 생존을 위한 것입니다. 여러분이 제공하는 가치를 존중하지 않고, 제때 대금을 지불하지 않고, 자신의 역할을 다하지 않는 고객은 다른 어떤 비즈니스보다 마케팅 비즈니스를 더 빨리 망가뜨릴 것입니다.

이 단계를 진지하게 받아들이지 않으면 비즈니스를 예측 가능하게 성장시키기가 어려울 뿐만 아니라 매너 없는 고객과 마주하게 될 것입니다.

이상적인 잠재 고객

이상적인 타깃 고객을 정의하는 데 많은 관심을 기울이는 이유 중 하나는 모든 고객이 한때는 잠재 고객이었기 때문입니다. 따라서 이상적인 잠재 고객을 정의하고 그들에게 집중하는 것이 중요합니다. 초기 마케팅 활동의 많은 부분은 이상적인 잠재 고객 또는 리드를 많이 생성하는 데 집중될 것입니다. 이상적인 잠재 고객이 특정 수치에 도달하면 잠재 고객에서 일반 고객으로 전환될 수치도 예측할 수 있는 때가 옵니다.

고객을 파악하는 5단계 접근법

이상적인 고객이 누구인지 또는 무엇이 이상적인 고객인지 파악하는 가장 쉬운 방법 중 하나는 지금까지 사업이 유치한 고객을 면밀히 살펴보는 것입니다. 기존 사업의 일부 세부 고객 집단이 매우 집중된 시장을 구성하고 있을 수도 있습니다.

다음은 회사가 이상적인 고객을 발견한 다음에 두고 커뮤니케이션 계획을 세우는 데 도움이 되는 단계별 접근 방식입니다.

1단계: 수익성부터 파악한다

되도록 고객에 대한 스프레드시트를 작성하고 각 고객과 거래하는 비즈니스의 규모와 유형에 집중하세요. 지난 3년간 가장 많이 거래한 고객부터 가장 적게 거래한 고객 순으로 순위를 매길 수도 있습니다.

이제 수익에 초점을 맞춰 목록을 꼼꼼히 살펴보세요. 가장 수익성이 높은 고객은 누구인가요? 수익성이 낮은 업무나 고객이 있나요? 대부분의 사업에는 온종일 일해도 기껏 시간 낭비일 뿐인 일이 많습니다.

핵심은 가장 수익성이 높은 업무를 파악하는 것입니다. 그 업무는 제품이나 서비스인가요? 고객 참여 관련 업무인가요? 즐겁게 해결할 수 있는 도전과제인가요?

2단계: 추천인을 추가한다

이제 그 목록을 다시 나누어 보겠습니다. 수익성 있는 작업 중에서 추천인으로 알려진 고객을 식별합니다. 제가 알아낸 비밀은 이렇습니다. 만족한 고객만이 추천을 하고, 고객은 여러분의 방식과 자신의 필요가 잘 맞아떨어질 때 만족합니다. 수익성 있는 고객, 즉 추천하는 고객으로 구성된 이 좁은 그룹에서 이상적인 고객 프로필을 발견할 확률이 아주 큽니다.

3단계: 인구 통계를 조사한다

좁은 범위의 추천 고객 그룹에서 이상적인 고객 그룹에 대해 알려진 물리적 특성을 살펴보세요. 두 그룹에서 공통된 특징을 찾으면 됩니다. 마케터들은 이를 '인구통계'라고 부르며, 아웃바운드 마케팅(기업이 고객에게 찾아가 적극적으로 상품 및 서비스를 판매하는 마케팅 방법)을 위해 인구통계학적 리스트를 구입하는 경우가 많습니다.

4단계: 고객 행동을 조사한다

이상적인 고객을 유치하는 비결은 무엇이 그들을 자극하는지, 무엇이 당신 같은 사람을 찾게 만드는지, 그들이 일반적으로 어떤 행동을 보이는지 이해하는 것입니다. 이것이 바로 고객 유치의 본질이며 마케터가 인바운드 마케팅(고객이 자발적으로 회사의 제품과 서비스를 찾아오도록 유도하는 마케팅 방식) 경로를 만드는 방법입니다. 예를 들어, 고객이 기술 관련 컨퍼런스를 즐긴다는 것을 알고 있다면, 이러한 컨퍼런스에 몇 번 참석하거나 무대에 오르기 위해 노력할 수도 있습니다. 고객이 시민 단체나 비영리 단체에서 활동한다면 그런 조직과 파트너십을 맺을 수 있습니다.

5단계: 고객 프로필을 만든다

마지막으로 수익, 추천 성향, 인구 통계, 행동 특성을 종합하여 이상적인 고객 프로필을 만듭니다. 단어와 이미지를 사용하여 이상적인 고객에 대한 그림을 그리면 누구나 고객의 비전을 떠올릴 수 있습니다. 스스로에게, 궁극적으로는 직원, 파트너, 추천인에게 답해야 할 핵심 질문은 이렇습니다. '이상적인 고객을 어떻게 발견할 수 있을까?'

고객마다 프로필이 달라도 괜찮습니다. 서로 다른 속성을 부여하고 이름을 지어보세요.

"내가 이상적인 고객을 어떻게 발견할 수 있을까?"라는 질문과 함께 그림을 그리고, 그 그림을 모든 마케팅 결정의 필터로 삼는다면("밥에게 어필할 수 있을까?"), 모든 이상적인 고객이 자신만을 위한 제품/서비스라고 인식하고 그들이 프리미엄을 지불할 만한 사업을 구축하는 길에 들어선 것입니다.

고객을 파악할 때 소셜 미디어 활용하기

마케터들은 일반적으로 통계 데이터보다 훨씬 더 풍부한 정보를 얻을 수 있는 심리 및 행동 데이터를 수집합니다. 예전에는 이러한 종류의 정보를 수집하는 데 비용이 많이 들고 개인 정보보다는 총체적인 정보가 많았습니다. 소셜 미디어의 도입은 이 퍼즐의 한 조각을 흥미로운 방식으로 바꾸어 놓았습니다. 사람들은 트위터에 저녁 식사로 무엇을 먹었는지 시시콜콜 늘어놓는 사람들에 대해 농담을 하는데, 그런 정보는 쓸모없어 보이지만 마케터에게는 아주 쓸모있는 정보입니다. 전체 고객 목록에 소셜 미디어를 통해 알 수 있는 모든 정보를 추가하면 어떤 고객이 영향력을 행사하고 연결과 추천을 좋아하는지 등 수년간의 연구를 통해 알 수 있는 것보다 더 많은 동기 유발 요소를 발견할 수 있습니다.

문제란 무엇인가

'특정 니즈나 문제를 가진 사람들이 나를 알고, 좋아하고, 신뢰하도록 만드는 것'이라는 마케팅의 정의를 다시 한 번 살펴봅시다. 니즈나 문제가 없다면 실제로는 시장이 없는 것입니다. 그렇다면 문제란 무엇일까요? 고객이 제품을 구매하거나 서비스를 유지할 때 해결하고자 하는 문제는 무엇일까요?

저는 니즈(needs)와 욕구(wants)를 포함하여 매우 광범위하게 문제를 정의합니다. 컴퓨터가 서로 대화할 수 있도록 하는 것이 문제일 수도 있지만, 동료에게 잘 보이고 싶은 열망이 문제일 수도 있습니다. 중요한 것은 사람들이 실제로 무엇을 구매하는지 이해하거나 판단하는 것이 아니라, 여러분이 실제로 무엇을 판매하는지 파악하고 인정하는 것입니다.

여러분이 무엇을 팔든, 얻는 것을 결정하는 사람은 고객입니다. 여러분은 상품과 서비스를 판매하는 것이 아니라 문제 해결법을 판매하는 것입니다. 그렇다면 실제로 무엇을 판매할까요? 마음의 평화인가요, 지위인가요, 통증 완화인가요? 이 사실을 최대한 직설적으로 표현하면 마케팅 비즈니스에 즉각적인 도움이 될 것입니다.

위치, 위치, 위치

어떤 사업에서는 위치가 주요 마케팅 문제입니다. 예를 들어, 소매업은 일반적으로 고객을 위해 정의된 특정 거래 지역에 의존합니다. 어떤 사업자는 특정 지역을 벗어나 제품을 배송하거나 홍보용 전화를 거는 데 비용이 많이 든다는 사실을 알게 됩니다. 현재고객의 위치를 지도에 표시하여 구매 패턴이 있는지 또는 목표 시장에 집중하기 위해 특정 지역을 공략하는 것이 더 바람직한지 파악해보면 도움이 됩니다.

실제 지리적 제약이 없는 사업체도 이 작업을 해보면 비즈니스 기회를 포착할 수 있는 패턴을 발견할 수 있습니다. 즉, 각 고객의 실제 위치를 정확히 파악하기 전까지는 알지 못했던 특정 산업 분야의 비즈니스가 집중되어 있을 수 있습니다. 지도에 고객의 위치를 핀으로 표시해서 걸어두는 것도 고객에게 집중할 수 있는 재미있는 방법입니다.

고객이 구매 결정을 내리는 방법

이상적인 고객이 제품이나 서비스에 대한 구매 결정을 내리는 방법을 이해하는 것이 중요합니다. 위원회, 입찰, RFP, 직감, 리퍼럴, 검색 엔진, 충동 등 여러 요소가 작용합니다.

여기에는 실제 패턴이 없을 수도 있지만, 이상적인 고객의 구매 방식을 잘 이해하면 고객의 의사 결정 과정을 다루는 교육 시스템을 설정할 수 있습니다.

고객에게 도달할 수 있는 최적의 방법 찾기

좁게 정의된 시장 중에는 도달하기 매우 쉬운 시장도 있지만, 매우 어려운 시장도 있습니다. 목표 시장을 정의하고 궁극적으로 범위를 좁힐 때 고려해야 할 사항 중 하나는 실제로 그들에게 다가가서 그들이 여러분을 알고 여러분과 여러분의 회사를 좋아하고 신뢰하도록 도울 수 있다는 확신을 갖는 것입니다.

이 시장을 대상으로 하는 협회가 있나요? 이 시장에 초점을 맞춘 출판물이 있나요? 이 시장에 해당하는 메일링 리스트를 구매할 수 있나요? 이 시장과 네트워크를 형성할 수 있나요? 이러한 세부 정보를 정리해두면 시장 상황을 명확하게 파악할 수 있습니다.

제품의 가치를 인정하는가

덕테이프 마케팅 접근법의 기본 원칙 중 하나는 선택한 타깃 시장에서 제품과 서비스에 프리미엄을 부과할 수 있어야 한다는 것입니다.

여러분이 제공하는 제품을 절실히 필요로 하는 사람들만 모아서 시장을 만들 수는 없습니다. 특정 틈새 시장으로 초점을 좁혀야 할지 여부를 결정할 때는 그 시장이 프리미엄을 지불할 만큼 여러분이 제공하는 제품의 가치를 인정하는지 판단해야 합니다. 이 질문에 답하기 힘들다면 이미 이 시장에서 성공한 기업을 찾아보세요. 그 기업이 공개하는 정보를 바탕으로 답을 찾을 수 있을 것입니다(다음 장에서 경쟁사 조사에 대해 자세히 설명합니다).

실행 가능한 시장인가

이상적인 잠재 고객에 대해 모든 것을 알게 되었습니다. 이제 결정을 내려야 합니다. 이 시장이 실행 가능한 시장인가? 이 질문에 답하려면 다음 질문을 자신에게 던져보세요.

- 내 사업 성장 목표를 지원할 만큼 시장이 충분히 큰가?
- 이 시장의 의사 결정권자에게 내 사업을 쉽게 홍보할 수 있

는가?

- 이 시장은 프리미엄을 지불할 만큼 내 사업의 가치를 인정하
  는가?

좁게 생각하기

이 장에서 배운 모든 내용을 바탕으로 이상적인 시장이나 세그
먼트에 맞지 않는 모든 것을 제외하고, 매우 잘 정의된 틈새 시장
에 서비스를 제공하는 데 전념하라고 다시 한 번 강조합니다.

매우 구체적인 틈새 시장에 집중하면 해당 시장의 특정 요구에
맞는 제품과 서비스를 자유롭게 개발할 수 있습니다. 그러면 여러
분의 언어와 프로세스는 여러분이 고유한 니즈를 실제로 이해하
고 있다는 매우 명확한 신호를 보낼 수 있습니다.

틈새 시장은 소통하기 더 쉬운 경우가 많습니다. 특정 업계에는
무역 협회, 간행물 또는 메일링 리스트가 있을 가능성이 높습니
다. 이렇게 쉽게 식별할 수 있는 그룹을 대상으로 마케팅을 맞춤
화하고 이름(건설회사 경영자, 미용실 운영자, 만성 두통 환자 등)으로 식
별하면 커뮤니케이션의 효과를 크게 높일 수 있습니다. 좁은 타깃
시장에 집중하면 경쟁이 훨씬 적고, 이 시장에 서비스를 제공하는
다른 업체보다 경쟁 우위를 확보할 수 있습니다.

고객을 생생하게 그려보기

이상적인 고객에 대한 조사를 마쳤다면 이제 시각화를 할 차례입니다. 실제로 만나고 싶은 이상적인 고객의 모습을 글로 적어보세요. 어떻게 생겼는지, 어떻게 생각하는지, 무엇을 원하는지, 무엇을 두려워하는지, 그들이 생각하는 재미, 위험, 열정은 어떤 것일지 등 떠오르는 모든 것을 적어보세요. 실제 사람의 사진을 사용하여 전체 페르소나를 만든 다음 모두가 볼 수 있도록 벽에 걸어두세요. 이 작업을 두어 번 반복하여 이상적인 고객 특징을 몇 가지로 만들 수 있습니다. 고객 이미지나 묘사 내용을 벽에 붙여두고 고객에게 전화를 걸거나 이메일을 쓰거나 제품 관련 회의를 할 때 참조해보세요.

마치 회의 테이블에 함께 앉아 있는 것과 비슷합니다. 좀더 해본다면, 실제 사람 모양으로 입간판을 만들어 빌, 메리, 톰 등으로 이름을 붙이고 회의실 빈 의자에 앉혀놓을 수도 있습니다. 적어도 회의가 재미있어지겠네요.

이상적인 고객은 해결책을 갈망한다

어떤 경우에는 시장을 매우 뚜렷한 여러 시장으로 세분화해야 할 수도 있습니다. 이는 이상적인 타깃 시장마다 제품에 대한 니즈가 다르기 때문일 수도 있고, 제공하는 제품이나 서비스가 서로 다른 뚜렷한 시장에 각각 달리 어필하기 때문일 수도 있습니다. 많은 기업이 이미 이렇게 하고 있지만, 덕테이프 마케터는 특정 시장 틈새의 요구에 맞게 마케팅을 조정하기 위해 이렇게 접근합니다.

문제와 해결책에서 실마리를 찾아라

핫한 시장 기회를 찾으려면 문제와 해결책을 생각하세요. 즉, 아무도 해결하지 못한 문제를 가진 사람, 산업 또는 기업을 찾고 이를 해결할 방법을 찾아보세요. 이 접근 방식에서는 고객의 규모가 크든 작든, 신규 기업이든 기존 기업이든 상관없이 니즈만 있으면 됩니다. 역사상 가장 위대한 시장 혁신 중 일부는 이러한 접근 방식을 취했습니다.

애플의 스티브 잡스가 아이팟의 타깃 시장을 "1만 장의 CD를 들고 다니고 싶지 않은 사람들"로 정의했다는 글을 읽은 적이 있습니다. 이 정의는 세상 모든 사람들이 매장의 재고량보다 더 빨리 아이팟을 구입했던 이유를 설명해 줍니다.

그렇다면 전체 시장 기회를 정의할 수 있는 해결 가능한 문제에는 어떤 것이 있을까요? 해결 방법을 구매할 여력이 없는 소규모 기업일까요? 풀 서비스가 필요하지 않은 사람들인가요? 더 빠르고, 더 작고, 번거롭지 않은 것을 원하는 사람인가요? 서류 작업을 싫어하는 사람? 당일 서비스를 원하는 기업? 전환기에 있는 사람들로 구성된 시장?

주거용 부동산 중개인인 멜린다 바틀링은 라이프스타일이 변화하는 여성을 대상으로 한 마케팅에 집중하기로 했습니다. 멜린다는 메리(Mary)가 집 크기를 줄여야 하는 다른 친구를 자신에게 소개하자 자기 사업이 성공할 수 있다는 것을 알았습니다. 멜린다는 추천에 감사를 표한 후 그 이유를 물었습니다.

메리는 멜린다의 아들을 통해 집을 샀는데 그가 조급하게 일처리를 하는 것을 보고, 멜린다가 전문가라고 판단하고 다른 친구에게는 멜린다를 추천했다는 것이었습니다.

업계에서 모두가 그냥 참고 사는 짜증나는 일은 무엇인가요? 고객이나 경쟁사로부터 "이 업계는 원래 그런 거야"라는 말을 들은 적이 있나요? 사물을 다르게 보세요! 해결책을 갈망하는 타깃 시장을 찾을 때, 진정으로 핫한 시장을 파악했는지 확인하기 위해 고려해야 할 세 가지 질문이 있습니다.

1. 내가 가진 것을 그들이 원하는가?

사람들이 여러분이 가진 것을 절실히 필요로 하는지는 중요하지 않습니다. 그들이 어떤 이유로든 그것을 원하지 않는다면 여러분은 침몰할 것입니다. 상대방이 여러분이 제공하는 것을 정말로 원해야 한다고 설득하려고 애쓰다가는 사라지고 맙니다. 사람들은 스스로 원하지 않으면 자기 이익을 위해 행동하지 않습니다.

2. 내가 하는 일을 소중히 여기는가?

여러분이 제공하는 서비스(적어도 카테고리)에 이미 투자하고 있는 사람들을 찾아야 합니다. 값싼 제품만 찾는 고객은 늘 싼 제품만 구매하고, 혼자 해결책을 찾는 고객은 늘 혼자 해결할 것입니다. 여러분이 제공하는 해결책의 부가 가치에 만족하는 고객을 찾아보세요.

3. 내가 하는 일에 대해 프리미엄을 지불할 의향이 있는가?

이 점을 간과하고 오해하는 경우가 많습니다. 무엇을 판매하든 어떤 서비스를 제공하든 가격 경쟁을 할 필요는 없습니다.

이상적인 잠재 고객 프로필

지금까지 배운 내용을 바탕으로 이상적인 잠재 고객 프로필을 작성하세요. 마치 테이블 맞은편에 앉은 사람을 묘사하듯이 이상적인 고객의 모습을 한두 문단 정도만 작성하면 됩니다. 설명할 때 이 공식을 유지하세요.

> 겉으로 보이는 특징 묘사 + 고객이 원하는 것 + 고객의 문제 + 구매 방법 + 고객과 소통하는 가장 좋은 방법 = 이상적인 잠재 고객

예를 들어보겠습니다.

> 이상적인 잠재 고객은 업력이 5년 이상인 서비스 회사 대표로
> 서, 그의 회사는 시카고 중심가에 있고 직원은 15~100명이며 내
> 부에 마케팅 부서가 없다. 그의 회사는 겉으로 봐서는 크게 성공
> 했지만 마케팅을 거의 하지 않았다. 그는 마케팅 역량 부족으로
> 성장에 한계를 느끼기 시작했다.
>
> 그가 직면한 가장 큰 문제는 수년 동안 즉흥적으로 만들어진 다
> 양한 마케팅 이니셔티브와 자료 때문에 마케팅 역량이 완전히
> 꼬였다는 것이다. 내부에 마케팅 책임자가 없고, 대부분은 회사
> 대표가 마케팅 결과에 책임을 진다. 또한 경쟁 심화로 인해 현재
> 시장 점유율 이상으로 사업을 성장시키기가 어렵다는 것을 알게
> 되었다.
>
> 이 잠재 고객은 필사적으로 사업을 한 단계 더 발전시키고 싶어
> 한다. 이 잠재 고객과 접촉하려면 도구를 제공하는 DM, 믿을 만
> 한 비즈니스 전문가가 후원하는 워크숍, 다른 업체 대표나 전문
> 가의 추천을 이용해야 한다.

이 설명에는 우연이 거의 없습니다. 심지어 이 이상적인 고객이
친목 모임에서 다른 사람과 대화할 때 할 수 있는 말의 단서까지
섞어 놓았습니다. 이렇게 상세한 설명은 영업팀이 이상적인 잠재

고객을 정확하게 식별하고, 추천인이 올바른 리드를 추천하도록 하며, 광고 결정을 내리는 데 도움이 됩니다.

이상적인 잠재 고객에 대한 정확한 설명이 있으면 결국 영업 전화를 오디션 같은 분위기로 전환할 수 있습니다. 잠재 고객이 고객이 되기 위해 오디션을 보게 될 것입니다. 잠재 고객의 모든 행동이나 발언을 이상적인 고객 후보인지 아닌지를 판단하는 신호로 볼 수 있습니다. 잠재 고객의 여러 물리적 특성은 공공 기록과 웹사이트에서 수집한 정보를 통해 파악할 수 있습니다.

이후 장에서 설명하는 덕테이프 마케팅 시스템을 완성한 후에는 약속을 수락하기 위한 최소 요구 사항으로 이상적인 잠재 고객에 대한 이러한 물리적 설명을 설정할 수 있습니다. 그런 다음 궁극적으로 고객 관계를 구성하는 더 깊은 요구 사항과 정서적 특성을 발견하는 것이 영업 활동의 진정한 임무가 될 것입니다.

데이터베이스 마케팅

흥미로운 그림을 그려보겠습니다. 이번 주에 이상적인 잠재 고객이 많이 읽는 무역 간행물에 광고를 게재했다고 가정해 보겠습니다. 이 광고는 독자들에게 'X(제품 또는 서비스)를 구매하기 전에 반드시 알아야 할 10가지 사항'이라는 제목의 무료 보고서를 제공했습니다. 그 결과 27명이 무료 전화 번호로 전화를 걸어 무료 보고서를 주문했습니다. 이 사람들의 이름과 주소는 마케팅 도우미에게 이메일로 전송되었고, 마케팅 도우미는 이를 ACT 데이터베이스에 불러와 소개 마케팅 편지 작업을 각각 할당하고 편지를 인쇄하여 우편으로 보냈습니다. 새로운 잠재 고객은 뉴스레터 목록에 추가되고 영업 담당자에게 배포되어 전화 후속 조치를 취하게 됩니다.

이 매우 기본적인 시나리오는 데이터베이스 마케팅 프로그램을 사용하면 쉽게 달성할 수 있습니다. 가장 인기 있는 프로그램으로는 ACT!, 골드마인(GoldMine), 맥시마이저(Maximizer) 등이 있습니다. 이 소프트웨어는 종종 고객 관계 관리(CRM) 소프트웨어로 분류되지만, 실제로 1인 사업가에게는 많은 마케팅 프로세스를 자동화하고 조직의 다른 사람에게 성공적으로 위임할 수 있도록 해줍니다.

37signals의 선라이즈(Sunrise), 세일즈포스닷컴(Salesforce.com) 같은 웹 기반 애플리케이션도 널리 사용됩니다. 이러한 프로그램을 특정 비즈니스 요구 사항에 맞게 조정하는 데 도움을 주는 컨설턴트가 있습니다. 이 단계의 마지막 조치는 이러한 강력한 소프트웨어 패키지 중 하나를 구매하여 사용하는 것입니다.

ACTION PLAN ──

1. 구매력이 있고 여러분의 제품을 추천하는 고객 중에서 나이와 성별 같은 공통적인 특성을 찾습니다.
2. 타깃 시장의 공통적인 불만 사항을 파악합니다.
3. 이상적인 타깃 시장에 대한 설명을 전달하기 쉬운 용어로 작성하세요.
4. 이상적인 타깃 시장이 비즈니스를 지원할 만큼 충분히 큰지 평가합니다.

3장

핵심 마케팅 메시지를
전달한다

군중 속에서 눈에 띄려면

1인 사업가들은 종종 가장 강력한 마케팅 전략을 공개해 달라고 요청합니다. 가장 강력한 마케팅 전략은 광고, DM, 웹사이트 또는 추천과는 거의 관련이 없다고 주저 없이 말할 수 있습니다. 이러한 것들이 사업에 실제로 영향을 미치기 전에 여러분의 사업이 다른 사업과 어떻게 다른지 발견하고 전달해야 합니다. 잠재 고객의 마음속에 있는 단순한 아이디어나 입장에 대해 강력하게 주장을 펼칠 방법을 찾아야 합니다. 그러기 위해 사업의 특성 일부를 바꾸어야 할 때도 주장은 강력하고 의도적이어야 합니다. 이 작업이 완료되면 경쟁사와의 차별점을 빠르게 전달할 수 있는 핵심 메시지를 만들어야 하며, 그렇지 않으면 제가 '1차상품 사업

(commodity business)'라고 부르는 것의 굴레에서 벗어날 수 없습니다.

1차상품 사업에서 벗어나라

대부분의 잠재 고객은 어떤 사업이 다른 사업과 본질적으로 비슷하다고 여기며, 여기서 살 수 없으면 그냥 저기서 사면 되는 1차상품이라고 생각합니다. 회계사도 다른 회계사와 비슷하고, 전기 기술자도 다른 전기 기술자와 비슷하고, 자동차 수리점도 다른 수리점과 비슷하다고 생각하는 경우가 많습니다. 사실인지 아닌지는 여러분이 아무 조치를 취하지 않는 한 중요하지 않습니다.

1차상품 사업의 문제점은 잠재 고객이 여러분 회사의 고유한 특징을 파악할 수 없다면 측정할 수 있는 유일한 요소인 가격을 기본값으로 삼게 된다는 것입니다.

제품을 정해놓은 가격으로 그냥 바꿔준다는 제안은 가장 약한 마케팅 제안 중 하나입니다. 이미 알고 계시겠지만 가격으로 경쟁하기는 정말 끔찍합니다. 항상 여러분보다 더 빨리 사업을 접으려는 사람이 있을 것입니다.

경쟁업체와 차별화할 수 있는 핵심 요소를 찾아서 그것을 만나는 사람마다 말하세요. 품질도 아니고, 좋은 서비스도 아니고, 공정한 가격도 아닙니다. 이는 모두 기대치입니다. 비즈니스 방식,

제품 포장 방식, 서비스 판매 방식, 고객에게 쿠키를 보내는 방식, 사람들에게 삶을 변화시키는 방법을 보여주는 능력, 즉 여러분이 제공하는 경험에 차별화가 있어야 합니다.

핵심 메시지를 찾는 과정

고유한 차별성을 포착하고 이를 강력한 방식으로 전달하려면 여러 단계를 거쳐야 합니다. 우리의 목표는 다음과 같습니다.

- 고유한 위치를 발견하고, 포착하고, 확고히 합니다.
- 마케팅 목적 진술서를 작성합니다.
- 마케팅 목적 진술서를 토킹 로고로 바꿉니다.
- 모든 마케팅에 사용할 간단한 핵심 메시지를 작성합니다.

차별화를 포착하는 방법

1인 기업이 고유한 차별점을 부각할 수 있는 검증된 방법이 여럿 있습니다. 어떤 경우에는 이미 고유한 위치를 확보하고 있으며 핵심 메시지를 통해 이를 식별하고 전달하기만 하면 됩니다. 그러나 일부 업체는 특정 시장에서 중요한 방식으로 돋보일 수 있는 판매 요소를 만들기 위해 사업, 제품, 서비스 또는 비즈니스 모델에 상당한 변화가 필요하다는 것을 알게 됩니다.

제 고객 중 한 주택 리모델링 업체는 고급 작업에서 경쟁하는 데 어려움을 겪고 있었습니다. 그들은 고급 작업을 수행했지만 단순 수리 작업도 수행했습니다. 그들은 고급 구매자가 원하는 디자인 중심의 리모델링 사업보다는 건설 사업에 더 가깝게 여겨졌습니다. 시장의 차이를 완전히 이해한 후, 그들은 고급 고객에게 더 정확하게 어필하기 위해 이름을 변경하고 단순 수리 작업을 추천 파트너 네트워크에 소개하기 시작했습니다. 1년도 채 되지 않아 가장 잘하는 작업 유형에 대한 시장의 시각이 완전히 바뀌었고, 더 이상 가장 수익성이 높은 작업을 두고 경쟁하는 데 어려움을 겪지 않게 되었습니다.

여기서 주목할 점은 차별화만으로는 충분하지 않다는 것입니다. 식별 가능한 타깃 시장이 핵심 메시지의 후보가 되려면 그 차이에 가치를 두어야 합니다.

제가 가장 좋아하는 차별화 방법은 '놀라운 보증'을 제공하는 것입니다. 같은 업계에서 아무도 꿈꾸지 못할 강력한 보증을 제공할 수 있을까요? 노련한 마케팅 업자들은 잠재 구매자의 리스크를 줄이는 방법으로 오랫동안 보증을 사용했습니다. 일부 업계에서는 보증이 판매 프로세스의 필수 요소로 자리 잡았습니다.

하지만 여기서 더 나아가면 어떨까요? 단순히 만족도를 보장하거나 '위험 없는' 쇼핑을 보장하는 것 이상으로 놀라운 보증을 만들면 어떨까요?

놀라운 보증의 핵심은 긴장하게 만드는 것입니다. 동종 업계에서 아무도 고려하지 않는 보증을 만들어 전달할 수 있다면, 경쟁사와 차별화할 수 있는 핵심 마케팅 메시지와 우수성을 전달하고, 충성도 높은 단골 고객을 확보하는 데 집중하는 두 가지 강력한 요소를 자동으로 확보할 수 있게 됩니다. 또 무엇이 있을까요?

- 놀라운 보증으로 사람들의 마음을 사로잡습니다. "90일 동안 저희 서비스를 사용해 보시고 약속한 대로 성과를 내지 못하면 두 배로 돌려드리겠습니다."
- 놀라운 보증이 입소문을 불러일으킵니다. "그 사람들이 뭘 해주기로 했다고요?"
- 놀라운 보증은 사명을 만들어냅니다. "우리의 임무는 단 하나, 행복한 고객을 만드는 것입니다. 무엇을 고쳐드릴까요?"

다른 사람은 꿈도 꾸지 못할 약속을 할 수 있을까요? 이것이 바로 놀라운 보증의 시작입니다. 몇 가지 출발점을 살펴봅시다.

제품

여러분의 사업이 해당 제품과 연관되어 있을 정도로 독특하거나 트렌디한 제품을 제공할 수 있나요? 아니면 제품을 확장하고 고객에게 더 유용한 서비스를 제공하여 제품을 더욱 유용하게 만들 수 있나요?

서비스

서비스도 마찬가지입니다. 많은 경우 서비스를 상품으로 포장해서 제공할 수 있습니다. 컨설팅은 종종 시간 단위로 제공됩니다. 서비스 내용과 일정 가격을 패키징하여 컨설팅 계약을 제안하는 방법은 차별화하는데 효과적입니다. 서비스에 강력한 이름을 붙이는 것을 잊지 마세요!

틈새 시장 개척

한두 개의 산업을 개척하고 해당 산업에서 가장 지배적인 플레이어가 되세요. 틈새 시장 개척의 큰 장점은 전문화할 때 가격을 크게 올릴 수 있다는 것입니다.

인터넷 틈새 검색 리소스를 찾아야 할 수도 있습니다. 잠재적인 틈새 시장을 찾는 방법 중 하나는 사람들이 인터넷에서 무엇을 검색하는지 알아내는 것입니다. 이를 위한 몇 가지 훌륭한 도구가 있습니다. 클릭당 지불 광고를 제공하는 서비스에서도 '틈새 시장 찾기'라는 키워드 조사를 많이 제공합니다. '소프트웨어 교육' 같은 키워드를 입력하고 지난 한 달 동안 키워드와 관련된 용어를 얼마나 많은 사람이 검색했는지 확인할 수 있는 도구를 제공하는 곳이 많습니다.

특별한 제안

특별한 제안을 해서 유명해질 수 있나요? 제가 아는 한 회계사는 세무 준비 고객에게 4명의 신규 고객을 추천하면 준비 수수료를 100% 환불해 줍니다. 이 회계사는 '100% 환급 세금 전문가'입니다.

문제 해결

시장의 잠재 고객이 여러분이 하는 일에 대해 두려워하거나 보편적이라고 생각하는 것이 있나요? 그렇다면 그 해답을 어떻게 가지고 있는지 알리는 데 집중하세요(예를 들어 무통증 치료를 제공하는 치과). 제가 아는 한 리모델링 계약업체는 고객들이 가장 높이 평가하는 것이 직원들이 하루 작업을 마치고 청소를 말끔히 해주는 것임을 알게 되었습니다. 그는 자신이 전 세계 그 어떤 리모델링 계약업체보다 많은 샵백을 보유하고 있다는 사실을 홍보하기 시작했습니다.

가치 있는 메시지 전달하기

고객에게 전달되지 않는 사항이나 제공해야 한다고 생각하는 추가 서비스가 있는 경우가 많습니다. 여러분의 포지셔닝은 여러분이 하는 일을 더 효과적으로 전달하는 데 달려 있습니다. 제가 아는 한 사무용 가구 판매업체는 "우리는 당신의 비즈니스를 더욱 가치 있게 만듭니다"라는 메시지를 채택하여 그들이 제공하는 모든 것을 전달합니다. 이제 그들이 하는 모든 일은 그 메시지를 전달하는 데 초점을 맞춥니다. 그 업계에 있는 다른 업체들은 가구를 그냥 팔고만 있습니다.

닐 해리스 냉난방업체의 스티브 버브리지는 일관된 핵심 마케팅 메시지를 개발하여 경쟁업체와 회사를 성공적으로 구분하고 소비자 인지도 1위로 자리매김했습니다. 그 메시지는 "집 열쇠를 믿고 맡길 수 있는 기술자"입니다. 이 메시지는 모든 마케팅에 사용되며 라디오 광고에는 열쇠뭉치가 짤랑거리는 소리까지 나옵니다. 얼마나 강력합니까! 패스트푸드점에 있던 낯선 사람이 유니폼을 입은 스티브를 보고 다가와서 열쇠를 흔들었다고 하네요.

핵심 메시지를 전달하는 탁월한 방법

독특한 습관을 들여라

제가 아는 한 재무 설계사는 연례 보고서 검토를 하러 고객들이 회사에 찾아오면 주차장으로 내려가 고객들이 타고 온 차를 구석구석 살펴본다고 합니다. 그 고객들은 친구들에게 그 재무 설계사의 특별한 행동에 대해 극찬을 아끼지 않습니다.

고객에게 최고의 서비스를 제공하라

미국의 고급 백화점 체인 노드스트롬에서 제공하는 최고의 고객 서비스에 대한 이야기는 누구나 알고 있습니다. 자기만의 최고의 고객 대응 시스템을 구축하면 입소문이 자유롭게 퍼질 것입니다. 이를 시작하는 가장 좋은 방법은 고객과의 첫 만남에서 기대 이상의 서비스를 제공하는 것입니다. 고객에게 약속한 것보다 더 많은 것을 제공하거나, 선물을 제공하거나, 관련 서비스를 무료로 제공하세요.

경쟁에서 우위를 점하라

경쟁업체의 제품에서 빈틈을 찾아 카테고리 틈새 시장을 만들 수 있는 경우가 많습니다. 경쟁 업체들이 특정 문제를 해결하지 못한다면 과감하게 그 문제를 해결하고 경쟁사를 차별화 포인트로 활용하세요.

독특한 비즈니스 방식을 찾아라

여기에는 결제 조건, 서비스 제공 또는 포장 방법, 고객 서비스를 위한 사무실 설정 방법 등이 포함될 수 있습니다.

애리조나주 투손에 위치한 스마일 덴탈 스파는 환자들에게 치과 치료에 새로운 방식을 들였습니다. 치과 치료 전, 치료 중, 치료 후 일련의 스파 트리트먼트를 제공해 고객을 만족시키고 긴장을 풀어줍니다. 스파 트리트먼트를 좋아하지 않는다고 생각했던 사람들도 모두 만족합니다. 두려움과 불안은 애지중지하는 마음과 휴식으로 대체됩니다. 이 치과를 찾아오는 환자는 환자가 문을 들어서는 순간부터 무장 해제됩니다. 진료실은 무균 상태의 사무실이라기보다는 리조트처럼 보이도록 디자인되었습니다.

기억에 남는 개성을 채택하라

모든 사람에게 통하지는 않지만, 특이한 행동이나 성격을 이용해서 사업을 키울 수도 있습니다. 제가 대학에 다닐 때 무례한 주인 때문에 유명했던 작은 식당이 있었습니다. 새로 온 손님이 주인이 원하는 메뉴를 주문하지 않으면 주인은 손님에게 나가라고 했습니다. 식당은 손님으로 꽉 찼습니다.

워싱턴주 시애틀에 있는 회사 에르고핏 컨설팅의 데보라 리드는 비즈니스 자문 그룹의 조언을 받아들여 자신이 이메일에 사용하던 캐릭터인 '부상 예방 슈퍼히어로 에르고걸'을 활용했습니다. 그녀는 반짝거리는 빨간색 망토를 구해서 입었고 포춘 500대 기업과의 만남을 비롯한 비즈니스 네트워킹 이벤트에도 자주 입고 나갔습니다.

고객이 가장 잘 안다

이제 본격적으로 회사의 포지셔닝을 만들어 봅시다. 어떤 경우에는 이미 특정 유형의 업무나 직책으로 유명해졌을 수도 있습니다. 이러한 경우 여러분의 임무는 이미 알고 있는 내용을 단순히 전달하는 것일 수 있습니다. 하지만 대부분의 경우, 포지셔닝을 찾는 가장 좋은 방법은 고객에게 물어보는 것입니다. 고객이 회사에 가장 적합한 포지셔닝을 알려주는 경우는 놀랍도록 많습니다. 실제로 저는 사업자가 고객이 진정으로 가치 있게 여기는 일이 무엇인지 완전히 이해하지 못하는 모습을 여러 번 보았습니다.

제 조언은 고객에게 몇 가지 중요한 질문을 직접 하거나 다른 사람을 고용해 물어보라는 것입니다. 열 명 정도의 고객에게 전화를 걸어 다음과 같이 물어보세요.

- 저희 회사를 선택한 이유는 무엇인가요?
- 다른 업체가 하지 않는 일은 무엇인가요?
- 저희 업계 전체에서 부족한 점은 무엇인가요?
- 저희 회사가 당신을 감동시킬 수 있는 것은 무엇인가요?
- 이 업계에서 아쉬운 점은 무엇인가요?
- 만약 당신이 저희 같은 사업을 하고 있다면 어떻게 하시겠습니까?

- 저희 같은 회사를 찾기 위해 무엇을 검색하시겠습니까?
- 가장 믿고 추천하는 회사는 어디인가요?

이런 비공식 설문조사를 해보면 회사가 이미 보유하고 있는 정확한 포지셔닝을 알 수 있습니다. 많은 경우 고객이 여러분이 제공하는 서비스를 여러분보다 훨씬 더 잘 설명할 수 있습니다. 무엇을 알고 싶든 고객에게 의견을 구하는 것은 좋은 습관입니다. 고객이 자신의 의견을 존중하고 비즈니스 구축에 관심을 갖고 있다고 느끼면 여러분의 회사와 거래할 가능성이 높아집니다.

경쟁에서 단서를 찾아라

다른 사람이 채우지 못한 틈새를 발견하는 것만으로도 독보적인 위치를 차지할 수 있는 경우가 많습니다. 경쟁업체를 최대한 철저하게 조사하여 기회를 찾을 수 있는지 확인하세요. 최소한 가장 비슷한 경쟁업체의 웹사이트를 방문해서 정말 독특한 것을 말하고 있는지 살펴보세요.

실제로 판매하는 제품

고유한 포지셔닝에 대한 통찰을 얻는 또 다른 방법은 실제로 무엇을 판매하는지 파악하는 것입니다. 앞서 언급했듯이, 여러분이 제공한다고 주장하는 것을 판매하는 것이 아닙니다. 최종 구매자가 제품을 통해 얻을 수 있다고 생각하는 것을 판매해야 합니다.

예를 들어, 보험 판매 직원은 보험을 판매하는 것이 아니라 마음의 평화를 판매합니다. 척추지압사는 목 교정을 판매하는 것이 아니라 편안함을 판매하는 것입니다. 어떤 경우에는 비즈니스가 무엇을 판매하는지 거의 알지 못하는 경우도 있습니다. 제품 및 서비스 구매자가 무엇을 구매하는지 깊이 생각해보면 제품 또는 서비스의 고유한 특징을 전달하는 데 훨씬 더 적합할 것입니다.

핵심 메시지 포착하기

고객 인터뷰를 실시하고 경쟁사 조사와 사업의 본질을 탐색한 후에는 모든 마케팅에 사용할 고유한 차별화 포인트를 핵심 메시지로 다듬는 단계로 나아가야 합니다. 이를 마케팅 목적 진술서를 통해 달성할 수 있습니다.

마케팅 목적 진술서

목적 진술서는 고객에게 전달하기 위한 것이 아니라 모든 마케팅 및 고객 서비스 활동의 기초입니다. 회의실에서 외치는 구호라고 생각하면 됩니다. 세련된 마케팅 수사가 아닌 평범한 말로 고객에게 인식되어야 합니다. 예를 들면 이렇습니다.

"우리는 맞춤형 주택 리모델링 업체입니다. '약속한 시간에 방문하고, 이웃을 행복하게 해주는 시공업체'가 되겠습니다. 우리는 업계 최고의 전문가들을 보유하고 있으며 고객 만족을 위해 늘 노력합니다. 작업을 마치면 말끔하게 청소도 해드립니다!"

이 연습은 재미있을 수도 있지만 가면을 벗고 마케팅의 궁극적인 목적을 명확하게 전달할 수 있습니다. 이를 통해 보다 창의적인 마케팅 메시지를 작성하기가 더 쉬워지고, 회사의 모든 직원이 마케팅을 전문적으로 다듬지 않아도 이해하게 될 것입니다.

마케팅 목적 선언문은 단순한 목표가 아니라 비즈니스의 최우선 목적이 되어야 합니다. 또한 성공을 측정하는 핵심 수단이 되어야 합니다. 명시한 목적을 달성하고 있나요?

강력한 마케팅 목적 선언문은 여러분과 직원들에게 비즈니스의 미래에 대한 비전을 제시해야 합니다.

이 간단한 접근 방식의 또 다른 중요한 용도는 목적 진술이 모든 마케팅 또는 비즈니스 의사 결정의 필터가 된다는 것입니다. 이 결정, 신제품, 광고 등이 우리가 표현하고자 하는 마케팅 목적을 뒷받침하는가? 사무실의 모든 PC에 마케팅 목적 선언문을 게시하고 조직의 모든 사람에게 영감을 불어넣으세요.

적이 누구인지 알았는가?

인간 본성에서 가장 강력한 원동력 중 하나는 경쟁입니다. 어떤 대상이나 회사를 극복하려는 열망과 이기고자 하는 욕구는 많은 경우 회사의 일상적인 업무보다 더 중요할 수 있습니다.

회사와 직원들이 더 높은 수준의 위대함과 목적에 도달하기 위한 한 가지 핵심적인 방법은 무언가를 이기는 데 집중하고, 경쟁에서 우위를 점할 수 있는 존재 이유를 만들고 전달하는 데 집중하는 것입니다.

여기서 '적' 또는 '경쟁자'라고 할 때 부정적인 의미로 말하는 것이 아닙니다. 애플의 직원들은 자신들의 존재 이유가 부분적으로 마이크로소프트를 이기는 데 있다고 말하겠지만, 많은 조직은 사물을 구하고, 세상을 없애고, 평화를 만들고, 삶을 더 즐겁게 만들고, 가르치고, 공유하고, 전파하고, 기타 매우 긍정적인 것들에서 동기를 얻기도 합니다. 애플 브랜드는 훌륭한 디자인, 기능, 혁신 등 긍정적인 것을 상징합니다.

바로 그 점이 중요합니다. 1인 사업가에게는 쉽게 식별할 수 있는 경쟁자 그룹이나 골리앗이 없는 경우가 많지만, 대의명분이나 존재 이유에서 동기를 찾을 수 있으며, 대의명분과 연결되는 것이 최고 수준의 게임을 플레이할 수 있는 원동력이 될 수 있습니다. 대의는 거창할 수도 있고 소박할 수도 있지만, 대의를 찾으면 비즈니스를 마케팅하고 열정을 가지고 운영하며 대의를 지지하고 비전을 제시하고 실현하는 데 도움이 되는 사람들을 고용할 준비가 훨씬 더 잘 되어 있을 것입니다. 대의명분은 사람들을 끌어당기는 힘이 있습니다.

지금 하고 있는 일이 대의라고 부르기에는 충분히 거창하지 않다고 생각하시나요? 한 번에 하나씩 세상에서 나쁜 광고를 없앨 수 있다면 어떨까요? 아니면 세금 신고가 재미있을 수 있다는 것을 증명할 수 있다면 어떨까요? 누구나 집을 살 수 있도록 힘을 실어줄 수 있을지도 모릅니다. 고객이 압도적인 감동을 받아 친구와 이웃을 기꺼이 추천하도록 만들 수 있습니다. 아무도 다시는 치과에 가는 것을 두려워하지 않도록 할 수 있습니다.

이러한 생각과 경쟁에 집중하는 개념이 어떻게 행동을 유도하는 데 도움이 될까요? 실제로 자신의 신념과 가치를 존재 이유와 연결할 수 있다면 어떨까요? 더 많은 일을 하도록 동기를 부여할 수 있을까요? 그것이 직업 이상의 의미로 느껴지기 시작할까요?

조직의 존재 목적은 무엇인가요? 높은 목표를 세우고 대의명분이 여러분과 직원, 고객을 위대함으로 인도하도록 하세요.

토킹 로고: 당신이 실제로 하는 일

마케팅 목적 선언문에서 출발하여, 궁극적으로 궁극적인 핵심 마케팅 메시지를 구성할 매우 실용적이면서도 강력한 메시지를 만드는 단계로 넘어갑니다.

핵심 메시지를 실제로 구현하기 위해, 다음 질문에 매우 강력한 방식으로 답하는 연습을 해야 합니다. 질문은 이렇습니다.

무슨 일을 하시나요?

이 질문에 대한 답이 바로 '토킹 로고'입니다.

이 질문을 받으면 대부분의 사람들은 자신의 직업이나 업종으로 답할 것입니다.(예: ""택시 기사입니다." / "금융계에서 일해요.") 이런 답변은 마케팅 가치가 거의 없거나 전혀 없습니다. 토킹 로고는 직업에 대한 생각을 바꾸고 그 생각을 마케팅 도구로 전환함으로써 로고를 사용하는 모든 곳에서 영향력을 발휘할 수 있습니다.

기존의 인쇄 로고와 마찬가지로 토킹 로고는 회사와 비즈니스를 할 때 얻을 수 있는 가장 큰 이점을 구두로 전달할 수 있는 도구입니다.

이 장의 앞부분에서 여러분이 진정으로 판매하는 것이 무엇인지에 대해 오랫동안 열심히 생각해보라고 했던 것을 기억하시나요? 시장의 관점에서 볼 때 그 질문에 대한 답은 바로 여러분의 직업이 무엇인지에 달려 있습니다.

토킹 로고는 어떻게 만드나요? 토킹 로고는 짧은 문장으로 내

입장을 전달하되, 듣는 사람이 더 많은 것을 알고 싶어하도록 만들어야 합니다. 고객 또는 잠재 고객을 생각해보세요. 고객은 자신에게 어떤 이점이 있는지 알고 싶어합니다. 단순히 회사가 하는 일만 말하지 말고 고객에게 중요한 방식으로 이야기하세요.

"저는 보험 사업을 하고 있습니다."

"저는 페인트 도급업자입니다."

"저는 컴퓨터 수리 전문가입니다."

이런 식의 답변은 "그래서 뭐?"라는 반응밖에 얻을 수 없습니다. 토킹 로고는 사람들에게 실제로 무엇을 하는지 알려주지는 않지만, 사람들이 주목하고 더 많은 것을 알고 싶어하게 만듭니다.

토킹 로고는 두 부분으로 나뉘어 제작됩니다. 파트 1은 목표 시장을 다루고, 파트 2는 해당 시장의 문제, 불만 또는 원하는 바를 집중적으로 다룹니다. 토킹 로고를 들은 사람이 즉시 "정말요? 어떻게 그렇게 하죠?"라고 반응합니다.

대형 건설회사와 함께 설계건축 작업을 하는 건축가 고객이 있습니다. 그는 일반 건설업체 고객의 관심을 끌기 위해 메시지의 초점을 건설업체에 맞췄습니다.

"빌, 무슨 일을 하세요?"

"저는 계약자에게 더 빨리 돈을 받는 방법을 알려줍니다."(빌의 토킹 로고).

만약 여러분이 계약자이고 방금 건축가에게 이 질문을 받았다면 더 알고 싶지 않을까요?

이건 어떨까요? "소규모 서비스 전문가에게 청구하는 비용을 세 배로 늘리는 방법을 알려드립니다." 또는 "최근에 이혼한 여성들이 세금을 대폭 줄일 수 있도록 도와드립니다."

예시를 좀더 살펴봅시다.

- "저는 영원한 추억을 만들어드립니다."
- "저는 젊은 부부들에게 현재 수입만으로 부자로 은퇴하는 방법을 보여줍니다."
- "저는 계약자가 법정에 가지 않도록 도와줍니다."
- "저는 쉽게 체중을 줄일 수 있게 해드립니다."
- "저는 부유한 개인이 세금을 줄일 수 있도록 도와드립니다."
- "저는 사업주가 유명해지는 방법을 가르칩니다."

패턴이 보이나요? 여기 공식이 있습니다.

행동 동사(보여주다, 가르치다, 돕다) + 타깃 시장(사업자, 주택 보유자, 교사, 이혼한 여성, 포춘 500대 기업) + 방법 X(문제 해결 또는 필요 충족)

이제 조금 더 알고 싶다는 생각이 들지 않나요? 특히 신규 고객에게 전화를 걸어서 만나자고 요청할 때 이런 진술만으로도 추천 약속을 잡을 수 있습니다. 자기 물건을 판매하려는 사람과 더 많은 돈을 벌 수 있는 방법을 알려주려는 사람 중 누구를 만나겠습니까?

첫 번째 답변으로 상대방의 관심을 끌었으니 이제 추가 답변으로 상품을 전달할 차례입니다. 이제 상대방이 이렇게 말합니다.

"정말요? 어떻게 그렇게 하나요?"

이 질문에도 똑같이 대답할 준비가 되어 있어야 합니다. 잠재 고객이 "더 알려주세요"라고 말하면 2부로 넘어가서 청취자에게 문제를 어떻게 해결할 계획인지 설명합니다. 하지만 이 도구의 핵심은 토킹 로고로 상대방의 주의를 완전히 끌 때까지 기다리는 것입니다.

파트 2의 작동 방식은 다음과 같습니다. 다시 말하지만, 건축가는 이렇게 말합니다.

"저희는 대도시 지역의 모든 구역위원회와 관계를 맺어 왔으며, 여러분의 프로젝트가 관료주의에 발목 잡히지 않도록 하여 첫 번째 지불 요청에 더 빨리 도달할 수 있도록 도와드릴 수 있습니다."

다시 말하지만, 여러분의 포지셔닝과 목표 시장을 이해하고 토킹 로고를 통해 이를 전달하면 대부분의 경쟁사보다 훨씬 앞서 나갈 수 있으며, 만나는 사람으로부터 추천을 받을 수 있는 길을 열수 있습니다.

1단계: "직업이 무엇인가요?"라는 질문에 대한 매력적인 답변을 작성하세요. 혜택이나 해결책에 초점을 맞추고 잠재 구매자가 더 많은 것을 알고 싶어하도록 유도하세요.

2단계: 해당 혜택이나 해결책을 제공하는 고유한 방법을 설명하는 간단한 보충 답변을 준비합니다.

핵심 마케팅 메시지 정하기

이제 회사의 마케팅 목적을 발견하고 생계를 위해 무엇을 하는지에 대한 답을 찾았으므로, 이제 회사와 비즈니스를 수행함으로써 얻을 수 있는 이점을 명확하게 보여주는 방식으로 목적을 전달하는 데 사용할 창의적인 마케팅 메시지를 만들어야 할 때입니다.

따라서 마케팅 메시지의 핵심이 될 짧은 문구를 만드는 것이 좋습니다. 페덱스(FedEx)를 생각해보세요. "언제나 정시에, 아니면 무료입니다."

로라 K. 프레이저는 오하이오주 콜럼버스에서 에스프레소 에스케이즈라는 작은 커피숍을 소유하고 운영하고 있습니다. 이 커피숍은 스타벅스 바로 건너편에 위치해 있어 경쟁이 치열합니다. 로라는 더 많은 단골 고객을 유치할 방법을 찾기 위해 고심했습니다. 일반적인 방법으로 한 번씩 손님을 유치할 수는 있었지만, 원하는 만큼의 단골 고객을 유치하지는 못했습니다.

어느 날 집으로 돌아오는 길에 로라는 커피숍의 단골이 된다는 것이 무슨 뜻인지 생각했습니다. 집에 도착하자마자 그녀는 "단골이 되는 것만큼 기분 좋은 일은 없죠!"라는 행복한 여성의 모습이 담긴 쿠폰을 만들었습니다. 쿠폰 뒷면에는 그녀의 위치와 에스프레소 이스케이프의 단골이 되는 것이 좋은 모든 이유가 적혀 있습니다. 그녀는 시내 곳곳의 화장실에 쿠폰을 붙여놓았습니다. 처음에는 사람들이 의아해했지만, 이후 쿠폰은 그녀가 했던 다른 어떤 프로모션보다 더 많은 관심과 수입을 가져다주었습니다.

앞서 작성한 목적 선언문과 '생업'에 대한 선언문을 꼼꼼히 살펴보세요. 회사에서 비즈니스를 하면 얻을 수 있는 가장 큰 혜택은 무엇인가요? 차별점을 쉽게 전달하는 데 도움이 되는 단어나 아이디어는 무엇인가요?

다음 예시에서는 회사가 포지션을 정한 다음 마케팅 목적 선언문, 토킹 로고, 핵심 메시지를 만드는 과정을 보여드립니다.

1. 이 장의 앞부분에 소개한 건축가는 자신의 업무 대부분이 설계 시공이라는 사실을 깨달았고, 일반적으로 계약업체와 건축가가 한 팀이 되어 건물을 완성하는 과정을 거쳤습니다. 프로젝트에 참여한 계약업체는 프로젝트 팀에게 제공하는 것이 마음에 들었습니다. 건축가는 또한 계약업체와 개발자가 설계 시공이라는 개념을 적극적으로 수용했지만, 대부분의 건축가는 필요할 때만 이

러한 유형의 계약을 맺는다고 지적했습니다. 실제로 대부분의 대형 건설 회사가 설계 시공 경험을 광고하는 반면, 그렇게 하는 건축 회사는 없었습니다.

건축가는 자신의 회사를 설계 시공 건축사로 포지셔닝하기로 했습니다. 특히 계약업체가 설계 시공 결정의 많은 부분을 통제하기 때문에 계약업체에게 '계약업체 친화적'이라는 점을 설득해야 했습니다.

> 마케팅 목적 진술: 우리는 건축주에게 설계 시공 계약에서 건축가와 함께 일할 수 있는 유일한 방법을 보여주는 건축가가 되고 싶습니다.
>
> 토킹 로고: 설계 시공 계약자가 첫 번째 대금 요청을 더 빨리 받을 수 있도록 돕습니다.
>
> 핵심 메시지: '계약자를 위한 건축가'

2. 한 전기 도급업자는 고객들이 다른 도급업자의 작업 품질과 완료 시기에 대해 불평하는 것을 들었습니다. 그의 주요 고객은 신규 주택 건설업자였습니다. 신규 주택 건설업자들은 콜백(답신 전화)을 싫어하고, 건축 일정에 차질을 주는 지연을 정말 싫어합니다.

> 마케팅 목적 진술: 우리는 정시에 작업을 시작하며 제대로 일을 해내는 전기 계약업체로 알려지기를 원합니다.

토킹 로고: 우리는 주택 건설업자들이 콜백을 없애도록 돕습니다.

핵심 메시지: '정시에 바로 배선'

3. 한 창문 청소 업체는 경쟁업체 중 상당수가 운영이 매우 부실하고 전문적이지 않으며 오래 지속되지 않을 가능성이 높다는 사실을 깨달았습니다. 그들은 창문 청소에 열정을 가지고 잘 해낸다는 사실을 잠재 고객이 알아주기를 바랐습니다.

마케팅 목적 진술: 우리는 창문 청소의 전문가이고, 직원들은 고객의 집을 자신들의 집처럼 관리합니다. 고객들이 이 사실을 알아주기를 원합니다.

토킹 로고: 우리는 주택 소유자가 더 나은 세상을 볼 수 있도록 돕습니다.

핵심 메시지: "당신의 창문은 우리의 열정입니다."

몇 가지 다른 예를 더 살펴볼까요?

- 리모델링 계약업체: '작업이 끝날 때까지, 영원히'
- 쇼핑 센터: '고객이 원하는 것을 알고, 고객이 기대하는 것을 압니다'
- 재무 설계사/CPA: '공인회계사의 전 주기 재정 조언'

차이점을 알리는 방법

차별화를 위해 선택한 전략 또는 전략의 조합을 찾으면 비즈니스, 모든 광고 콘텐츠, 소셜 미디어 활동 및 프로모션은 모두 그 차별성을 알리는 데 중점을 두어야 합니다.

그 전략에 전념하고, 그 전략을 유지하며, 다음 새로운 방향으로 방황하고 싶은 유혹을 뿌리쳐야 합니다. 고유한 브랜드를 구축하려면 시간과 인내심이 필요합니다. 하지만 그 보상은 이 거대한 마케팅 게임에서 승자와 패자를 승자와 패자를 구분하는 요소입니다.

ACTION PLAN ——

1. 이상적인 고객 설명을 다시 살펴봅니다.
2. 최대 10명의 고객을 인터뷰하여 그들이 왜 여러분으로부터 구매하는 지에 집중하세요.
3. 마케팅 목적 진술서를 작성합니다.
4. 토킹 로고를 만듭니다('무슨 일 하시나요?' 연습).
5. 핵심 마케팅 메시지를 작성합니다.
6. 이상적인 타깃 시장이 여러분의 사업을 지원할 만큼 충분히 큰지 결 정합니다.

4장

매력적인 아이덴티티와
브랜드를 마련한다

비즈니스와 관련하여 적절하게 실행된 아이덴티티는 고객 또는
잠재 고객의 회사 경험에 대한 기대치를 설정할 수 있습니다. 브
랜딩 서적에서 볼 수 있는 '최적의 브랜드 경험 만들기'나 기타 장
황한 설명으로 이 개념을 과장하고 싶지 않습니다. 1인 기업에서
는 사소한 것이 중요하며, 아이덴티티 컨설턴트에게 큰돈을 들일
필요는 없지만 시간을 들여 이미지의 세부 사항을 제대로 파악해
야 한다는 점을 전달하고 싶을 뿐입니다.

첫인상은 매우 중요하며, 첫인상에는 시각이 가장 먼저 관여합
니다. 말콤 글래드웰이《블링크》에서 밝힌 것처럼 눈은 방대한 양
의 정보를 소비하고 이를 무의식적으로 뇌에 전달합니다. 이 과정
을 통해 인간은 옳고 그름을 판단하여 어떤 것이 자신에게 매력적
일지 아닌지를 판단할 수 있습니다. 많은 경우, 이 순간적인 판단

이 기업이 얻을 수 있는 전부입니다.

　1인 기업의 경우 회사의 시각적 측면은 거의 주목받지 못합니다. 모든 마케팅 메시지를 뒷받침하고 잠재 고객에게 회사를 소개하는 데 도움이 되는 방식으로 회사의 '스타일 감각'을 의도적으로 선택하고 정의하면 올바른 첫인상을 남길 수 있습니다. 이상적인 고객의 감각을 효과적으로 일깨우고 브랜드가 비즈니스를 의미한다는 것을 전달하는 매력적인 아이덴티티 요소를 만드는 데 현명하게 투자해야 합니다. 첫인상을 남길 수 있는 기회는 단 한 번뿐이므로 기회가 있을 때마다 최선을 다해야 합니다.

아이덴티티의 구성요소

　대부분의 사람들은 브랜드의 주요 요소로 회사 이름과 로고를 꼽을 것입니다. 덕테이프 마케터는 이를 확장하여 스타일이라는 제목 아래에 포함될 수 있는 모든 요소를 포함합니다. 고객 또는 잠재 고객이 회사와 접촉할 때마다 그들은 회사의 브랜드 또는 스타일을 경험하게 됩니다. 이 정의를 받아들인다면 모든 요소 목록에 반드시 포함되어야 하는 것이 무엇인지 금방 알 수 있습니다.

문구류	명함	복장(유니폼)
양식	청구서	팩스 표지

이메일 서명	뉴스레터	페이스북 팬페이지
전화 매너	고객 서비스	광고
배달 차량	영업사원	이메일 형식
인쇄물	간판	웹사이트
사무실 시설	직원의 태도	공급업체
냄새	소리	트위터 배경사진

위에 나열된 모든 항목과 회사 이름 및 로고는 회사 이미지를 지원하거나 이미지를 손상시킬 수 있습니다.

아이덴티티 요소의 역할

브랜드의 이미지 요소는 매우 구체적인 기능을 수행합니다. 사업과 관련된 많은 요소와 마찬가지로, 어떤 요소가 사업에 적합한지 판단하기 전에 그 목적을 이해해야 합니다.

회사의 로고나 광고는 잠재 고객이 가장 먼저 접하는 것이므로 이러한 기능을 수행해야 합니다.

- 회사를 명확하게 식별한다
- 목표 시장에 어필한다
- 회사를 차별화한다

• 핵심 메시지에서 가장 중요한 특성을 지원한다

회사의 이미지 요소를 정의할 때 모든 요소가 이러한 기준을 충족하는지 확인해야 합니다.

회사 이름에는 무엇이 담겨야 할까

회사 이름은 로고와 밀접한 관련이 있습니다. 전화번호부 목록과 같이 경우에 따라서는 회사 이름이 잠재 고객이 접하는 유일한 요소일 수도 있습니다.

회사 이름에는 여러 가지 기능이 있으므로 이 중 하나 이상을 염두에 두고 선택해야 합니다.

• 제품 또는 서비스의 인지도: 회사가 무엇을 하는 회사인지 명확합니까? '밥의 전기 수리'는 '밥의 전기'보다 강합니다.
• 차별화: 회사 이름이 업계에서 돋보일 수 있나요? 법률 분야에서는 '스미스, 존스 & 윌리엄스'를 '교통 위반 단속반'으로 대체할 수 있습니다.
• 목표 시장과의 우호적인 연관성: 여러분이 운영하는 고급 미용실의 고객이 주로 상류층 여성이라면 '스미스 헤어 팰리스'가 적합하지 않을 수 있습니다.

좋은 로고가 갖추어야 할 요소

회사 로고는 회사 브랜딩 요소의 초석입니다. 많은 회사에서 로고는 회사가 상징하는 모든 것을 시각적으로 상기시켜 줍니다. 훌륭한 로고가 반드시 회사를 구축하는 것은 아니지만, 회사를 대표하는 데 중요한 역할을 합니다. 반대로, 약하거나 혼란스러운 로고는 회사가 제공하는 가치를 떨어뜨릴 수 있습니다. 좋은 로고의 요소는 다음과 같습니다.

- 지속적인 가치: 유행에 민감한 로고는 시간이 지나도 변하지 않습니다.
- 구별성: 어느 정도의 고유성은 혼동하지 않는 한 가치가 있습니다.
- 타깃 시장에 어필: 타깃 시장이 파란색을 선호한다면 파란색이 아니더라도 상관없습니다.
- 핵심 메시지 지원: 저렴한 가격을 전달하려는 경우 로고가 그 이미지를 지원해야 합니다.
- 가독성: 많은 사람이 인쇄물로 만들 수 없고 큰 간판에 부착할 수 없는 서체와 이미지를 사용합니다. 사람들이 로고를 보고 회사를 명확하게 식별해야 합니다. 사람들이 로고를 이해하지 못하면 그런 기능은 작용되지 않습니다.

시각적인 은유를 더한다

항상 사용할 수 있는 것은 아니지만 시각적 은유를 연상시키는 로고나 이름은 매우 강력한 도구가 될 수 있습니다. 예를 들어, '덕테이프 마케팅'이라는 이름은 회사나 서비스의 이름보다 훨씬 더 많은 것을 전달하는 경향이 있습니다. 덕테이프에는 저렴한 비용으로 효과적인 마케팅을 실행한다는 은유가 포함되어 있습니다.

많은 경우 색상과 강력한 이미지는 비즈니스에 대한 연상을 유도하고 눈에 띄는 데 도움이 될 수 있습니다. 빨간색 트럭, 눈에 띄는 이름, 생생한 이미지, 마스코트 등은 모두 눈에 띄는 데 도움이 될 수 있습니다.

코네티컷주 유니언빌에 있는 클리어런치 컨설팅(ClearLaunch Consulting, LLC)의 제니퍼 카투스는 전 직장의 임원들에게 회사 이름과 연락처 정보를 알려서 서비스가 필요할 때 연락할 수 있도록 해야 했습니다. 그녀는 서머타임을 활용하기로 결심하고 다음 주말에 시계를 앞당기라는 알림과 웹 주소가 적힌 태그가 달린 머그컵과 메모장을 나눠주었습니다. 이를 통해 회사 이름과 웹 주소, 영리한 기획자로서의 이미지를 강화할 수 있었습니다.

전문적인 도움을 받아라

전문적으로 제작된 로고는 투자할 만한 가치가 있습니다. 특히 이상적인 고객과 핵심 메시지를 발견하고 이러한 요소를 디자이너에게 전달할 수 있다면 여러 방법으로 전문 로고를 제작할 수 있습니다.

1인 기업에 대한 실적을 보여줄 수 있는 현지 그래픽 디자인 회사를 찾거나 로고웍스(www.logoworks.com) 같은 온라인 서비스 또는 크라우드스프링(www.crowdspring.com) 같은 크라우드소싱 모델을 활용하세요.

그래픽 전문가와 협업하는 방법

1인 사업가들은 중요한 역할을 경험이 많은 전문가에게 맡기는 경우가 많습니다. 이 접근 방식의 문제점은 아무도 여러분의 경험을 가지고 있지 않다는 것입니다. 즉, 여러분처럼 잠자고, 먹고, 마시고, 비즈니스를 꿈꾸는 사람은 아무도 없다는 뜻입니다. 따라서 일반적으로 전문가의 도움을 구하는 것이 좋지만, 최상의 결과를 얻으려면 위임하고 협력해야 합니다.

사업자로서 가장 중요한 모자 중 하나는 '모든 전략의 수호자'라는 모자입니다. 이 모자는 절대 다른 사람에게 줄 수 없습니다!

그래픽 디자인 영역은 적절한 협업 없이는 브랜드에 재앙을 초래할 수 있는 '창의적인 사람에게 맡겨야 하는' 영역 중 하나입니다. 수년 동안 많은 디자이너와 함께 일한 경험에 따르면 유능한 디자이너도 이 점을 잘 알고 있으며, "눈에 띄는 것을 원한다"라거나 "보면 알겠지"라는 방향은 브랜드에 필요한 결과를 제공하는 데 방해가 될 수 있습니다.

디자인 회사에서는 오랫동안 '크리에이티브 브리프'를 사용하여 디자인 프로젝트의 요구 사항을 정리하고, 로고 또는 기타 디자인 요소를 조사하고 제작할 때 고려해야 할 요소를 디자이너에게 쉽게 전달해 왔습니다.

디자이너가 알아야 할 모든 것을 여러분의 용어로 전달하세요. 다음 요소를 고려하고 문서로 만들어 디자이너와 논의하세요.

필요한 내용과 이유 설명

필요한 것이 무엇이고 왜 필요한지 설명하세요. 그 밖에 필요한 것이 무엇인지에 대한 제안을 듣는 것을 두려워하지 말고 기준선을 정하세요.

예시: 연례 회의 로고가 필요합니다. 기존 디자인 요소와 연계되어야 하지만, 별도의 이벤트 회사를 만들 수도 있으므로 단독으로 사용할 수 있어야 합니다. 브로셔, 티셔츠, 가방, 웹사이트, 배너 등에 로고를 넣을 것입니다.

목표 나열하기

이 일을 통해 무엇을 하고 싶으신가요? 로고의 모양에 대한 목표가 아니라 프로젝트가 성공하기 위한 목표를 나열하세요.

예시: 이 로고는 매우 전문적이고 업계를 선도하는 우리 회사의 위치를 전달하고 사람들이 이벤트에 대한 기대감을 갖도록 하면서도 우리 브랜드의 잘 알려진 요소와 명확하게 연결될 수 있어야 합니다.

스토리 전달

유용한 정보가 아니라면 기업의 역사보다는 기업의 미션, 가치, 비전을 구성하는 고유한 요소, 즉 문화를 설명하는 스토리가 더 중요합니다.

예시: 사장님은 척 테일러 옷을 입고 사무실에 출근하고, 초콜릿 연구소에서 모든 방문객을 맞이합니다. 우리는 날고기를 먹을지언정 재활용품을 폐기하지 않습니다.

잠재 고객 스케치

이 요소는 어차피 잘 알고 있어야 하는 요소이지만, 그렇지 않다면 시간을 내어 실제 그림으로 스케치를 그려보세요.

예시: 우리의 이상적인 고객은 자유롭게 살아가며, 마음먹은 일은 무엇이든 해낼 수 있다는 사실에서 힘과 힘을 얻는 50대의 여

성입니다.

핵심 메시지 정의

핵심 메시지는 미리 정해놓아야 하지만, 그렇지 않다면 최고의 고객 5명에게 전화를 걸어 회사에 대해 어떻게 생각하는지 물어보세요. 고객은 "서비스가 좋아요"라고 대답할 텐데, 더 밀어붙이세요. "우리가 좋은 서비스를 제공했을 때를 이야기해 보세요."

이제 이러한 통화를 한 마디 한 마디 녹음하고 떠오르는 주제를 포착하세요. 디자이너가 이것을 듣는 것은 아주 중요합니다.

"우리는 경쟁사보다 더 일을 전문적으로 잘합니다"라고 주장하는 한 리모델링 계약업체가 있었습니다. 그의 고객들은 계속 이렇게 반응했습니다. "네, 실력 좋으시네요. 하지만 제가 정말 좋아하는 것은 목수들이 작업할 때 얼마나 친절하고 마무리가 깨끗한가입니다" 이 메시지를 받아들임으로써 브랜드에 대한 모든 것이 바뀌었습니다.

의미와 은유 부여하기

표현하고 싶은 의미나 은유가 있나요? 자칫 진부한 표현이 될 수 있으므로 주의하세요. 그러나 의미나 은유를 파악하는 것도 프로젝트의 매우 강력한 힘이 될 수 있습니다.

덕테이프 마케팅을 예로 들자면, 사람들이 저렴한 덕테이프를 간편하고 효과적으로 사용한다는 장면을 떠올리기를 바랍니다. 그래서 아무데나 테이프를 붙이는 모습은 피하려고 합니다.

원하지 않는 것 설명하기

이것은 거의 다루지 않는 범주이지만, 사람들이 원하는 것을 말로 표현하는 것보다 원하지 않는 것을 말하는 것이 더 쉬울 때가 있습니다.

브랜드를 표현하는 특정 방식이 문화적으로, 미학적으로, 또는 그 밖의 이유로 완전히 부적절하다는 것을 알고 있다면 큰 소리로 말하세요. 디자이너와 언제든지 건전한 토론을 할 수 있지만, 편견에 대한 매우 타당한 이유가 있을 수 있으며 디자이너는 그러한 데이터를 가지고 있어야 합니다.

이 장에서 설명한 것과 같은 공식적인 프로세스를 고집하면 여러분과 고용한 전문가가 보다 효과적으로 협업하는 데 도움이 될 것입니다. 또한 더 나은 디자인으로 이어지고, 좌절감을 줄이며, 잠재적으로 전체 비용을 절감할 수 있습니다.

아이덴티티 표준

인쇄물과 문구류의 룩앤필을 정했다면 디자이너에게 조직의 모든 사람에게 게시하고 배포할 수 있는 일련의 표준을 만들도록 하세요.

이 '그래픽 표준' 세트는 로고를 표시하는 방법, 로고 파일이 저장되는 위치, 광고, 문자 및 양식에 사용할 정확한 색상 사용 및 유형 스타일을 설명하는 간단한 문서가 될 수 있습니다.

기본 표준은 브랜드와 관련된 그래픽 요소의 불가피한 오용과 일관성 없는 사용을 줄이는 데 도움이 됩니다. 기본 표준을 문서화하여 직원 및 공급업체와 공유하면 이미지 요소가 일관된 모양을 유지할 수 있습니다.

전화

전화를 받는 방식은 마케팅 메시지를 전달하지만 대부분의 사업자는 이를 고려하지 않습니다. 전화 수신에 대한 스크립트와 표준을 준비하고 이를 준수하세요. 여기에는 전화를 받을 때 짧은 영업 메시지나 신호음이 포함될 수 있습니다.

접수 담당자가 메시지를 받는 방식이나, 발신자가 상사에게 전달할 만큼 중요한 사람인지 확인하는 방법을 진지하게 생각해 보세요.

음성 메일

마케팅 메시지를 강화하는 음성 메일용 스크립트를 작성하세요. 메시지를 전달하면서 창의성을 발휘할 수 있습니다. 한 가지 방법을 만들어 회사 내 모든 사람이 이를 준수하도록 하세요. 통화 중이었다거나 자리에 없었다고 말하지 마세요.

신제품, 팁 또는 관련 인용문에 대한 짧은 메시지를 녹음하면 어떨까요?

이메일

이메일은 사람들이 브랜드를 가장 많이 접하는 곳입니다. 연락처 정보와 마케팅 메시지 서명을 담은 이메일 템플릿을 작성하고 모든 사람이 이를 준수하도록 하세요. 이메일은 클립 아트나 재미있는 배경 화면을 넣는 공간이 아닙니다.

시각, 소리, 냄새

작업 공간은 일반적으로 작업 환경의 상태를 나타냅니다. 고객이 사업장 공간을 방문하지 않더라도 마치 방문하는 것처럼 보여야 합니다. 홈 오피스라고 하더라도 언제든 새로운 잠재 고객이 방문할 것처럼 사업장에 대한 기준을 설정하세요.

복장

복장 규정이 필요하신가요? 이 장의 다른 모든 요소와 마찬가지로 복장도 브랜드를 돋보이게 하거나 돋보이지 않게 할 수 있다는 점을 기억하세요. 자기 사업을 할 때 좋은 점 중 하나는 슬리퍼 차림으로 책상에 앉아 좋아하는 강아지를 발밑에 두고 놀 수 있으며, 아무도 그만하라고 할 수 없다는 것입니다. 하지만 여러분이 어떤 복장을 선택하느냐에 따라 여러분을 바라보는 시장의 인상에 영향을 미친다는 사실을 기억하세요. 여러분에게는 복장 규정이 없을지 몰라도 시장에는 복장 규정이 있습니다.

마케팅 도구로서의 프로세스

성공한 비즈니스는 마케팅, 판매, 제조, 집행, 컨설팅, 배송, 고객 서비스에 체계적으로 접근했기 때문에 가능했습니다. 여기서 '체계적'이라는 말은 무의식적으로 체계적이라는 뜻입니다. 비즈니스나 영업사원은 효과가 있는 전략이나 전술을 찾아서 어느 정도는 반복합니다. 정말 성공적인 비즈니스는 여기서 한 걸음 더 나아가 성공한 시스템을 문서화하여 다른 많은 사람이 정확하게 복제할 수 있도록 합니다.

자신의 비즈니스가 실제로 마케팅 비즈니스임을 이해하면 이러한 문서화된 시스템은 자신이 무엇을 하고 있는지 잘 알고 있다는 증거가 되고, 더 나아가 회사의 고유성을 알리는 데 도움이 되는 도구가 됩니다.

마케팅, 주문 처리, 배송, 고객 서비스 프로세스 또는 시스템은 모두 마케팅 요소가 되어야 합니다. 이름은 어떨까요? 각 시스템과 프로세스에 이름을 붙이면 귀중한 마케팅 자산이 될 것입니다.

- 세일즈 콜: 2단계 내부 세미나
- 보장 내용: 고객 맞춤형 서비스, 고객이 만족할 때까지 쉬지 않는 시스템
- 서비스 콜: 연간 ROI(투자 수익률) 보증 평가
- 고객 서비스: 판매 후 만족도 점검
- 서비스 제공: 10가지 가치 구현 프로세스
- 추천 프로세스: 100% 환불 프로세스
- 고객 충성도 전략: 생일 서프라이즈 이벤트

일부 비즈니스에서는 단순한 시스템에 이름을 붙이는 것이 과하게 보일 수 있지만, 이는 매우 긍정적인 마케팅 활동을 유도합니다. 아무리 단순한 시스템이나 절차라도 이름을 붙이면 다음과 같은 효과를 얻을 수 있습니다.

- 약속한 시스템을 실제로 문서화하고 활용할 가능성이 높아집니다.
- 잠재 고객은 이러한 시스템의 존재를 약속대로 행동한다는 증거로 여깁니다.
- 잠재 고객은 일관성과 전문성이라는 두 가지 좋은 느낌을 받게 됩니다.
- 시스템을 운영하는 팀원들이 더 수월하게 동의합니다.

- 핵심 메시지와 브랜드를 강력하게 강화할 수 있습니다.
- 문서화되고 명명된 시스템과 프로세스는 업계 기사 및 워크숍 주제의 훌륭한 출발점이 됩니다.
- 회사의 시스템과 프로세스는 새로운 제품과 서비스를 위한 비옥한 산실이 됩니다.

아이덴티티 점검하기

이미지 개선을 위한 첫 번째 단계 중 하나는 현재 자신의 위치를 잘 살펴보는 것입니다. 기존 자료를 감사하고 그것이 미치는 긍정적 또는 부정적 영향을 측정함으로써 이를 달성할 수 있습니다.

이제 막 사업을 시작했다면, 지금부터 하는 얘기가 초기 단계에서 회사의 아이덴티티를 점검하는 데 도움이 될 것입니다. 이미 사업을 운영하고 있다면 회사의 아이덴티티를 강화하는 계기로 삼아도 좋습니다.

회사의 아이덴티티 또는 브랜드 요소의 대부분은 무의식적인 수준에서 경험됩니다. 사람들은 앉아서 마케팅 자료의 모든 세부 사항을 분석하는 것이 아니라, 마케팅 자료의 어떤 부분이 마음에 들거나 그렇지 않다는 것만 알고 있습니다.

잠재의식이 얼마나 많은 일을 하는지 느껴보려면 한 번도 방문한 적이 없는 사업장에 들어가서 보고, 듣고, 냄새 맡고, 느끼는 모든 것을 솔직히 기록해보세요. 한 걸음 물러서서 이 작업을 수행하면 이러한 모든 요소가 감각에 얼마나 많은 영향을 미치고 결과적으로 비즈니스에 대한 판단에 얼마나 많은 영향을 미치는지 알 수 있습니다. 이는 고객이 회사를 처음 접할 때 거치는 과정과 완전히 동일합니다.

이제 예민해진 감각으로 여러분의 회사를 둘러보세요. 무엇을 간과하고 있나요? 비즈니스에 전화를 걸어보고, 누군가에게 문서를 팩스로 보내달라고 요청하고, 웹사이트를 방문하고, 자신에게 편지를 보내보세요. 사소해 보이는 이러한 것들이 마케팅의 전반적인 효과에 얼마나 큰 영향을 미치는지 이해하는 것이 중요합니다.

경쟁사도 마찬가지입니다. 경쟁사에 전화하고, 편지를 쓰고, 웹사이트를 방문하여 정보를 보내달라고 요청하세요. 그들이 이러한 작업을 수행하는 방법과 회사에 대한 인상에 어떤 영향을 미치는지 기록해 두세요.

고객의 의견을 듣는 것도 도움이 됩니다. 고객은 자신의 생각을 묻는 것을 좋아하며 매우 통찰력 있는 정보를 제공하는 경우가 많습니다.

ACTION PLAN ——

1. 아이덴티티 요소가 타깃 시장과 핵심 메시지를 지원하는지 확인합니다.

2. 마케팅, 영업, 주문 처리 및 고객 서비스 프로세스를 위한 아이덴티티 요소를 만듭니다.

3. 아이덴티티를 점검합니다.

4. 전문 그래픽 디자이너와 상의하여 협업 요소를 준비합니다.

5장

고객 단계에 맞추어
제품과 서비스를 개발한다

지금까지 마케팅을 타깃 시장, 핵심 메시지, 이미지 측면에서 살펴보았습니다. 이 장에서는 타깃 시장의 관심과 접근 허락, 실제 판매에 성공하기 위해 제공하는 제품과 서비스에 대해 살펴봅니다.

미국 중서부에 있는 소프트웨어 개발 회사인 비전페이스(Visionpace)는 잠재 고객에게 무료 백서(white paper, 고객 유치를 목적으로 특정 주제에 대해 전문 정보를 제공하는 문서)를 제공합니다. 이러한 잠재 고객 중 다수는 소프트웨어 강좌를 활용하고 있으며, 결국 잠재 고객 중 일부는 맞춤형 소프트웨어 제작에 참여하기도 합니다.

잠재 고객이 회사의 제품과 서비스에 접근할 수 있는 다양한 방법을 제공함으로써 비전페이스는 고객과의 관계를 천천히 구축해 나갑니다.

고객을 바라보는 다른 관점

많은 기업이 하나의 핵심 제품을 개발하고는 오로지 그 제품만, 그 타깃 시장에만 판매하려고 합니다. 이러한 접근 방식은 마케팅 관점에서 볼 때 한계가 있습니다. 마케팅은 남녀가 사귀는 과정과 비슷합니다. 처음에는 영화를 보고, 저녁 식사를 하고, 춤을 추러 가며 데이트를 합니다. 그후에는 결혼을 하고, 아이들을 낳아 키우고, 휴가 때 여행을 가서 가족과 시간을 보냅니다.

덕테이프 마케터는 다양한 위치에 있는 잠재 고객을 논리적인 경로를 따라 안내하기 위해 애씁니다. 이렇게 천천히, 신뢰를 더해가며 접근함으로써 기업은 제품과 서비스에 대해 훨씬 더 많은 비용을 청구하고 고객과 훨씬 더 긴밀한 관계도 유지할 수 있습니다. 물론 마케팅 프로세스도 훨씬 쉬워집니다.

고객 단계 정의하기

이상적인 예비 고객을 정의하고 타깃 시장의 특성을 파악하고 나면, 이제 '예비 고객 그룹'만 남게 됩니다. 처음 이 그룹에게 해야 할 마케팅 활동은, 그들이 스스로 예비 고객임을 인식시켜서 여러분이 그들에게 마케팅을 하도록 허락을 받는 일입니다.

체계적인 노력을 꾸준히 한다면, 예비 고객 중 일부가 고객이 되고, 단골 고객이 되고, 결국에는 충성 고객이 되어 여러분의 제품과 서비스를 홍보하는 영업사원이 됩니다. 하지만 각 단계는 특정 마케팅 전략과 제안을 적용하여 식별된 행동을 유도함으로써 달성할 수 있습니다.

각 단계를 요약해 보겠습니다.

- 예비 고객: 타깃 고객에 해당하는 사람들
- 잠재 고객: 상세 정보 요청에 응답한 사람들
- 고객: 제품이나 서비스를 실제로 사용해본 사람들
- 단골 고객: 제품을 추가로 구매했거나 업그레이드한 사람들
- 충성 고객: 다른 사람에게 당신의 제품을 알리고 팔아주는 사람들

마케팅 퍼널

마케팅 퍼널 또는 세일즈 퍼널이라는 개념에 대해 들어보셨을 것입니다. 이 모델에서는 리드를 광범위하게 생성한 다음 더 많은 연락처와 콘텐츠를 확보하여 실제 고객이 되도록 유도합니다. 퍼널은 1인 기업에게는 불완전한 개념입니다. 고객이 일단 구매를 한 뒤에는 어떻게 해야 하는지 알려주지 않기 때문입니다.

뒤집힌 마케팅 퍼널: 마케팅 모래시계

대부분의 비즈니스에서 실질적인 성장을 위한 가장 큰 기회는 기존 고객에게 더 많은 제품과 더 비싼 서비스를 판매하고 그들에게서 얻은 추천(리퍼럴)을 통해 이루어집니다. 마케팅 모래시계는 마케팅 퍼널이라는 개념에 더해, 잠재 고객에게 제품과 서비스 기회를 확장하는 의도를 추가한 것입니다(즉 깔대기 밑에 뒤집힌 깔대기를 붙여, 전체로 보면 모래시계처럼 보입니다). 이 접근법을 구현하려면 마케팅, 제품, 서비스 제안을 개발할 때 다음과 같은 특정 의도를 반영해야 합니다.

- 예비 고객에게 자동으로 자격 부여
- 그들에게 마케팅할 수 있도록 허락받기
- 평가판 또는 쉽게 구매할 수 있는 제품/서비스 제공
- 구매에 부담을 느끼는지 관찰
- 고객을 다른 구매 기회 또는 서비스 수준으로 유도
- 입소문 또는 구매 추천 얻어내기

앞에서 제가 말한 마케팅의 정의(당신을 알고 좋아하고 신뢰하고 싶은 욕구를 가진 사람을 확보하는 것)를 의도적인 행위('인지, 호감, 신뢰'가 '시도, 구매, 반복, 추천'으로 바뀌는 것)와 겹쳐보면, 어떤 사람이 여러

분을 처음 알게 되었다가 열정적인 옹호자가 되는 전체 과정을 논리적으로 알 수 있습니다.

핵심은 모래시계의 각 7단계에 맞는 접점, 프로세스, 제품/서비스 제공을 체계적으로 개발하는 것입니다.

1. 인지: 광고, 기사, 추천인
2. 호감: 웹사이트, 평판, 소셜 미디어 프로필, 이메일 뉴스레터
3. 신뢰: 마케팅 키트, 백서, 판매 프레젠테이션
4. 시도(모래시계의 가운데 부분): 웨비나, 평가, 육성 활동
5. 구매: 주문 처리, 신규 고객용 키트, 배송, 할부계약서
6. 반복: 판매 후 고객 설문 조사, 교차 판매 프레젠테이션, 분기별 이벤트
7. 추천: 추천 결과 리뷰, 파트너 소개, P2P 웨비나, 커뮤니티 구축

많은 사업자가 '인지'에서 '구매'로 넘어가는 과정을 어려워합니다. 부드럽게 신뢰를 유도할 수 있는 방법을 만들고, 평가판으로 저렴한 제품을 제공하면 궁극적으로 구매로 전환하는 것이 훨씬 쉬워집니다.

처음 모래시계 개념을 생각할 때 다음과 같이 고객에게 제공할 항목을 고려해보면 좋습니다.

- 무료 또는 평가판 제품/서비스

- 최초 구매시 제공할 제품/서비스

- 무료에서 유료로 전환을 유도하는 제품/서비스

- 핵심 제품/서비스

- 가치를 높여주는 부가 기능/서비스

- 회원 전용 제품/서비스

- 전략적 파트너로 유도할 제품/서비스

고객 단계별로 마케팅 제안을 달리 한다

덕테이프 마케팅 시스템에는 예비 고객을 잠재 고객으로 만들고, 잠재 고객을 구매 고객으로 바꾸어주는 제안 생성법과 홍보법도 포함되는데, 유료 서비스 수준입니다. 제대로 하기만 하면 실제로 사람들한테 사용료를 받을 수 있는 마케팅 도구입니다. 이러한 마케팅 도구는 잠재 고객의 관심을 끌고 신뢰를 구축하는 동시에 잠재 고객을 구매 결정으로 유도하는 데 도움이 될 수 있으며, 여러분의 마케팅 활동에 자금으로 쓸 매출도 만들어낼 수 있습니다.

예비 고객을 위한 마케팅 제안
예비 고객은 문제를 해결하거나 질문에 해답을 주는 설계된 완전한 정보를 제공하는 제안에 반응합니다. 이러한 제안은 무료 보고서, 팁, 백서, 워크숍, 데모, 평가판, 뉴스레터, 책, 가이드, 체크리스트 등의 형태로 제공됩니다.

예비 고객을 유인하려면 먼저 무료로 제공하는 제품을 개발해야 합니다. 예를 들면 다음과 같은 무료 보고서가 있습니다.

- 지붕 수리업자를 고용하기 전에 알아야 할 10가지
- 부자 되는 세금 절감 비결
- 나만의 온실을 짓는 7가지 간단한 단계
- 지금 바로 허리 통증을 없애는 12가지 방법
- 소프트웨어 교육비를 절반으로 줄이는 법

잠재 고객을 위한 마케팅 제안

예비 고객이 손을 들고 무료 보고서를 요청하면 마케팅을 할 수 있는 권한을 부여하는 것입니다. 예비 고객이 잠재 고객이 되면 고객이 될 자격이 있다는 느낌이 훨씬 더 커집니다. 더 많은 자료를 제공하면 다음 단계로 넘어가는 것이 자연스럽게 느껴집니다. 이제 잠재 고객 목록에서 고객으로 전환할 수 있는 제안을 할 준비가 되었습니다.

잠재 고객에게 엄청난 신뢰를 주어 단골 고객으로 만들려면, 대부분의 경우 저비용 또는 무료 체험 서비스를 제공해야 합니다.

고객이 되기 위한 장벽을 낮출 수 있을 만큼 저렴한 입문용 제품이나 서비스를 만들어야 할 수도 있습니다.

일반 고객에서 단골 고객으로

이제 고객을 더 깊은 참여와 더 높은 가격의 제품으로 이동시키면서 모래시계 모양, 즉 마케팅 믹스(여러 형태의 마케팅 수단을 적절하게 섞어서 사용하는 전략)가 확장되는 단계에 접어듭니다. 고객이 재구매, 더 높은 가격 또는 맞춤형 서비스에 대한 제안에 응답하면 단골 고객이 됩니다. 단골 고객을 창출할 의도로 제품과 서비스를 개발해야 합니다. 여기에는 멤버십 제공, 고급 컨설팅 계약, 서비스 계약, 전략적 파트너의 제품 및 서비스 등이 포함될 수 있습니다. 일반 고객이 단골 고객 등급으로 전환되면 이들을 추천인으로 전환할 수 있는 구체적인 방법을 찾는 데 중점을 두어야 합니다.

단골 고객에서 충성 고객으로

고객 중 일부는 자연스럽게 충성 고객이 됩니다. 이들은 자발적으로 여러분의 사업을 홍보할 방법을 찾는 단골 고객입니다. 사실상 이 강력한 그룹은 비공식적인 영업 인력이 될 수 있습니다. 이 그룹을 대상으로 비즈니스를 추천하는 데 도움이 되는 프로모션과 혜택을 개발하거나 추천하는 비즈니스를 큰 혜택으로 인식할 수 있도록 해야 합니다. 충성도를 높이고 보상을 주는 멤버십 및 제휴 프로그램은 이 그룹에 동기를 부여하는 데 효과적입니다(13 장에서 추천에 대해 자세히 다룹니다).

새로운 서비스와 제품을 만드는 방법

서비스에서 제품으로 전환하기

서비스를 마케팅하는 가장 효과적인 방법 중 하나는 해당 서비스의 일부를 상품으로 전환하는 것입니다. 이렇게 하면 복잡하고 눈에 보이지 않는 서비스에 적절한 이름과 패키지, 고정 가격을 부여할 수 있습니다. 고객이 회사를 알고, 좋아하고, 신뢰하도록 하려는 경우, 쉽게 이해하고 전달할 수 있는 가치를 제공하면 자기 서비스를 잘 보여주지 못하는 다른 업체보다 우위를 점할 수 있습니다.

헝가리 부다페스트에 있는 마케팅 커맨도의 가보르 울프는 독특한 시장 조사 프로세스를 통해 고객이 다음 해에 어떤 제품을 구매할지 정확하게 파악합니다. 그는 고객에게 이렇게 제안했습니다.

"저희 회사는 내년에 제품 A, B, C, D를 출시할 예정이며, 이 제품들은 예외 없이 정가로 판매될 것입니다. 하지만 이 중 한 제품에 한해 출시되는 즉시 대폭 할인된 가격으로 구매할 수 있습니다. 내년에 할인된 가격에 구매하고 싶은 제품을 선택해 주세요!"

그의 회사는 고객이 훨씬 더 열심히 생각하고 오답을 내지 않도록 조사 질문을 다듬었습니다. 그 결과 고객들은 설문 조사에서 선택한 제품을 꾸준히 구매한다는 사실을 발견했습니다.

제품 확장하기

제품을 먼저 판매하고 이후에 서비스를 추가하면 제품 판매에 큰 도움이 됩니다. 많은 기업이 최초에 제품을 무료로 제공하고 그 제품에 서비스를 추가함으로써 실질적인 수익을 얻는다는 사실을 발견했습니다.

지식과 정보를 상품화하기

잠재 고객에게 어떤 일을 하는 방법을 보여주거나 말해주는 것은 정보성 제품의 매력을 어필하고 여러분의 전문성을 높이는 가장 좋은 방법입니다. 이는 자신이 무엇을 하고 있는지 잘 알고 있다는 증거이며 아주 강력하게 고객과 신뢰를 구축할 수 있습니다. 이런 정보성 제품은 잠재 고객을 확보하는 수단으로, 또 저비용의 평가판 제품으로 사용할 수 있습니다. 경우에 따라서는 정보성 상품을 통해 여러분이나 직원이 직접 서비스를 제공하기 힘든 시장에 접근할 수 있습니다.

냉난방 사업을 하는 조 크리사라는 '가장 오래된 용광로 콘테스트'라는 프로모션을 벌여 36만7,000달러의 매출을 기록하는 등 큰 성공을 거두었습니다. 이후 그는 HVAC(공기조화기술) 계약업체에게 유사한 프로모션을 운영하는 법을 가르치는 회사를 설립했습니다.

번들과 패키지

새로운 제품을 만드는 한 가지 방법은 여러 제품이나 서비스를 함께 묶어(번들) 특별 가격으로 제공하는 것입니다. 새로운 패키지 상품에 월별 요금 또는 연간 약정을 붙여 제공하는 구독 서비스가 번들링의 한 가지 방법입니다.

전략적 파트너의 제품 및 서비스를 포함하는 완전한 오퍼링을 사용하면 혼자서 만들 때보다 더 폭넓은 매력을 가진 제품이나 서비스를 만들 수 있습니다. 경우에 따라 전략적 파트너가 고객에게 소개되어 노출되는 대가로 가치 있는 제품 및 서비스를 추가하도록 할 수도 있습니다.

단계별 서비스 제공하기

서비스 제공을 확장하는 한 가지 방법은 고객이 특정 가격에 특정 레벨을 구매할 수 있는 골드, 실버, 브론즈 서비스 레벨을 제공하는 것입니다. 일부 비즈니스는 그룹 프로그램을 제공할 수 있습니다.

개별 프로그램과 다른 수준의 가격으로 제공할 수 있습니다. 이 전략에 대한 또 다른 방법은 더 크고 복잡한 서비스를 논리적인 부분으로 나누는 것입니다.

성공 노하우를 상품화하기

성공한 사업자들은 다른 사업자에게 성공 공식을 배우게 함으로써 결국 자신의 제품 매출을 올릴 수 있음을 알아챘습니다. 이는 특히 수직 시장에서 효과적입니다. 어떤 드라이클리닝 업체가 단골 고객을 늘리는 데 성공했다면, 그 비결을 배우고자 하는 수백 개의 다른 드라이클리닝 사업자가 있을 수 있습니다. 업계 선도자가 얻는 이런 기회는 놀라울 정도입니다. 성공 노하우를 상품화하는 노력은 시도해볼 가치가 있습니다.

책 쓰기

캔자스주 리우드에 있는 쿤켈 카이로프랙틱의 매튜 쿤켈은 《You 1.0》이라는 책을 집필함으로써 이전에는 사용할 수 없었던 다양한 매체를 통해 마케팅할 수 있다는 사실을 알게 되었습니다. 출간 저자가 됨으로써 그는 즉시 신뢰를 얻었고 라디오 방송, 신문 특집 기사, 연설 등 홍보 매체에 출연할 수 있게 되었습니다. 또한 그가 출간한 책이 마케팅 도구로서도 기능하여 고객이 그와 거래해야 하는 이유를 더욱 확고히 했습니다. 잠재 고객은 그를 해당 분야의 전문가로 간주합니다.

접촉할 때마다 자료 만들기

고객 개발의 모든 단계에서 고객에게 무언가를 제공하기 위해 제품이나 서비스, 파트너십, 완전히 새로운 사고방식을 도입해야 할까요?

진행 중인 연극 공연처럼, 회사는 잠재 고객 및 고객과의 관계를 완전히 발전시키는 과정에서 많은 접촉을 하게 됩니다. 완벽한 연극을 보장하는 가장 확실한 방법 중 하나는 회사가 잠재 고객 및 고객과 접촉하는 모든 사례와 방식을 지도로 만드는 것입니다. 이 과정을 통해 항상 알고 있어야 할 격차와 누락된 제품 또는 서비스도 드러납니다. 이 지도를 작성하면 마케팅 메시지가 약속하는 경험을 제공하기 위해 무엇을 해야 하는지 결정할 수 있습니다.

가격은 가치가 반영된 것이다

제가 함께 일해본 거의 모든 1인 기업은 제품과 서비스에 대해 충분한 가격을 책정하지 않습니다. 이는 부분적으로는 자신감 부족, 부분적으로는 경쟁심리, 부분적으로는 고객에게 제공하는 제품의 가치에 대해 전략적으로 교육하지 않았기 때문입니다.

가격을 인상하고 싶으신가요? 가격을 올리면 됩니다. 앞서 마케팅 키트에 제시된 교육 접근 방식과 함께 제품 및 서비스 제공에 대한 전체 마케팅 모래시계 전략을 적용하면 전체 제공을 통해 모든 제품이 더욱 가치 있게 향상됩니다.

대부분의 경우 프리미엄 제품은 이미 여러분의 회사를 알고, 좋아하고, 신뢰하는 우수한 고객에게만 마케팅할 수 있습니다. 고객은 이러한 프리미엄 제품에 대해 프리미엄을 지불할 것으로 기대할 것이며, 제품이 올바르게 제시되면 고객은 그렇게 하는 것이 특권이라고 느낄 것입니다. 이는 오만함의 표현이 아니라 사람들이 가치를 인정할 때 선택하는 행동에 대한 표현입니다.

지금 당장 가격을 인상하세요. 이 책을 다 읽을 때쯤이면 사업을 위해 최선의 선택을 했다는 확신을 갖게 될 것입니다.

ACTION PLAN —

1. 고객 단계를 이해합니다.
2. 마케팅 모래시계의 모든 측면을 고려한 마케팅, 제품과 서비스를 개발합니다.
3. 모든 고객 접점을 매핑하고 고객 자료를 만듭니다.

6장

팔지 않고도 팔리는
콘텐츠를 생산한다

오늘날 사람들은 자신이 원하는 검색 엔진을 통해 제품, 서비스, 회사, 개인, 대의명분 또는 직면한 과제에 대한 정보를 찾을 수 있기를 기대하게 되었습니다. 따라서 누군가가 직접 추천해 주었더라도 여러분이 제작한 콘텐츠에서 해당 정보를 찾지 못한다면 신뢰를 얻지 못할 가능성이 매우 높습니다. 콘텐츠 제작에 전념해야 합니다. 콘텐츠 제작을 전체 전략의 일부로 삼아야 하며, 교육과 신뢰 구축이라는 두 가지 목표를 염두에 두고 콘텐츠를 제작해야 합니다.

콘텐츠 전략의 이 두 가지 범주는 단순히 콘텐츠의 양을 늘리는 것만이 아니라 매우 구체적인 형태로 전달되어야 합니다. 이제 모든 사업은 퍼블리싱 비즈니스이므로 여러분도 그에 맞추어야 합니다.

신뢰를 구축하는 콘텐츠

블로그

네, 블로그는 콘텐츠 제작, 신디케이션 및 공유가 매우 쉽기 때문에 콘텐츠 전략의 절대적인 출발점이라고 생각합니다. 검색 엔진도 블로그 콘텐츠를 좋아하며, 블로그는 편집에 대한 많은 생각을 정리할 수 있는 곳이기도 합니다.

블로그에서 생산된 콘텐츠는 기사, 워크숍 및 전자책용 콘텐츠로 쉽게 확장 및 조정할 수 있습니다.

소셜 미디어

소셜 미디어 콘텐츠 게임의 첫 번째 단계는 링크드인, 페이스북 같은 사이트뿐만 아니라 비즈니스위크(Businessweek), 엔터프레너(Entrepreneur), Inc. 등 잡지 커뮤니티에서 소셜 미디어 프로필을 만들 수 있는 모든 무료 기회를 활용하는 것입니다. 풍부한 프로필을 구축하고 메인 사이트로 연결되는 링크, 이미지, 동영상을 최적화하는 것은 전략으로서 콘텐츠를 만들어내는 데 아주 중요한 부분입니다.

리뷰

옐프(yelp.com), 머천트서클(merchantcircle.com), 시티서치

(citysearch.com) 같은 평가 및 리뷰 사이트는 사용자 제작 콘텐츠의 주요 허브로 자리 잡았습니다. 구글, 야후(www.yahoo.com), 빙(www.bing.com)도 모두 사람들이 비즈니스를 평가하고 리뷰할 수 있도록 허용하고 있다는 사실을 고려하면, 여러분이 참여해야 하는 콘텐츠 카테고리는 점점 더 중요해지고 있습니다. 이 카테고리를 완전히 통제할 수는 없지만 이를 무시하면 브랜드에 큰 피해를 줄 수 있습니다. 리뷰 사이트들을 미리 적극적으로 모니터링하세요.

고객 평가

고객 추천글은 강력한 형태의 콘텐츠입니다. 오늘날 모든 기업은 서면, 오디오, 동영상 등 다양한 형태의 고객 콘텐츠를 찾아야 합니다. 이러한 콘텐츠는 신뢰를 구축하는 중요한 보증을 추가하고 구글과 유튜브에서 훌륭한 브랜드 구축 자산이 됩니다.

교육용 콘텐츠

백서

모든 사업에는 백서 또는 전자책 형태로 문서화된 핵심 스토리가 잘 개발되어 있어야 합니다. 이 콘텐츠는 회사의 차별화 요소, 여러분만이 가진 비결, 고객 서비스에 접근하는 방법, 그리고 사업의 이유를 깊이 있게 다뤄야 합니다.

세미나

오늘날 사람들은 원하는 것을 쉽게 얻을 수 있도록 포장된 정보를 원합니다. 프레젠테이션, 워크숍, 세미나(온라인 및 오프라인)는 참여도가 높은 교육을 제공할 수 있는 훌륭한 방법입니다. 백서를 45분짜리 세션으로 전환하는 것은 리드를 생성, 육성 및 전환하는 가장 효과적인 방법 중 하나입니다.

자주 묻는 질문(FAQ)

회사나 제품 사용법 등에 대해 자세히 알고 싶어하는 사람들은 '자주 묻는 질문'으로 큰 도움을 얻습니다. 이 형식으로 제공되는 정보의 가치를 부정할 수는 없습니다. 일상적인 내용에서 벗어나, 고객이 질문해야 하는데 하지 않는 질문, 특히 경쟁에서 유리한 내용을 담은 질문을 보여주세요.

성공 사례

제품이나 서비스를 통해 성공한 실제 고객의 풍부한 사례를 구축하는 것은 사람들이 배울 수 있도록 도와주는 훌륭한 방법입니다.

잠재 고객이 성공 사례 속에서 자기 모습을 보게 되면, 자신도 그 사례에서처럼 똑같은 결과를 얻을 것이라고 기대합니다. 잠재 고객이 공감할 만한 성공 사례를 동영상으로도 만들어보세요. 이런 모든 요소는 생성, 업데이트, 큐레이션하는 과정과 함께 마케팅 계획에 포함되어야 합니다.

콘텐츠 제작 시스템 구축하기

이제 콘텐츠와 퍼블리싱이라는 개념에 대해 알아봤습니다. 물론 단순히 게임을 플레이하기 위한 것이 아닙니다. 이 모든 콘텐츠 제작의 이면에는 장기적으로 비즈니스를 구축하여 더 많은 리드와 판매를 확보하는 데 사용하기 위한 아이디어가 숨어 있습니다.

콘텐츠 제작에 대한 다음의 체계적인 접근 방식은 모멘텀을 구축하는 콘텐츠 리드 생성 시스템을 만드는 과정에서 제한된 시간을 가장 효과적으로 사용할 수 있도록 안내합니다.

콘텐츠 제작 전략

모든 훌륭한 시스템 및 프로세스와 마찬가지로 콘텐츠 리드 시스템도 전략에서 시작해야 합니다. 이를 염두에 두고 고려해야 할 세 가지 매우 중요한 개념이 있습니다.

1. 전체 작업: 콘텐츠를 생각할 때 큰 그림을 생각하세요. 자신의 전문 분야 전체에 대한 책 한 권의 개요를 작성하고 있다고 가정해 보세요. 이제 콘텐츠에 대해 생각하면서 개요를 검토하고 완성하는 데 몇 달 또는 몇 년이 걸릴 수도 있는 작품을 만들고 있다는 점을 기억하세요.

2. 목적과 용도 변경: 콘텐츠를 만들 때는 항상 트래픽 유도, 링크 확보, 반응 유도 등 염두에 두고 있는 목적과 여러 개의 글을 하나의 기사로 통합하거나, 세미나로 활용하거나, 블로그 게시물 카테고리에서 전자책을 만드는 등 용도를 변경할 수 있는 기회에 대해 생각하세요.

3. 매체의 다양성: 투자 대비 더 많은 효과를 얻을 수 있는 좋은 방법 중 하나는 콘텐츠를 다양한 형태로 다시 게시하는 것입니다. 세미나를 녹화 및 보관하고, 오디오 및 비디오를 트랜스크립션하고, 동일한 콘텐츠를 여러 형태로 제공할 수 있습니다.

콘텐츠 영감

큰 그림으로 접근하더라도 새롭고 빈번한 콘텐츠를 만드는 데는 한계가 있을 수 있습니다. 따라서 실시간으로 일어나는 모든 일을 파악할 수 있는 영감의 원천을 미리 준비해 두는 것이 좋습니다.

- 질문: 잠재 고객과 고객이 묻는 모든 질문을 메모해 두었다가 이러한 문의에 대한 답변을 게시하는 습관을 기르세요.

- RSS 리더: 블로그를 구독하고 찾아볼 수 있으며, 커피숍에서 줄 서서 기다리는 동안 휴대폰으로 이 작업을 수행할 수 있습니다.

- 올탑(alltop.com): 수많은 블로그 게시물을 주제별로 정렬하여 편리하게 볼 수 있습니다.

- 구글 트렌드: 때때로 사람들이 검색하는 것에 대해 글을 써야 할 때가 있습니다. 키워드 도구를 사용하면 가장 좋은 표현 방법을 알 수 있습니다.

- 스마트브리프(smartbrief.com): 다양한 주제에 대한 웹의 최신 정보를 매일 요약합니다.

- 기타 도구: 아이디어를 캡처할 수 있는 몰스킨 노트, 오디오와 비디오를 텍스트로 변환해주는 프로그램인 드래곤 딕테이션 또는 캐스팅워즈, 비디오와 오디오를 캡처할 수 있는 스마트폰.

콘텐츠 자동화

저만큼 RSS(Really Simple Syndication, 웹사이트의 업데이트 내용을 알려주는 서비스)에 열광하는 사람은 많지 않지만, 저는 여전히 RSS로 할 수 있는 일들을 좋아합니다. 제가 가장 좋아하는 사용법은 약간의 RSS 마법을 설치하여 자동으로 또는 즉석에서 콘텐츠를 만드는 것입니다. 이렇게 하면 내 사이트를 위한 새로운 콘텐츠를 만들거나 우수 고객만을 위한 맞춤 피드를 만들 수 있습니다.

광고 콘텐츠

광고 효과를 높이고 콘텐츠가 리드를 생성하도록 하려면 물건을 팔지 말고 콘텐츠를 광고하세요.

페이스북 및 기타 PPC 광고를 사용하여 귀중한 무료 전자책, 예정된 온라인 세미나 또는 과거 세미나 아카이브를 안내하세요.

광고를 비용이 많이 드는 일회성 광고가 아닌 신뢰 구축 플랫폼으로 전환하세요.

주문형 콘텐츠

마케팅 메시지 전달에서 극적인 발전 중 하나는 프레젠테이션 플랫폼에서 나왔습니다. 이제 저렴하고 사용하기 쉬운 비디오 도구를 사용하면 모든 기능을 갖춘 매력적인 영업 프레젠테이션을 만들고 온라인으로 호스팅하여 밤낮으로 효과적으로 리드를 생성하고 육성할 수 있습니다. 클리어슬라이드(www.clearslide.com) 같은 도구를 사용하면 대화형 프레젠테이션에 양식을 쉽게 삽입할 수 있습니다.

사람들이 프레젠테이션을 보고 양식을 작성하면 알림을 받을 수 있습니다.

콘텐츠 파트너십

이제 모든 콘텐츠 제작에 대한 큰 보상을 받으세요. 블로그, 전자책, 백서, 팟캐스트, 비디오캐스트, 온라인 및 오프라인 교육 세미나를 제작하고 나면 이러한 검증된 콘텐츠를 전략적 파트너에게 제공할 수 있습니다. 파트너가 전자책을 공동 브랜딩하여 고객에게 제공하도록 하세요.

게스트 블로그 콘텐츠를 작성하고 팟캐스트에 인터뷰하도록 초대하세요. 멋진 세미나를 고객에게 무료로 제공하겠다고 제안하세요.

콘텐츠 제작이 많은 작업처럼 보일 수 있지만, 여기에 포함된 아이디어 중 일부만 활용해도 다른 어떤 리드 생성 방법보다 훨씬 효과적입니다.

팔지 말고 교육하라

콘텐츠를 통한 마케팅을 잘 활용하면 판매할 필요가 없습니다. 사실, 누구도 판매되는 것을 좋아하지는 않지만 구매하는 것을 좋아합니다. 독자에게 교육을 제공하는 일련의 자료를 만드는 데 집중하면 마케팅 자료가 판매의 역할을 할 수 있습니다.

독자를 위한 교육, 즉 구매를 유도하는 교육을 제공하는 데 집중한다면 마케팅 자료는 판매에 성공할 수 있습니다.

대부분의 1인 사업가는 왜 누군가 자신의 제품을 구매해야 하는지 명확하게 설명하지 못합니다. 이러한 상황에서 모방 마케팅은 최악의 결과를 초래합니다. 설득력 있는 논거가 부족하기 때문에 많은 1인 사업가가 브로셔를 멋진 문구나 제품 설명으로 채우려고 합니다.

일반적으로 3단 브로셔에 들어 있는 이러한 유형의 마케팅은 교육은커녕 군중 속에서 눈에 띄는 데 거의 도움이 되지 않습니다.

이 장의 나머지 부분에서는 유연하고, 저렴하며, 개인적이고, 실용적이며, 가장 중요한 교육적인 마케팅 자료 툴킷을 만드는 법을 알아봅니다. 이러한 자료를 만드는 과정 자체가 귀중한 교육이 될 것입니다. 조직의 가장 매력적인 기능을 문서화하는 간단한 프로세스는 그 자체로 회사가 제공해야 하는 실질적인 이점을 명확하게 보여주는 데 도움이 될 수 있습니다.

마케팅 키트

온라인 콘텐츠에 집중하더라도, 오프라인 마케팅 도구가 여전히 유용하다는 점을 잊지마세요. 오프라인 마케팅 자료를 위해 제가 선택한 덕테이프 마케팅 도구는 '마케팅 키트'라고 부르는 것입니다. 마케팅 키트는 신중하게 제작된 개별 정보 페이지 모음으로, 잠재 고객이 구매해야 하는 이유를 가장 잘 제시하는 데 도움이 됩니다.

키트 형식을 사용하면 개인화된 인서트, 자주 변경 및 업데이트할 수 있는 인서트, 잠재 고객의 특정 요구 사항에 맞춘 인서트를 만들 수 있습니다.

'키트'라는 용어는 문서의 상호 교환 가능한 방식을 설명하는 데 도움이 됩니다.

키트에 포함된 문서는 포켓 폴더에 나누어 넣는데, 고품질 데스크톱 프린터로 사내에서 제작하는 경우가 많습니다.

고품질 오프셋 인쇄가 필요한 경우도 있지만, 필요할 때마다 소량으로 만드는 마케팅 키트의 '주문형' 특성을 능가하기는 어렵습니다. 고품질 이미지를 제시하면 항상 이점을 얻을 수 있지만, 교육용 마케팅 자료에서 가장 중요한 것은 콘텐츠입니다.

그래픽 디자이너와 협력하여 맞춤형 포켓 폴더를 만든 다음 개별 페이지를 사내에서 인쇄할 수 있도록 템플릿 디자인을 만드는 것이 좋습니다. 이렇게 하면 기본 시트에 오프셋 컬러 인쇄의 이점을 누릴 수 있습니다. 무엇보다도 마케팅 키트 콘텐츠에는 사례 설명, 차별점 요약, 이상적인 클라이언트/고객 설명, 마케팅 스토리와 구매 제안이 포함되어야 합니다.

사례 설명서

사례 설명서는 이름에서 알 수 있듯이 고객이 돈을 내야 하는 이유를 설명하기 위해 작성하는 문서입니다. 여기에는 다음 내용이 포함됩니다.

- 타깃 시장이 겪는 도전, 좌절, 문제 제시
- 문제가 해결된 뒤 편안한 삶 묘사
- 고객이 처음에 어떻게 여기에 오게 되었는지에 대한 설명
- 고객이 따라야 할 경로
- 직접적인 CTA(call to action, 고객의 행동을 유도하는 문구)

다음은 회계 감사 회사의 사례 설명서 예시입니다.

돈 낭비 하지 마세요

쓰레기통과 에너지 청구서에 돈이 숨겨져 있다는 사실을 알고 계신가요?

대부분의 경우 사업은 매우 잘 운영되고 있습니다. 고객을 유치하고 약속한 대로 제품이나 서비스를 제공합니다. 하지만 예상치 못한 부분, 즉 쓰레기 처리와 에너지 소비에서 수익이 샐 수 있다는 사실을 모르고 계실 수도 있습니다.

수익은 매출 증가 또는 비용 감소, 두 가지 중 하나에서 발생한다는 것은 사실입니다. 성공적인 기업들은 수익을 늘리기 위해 영업과 마케팅에 의존하고, 비용을 줄이기 위해 업계 전문가에게 점점 더 의존하고 있습니다.

그런데 숨겨진 비용을 찾아낼 수 있는 방법을 알고 계신가요?

쓰레기 처리 비용과 에너지 소비 비용을 한 푼도 낭비하지 않는지 확실히 알 수 있는 방법이 있다면 어떨까요? 비용을 낮추고 효율성을 높일 수 있는 전문 지식을 갖춘 회사가 있다면, 그리고 그러한 회사의 서비스가 한 푼도 들지 않는다면 어떨까요? 한번 살펴봐야 하지 않을까요?

폐기물 처리 및 에너지 소비 사업에서 성공적인 비용 절감은 이러한 산업의 실제 작동 방식을 이해하는 데서 시작됩니다. 오늘날에는 서비스를 전환하면 비용을 절감할 수 있다고 제안하는 회사들이 있습니다. 대규모 국가 서비스를 중개하는 회사도 있지만, 가만히 생각해 보면 그들의 동기가 돈을 절약하기 위한 것인지, 아니면 수익을 얻기 위한 것인지 알 수 있습니다.

저희는 성과를 내기 전까지는 돈을 받지 않습니다.

고객의 비용을 절감하는 것이 저희의 유일한 동기이자 보수를 받는 주된 방식입니다. 저희는 고객이 절감한 비용에서 컨설팅 수수료를 얻습니다. 이러한 마음가짐으로 우리는 고객의 비용을 절감하고 과거에 과다 청구된 비용을 회수할 수 있는 여러 가지 독특한 방법을 개발해야 했습니다(놀랍게도 우리 고객 중 상당수가 수년간 공급업체로부터 과다 요금을 청구받았습니다). 우리는 미국에서 제대로 일을 하는 폐기물 및 에너지 컨설팅 회사 중 하나입니다. 저희 컨설턴트들은 폐기물 및 에너지 사업에서 다년간의 경험을 쌓았으며 폐기물 및 에너지 비용의 모든 측면을 분석할 수 있습니다. 특정 서비스 제공업체에 편향되지 않고 고객의 요구사항에 맞게 추천을 맞춤화합니다.

웨이스트 스트림 모니터링은 1995년부터 기업이 폐기물 처리 및 에너지 소비 비용을 통제하고 절감할 수 있도록 지원해 왔습니다. 당사는 최첨단 기술로 독점적인 절감 전략과 전국적인 서비스 네트워크를 개발했습니다. 저희 회사를 자세히 알고 싶거나 폐기물 및 에너지 비용에 대한 무료 평가를 받으려면 913-831-4800으로 전화하거나 웹사이트 www.WasteChek.com를 방문하세요.

회사의 차이점 요약

이 페이지를 사용하여 여러분의 회사가 다른 이유를 잠재 고객에게 알리고 여러분의 회사와 거래할 때 얻을 수 있는 이점을 설명하세요. 무엇을 하는지에 대해 말하지 말고 어떻게 하는지에 집중하세요. 고유한 접근 방식, 프로세스, 그리고 여러분이 하는 사소한 일들에 대해 이야기하세요. 경쟁사를 연구하고 타깃 시장이 무엇을 원하는지 알고 있다면 해결 방법을 요약하여 설명하세요. 타깃 시장이 중요하게 여길 만한 서너 가지를 골라 이 부분을 강조하는 것이 좋습니다.

이상적인 고객 설명

사람들은 일반적으로 자신의 고유한 산업, 틈새 시장 또는 문제를 전문적으로 다루는 회사와 함께 일할 때 더 편안함을 느낍니다. 이상적인 고객을 설명하세요. 그들이 일반적으로 여러분을 고용하는 이유, 즉 그들이 여러분에게 연락을 취하는 이유가 무엇인지 설명하세요. 가장 성공적인 계약의 요인에 대해 설명하세요. 고객이 여러분 회사의 서비스를 이용할 때 일반적으로 누리는 결과를 간략하게 설명하세요. 이 설명을 작성하면 시장 범위는 좁혀지지만 이상적인 설명에 맞는 사람에게 훨씬 더 매력적으로 다가갈 수 있습니다.

마케팅 스토리

많은 회사가 흥미롭고 가슴 찡한 역사를 가지고 있습니다. 개방적이고 정직하며 재미있는 방식으로 스토리를 전달하면 머리뿐만 아니라 마음까지 사로잡을 수 있습니다. 개인적인 스토리를 통해 소통할 수 있는 능력은 대기업에 비해 1인 기업이 가진 가장 큰 장점 중 하나입니다. 마케팅 스토리는 기존 마케팅이나 광고가 할 수 없는 여러 가지 일을 할 수 있기 때문에 효과적인 도구입니다.

제품/서비스 제공

이 페이지에서는 제공되는 다양한 서비스, 제품 및 패키지를 간략하게 설명해야 합니다. 각각의 이점을 명확하게 설명하고 자세히 설명하세요.

사례 연구

대표적인 고객 또는 업계를 선택하고 회사의 제품 또는 서비스가 다른 사람의 문제를 어떻게 해결했는지 간략하게 설명하세요. 사례 연구를 통해 독자가 직접 도움을 받는 모습을 볼 수 있습니다. 효과적인 사례 연구 형식은 다음 사항을 포함합니다.

- 상황
- 문제
- 해결책
- 결과

사례 연구는 고객, 프로젝트 또는 해결책의 사진과 함께 고객의 평가 인용문을 포함할 때 더욱 강력해집니다. 시간이 지남에 따라 점점 더 많은 사례 연구를 수집하여 잠재 고객과 관련된 산업이나 문제에 맞는 사례 연구를 활용할 수 있습니다.

동영상 추천글과 사례 연구는 이제 일반화되었으며 온라인 전략 콘텐츠의 일부가 되어야 합니다.

스토리텔링으로 고객 참여 유도하기

고객 사례 연구는 제품이나 서비스가 약속한 기능을 수행한다는 증거를 제공하는 효과적인 방법으로 오랫동안 인정받아 왔습니다. 이 도구의 기본 개념은 잠재 고객이 자신과 같은 누군가를 어떻게 도왔는지 읽고 그 성과를 반복할 수 있다는 결론에 도달할 수 있다는 것입니다. 하지만 한 가지 문제는 제가 접하는 대부분의 사례 연구가 그다지 활용도가 높지 않다는 것입니다. 사람들은 사례 연구가 필요하다는 것은 알지만 어떻게 작성해야 하는지 잘 모릅니다.

정말 좋은 사례 연구를 작성하고 싶다면 사례 연구 작성에 고객을 참여시키세요. 저는 실제로 고객과 인터뷰를 설정하고 스토리 작성에 도움을 받겠다는 의도를 전달한 후 인터뷰를 진행합니다(아직 결론을 내리지 못하신 분에게 말씀드리자면, 이 방법은 고객을 고객으로 재판매할 수 있는 좋은 방법입니다). 좋은 사례 연구를 구성하는 방법에는 여러 가지가 있지만, 저는 최소한 고객이 다음 네 가지 질문에 답하기를 바랍니다.

1. 저희 회사를 고용할 때 어떤 해결책을 찾고 계셨나요?
2. 저희 회사가 제공한 서비스 중 가장 중요하게 생각하는 것은 무엇인가요?
3. 저희 회사와 함께 일한 결과는 어떠했나요?
4. 저희 회사를 고용하려는 다른 사람에게 뭐라고 말씀하시겠습니까?

이제 이러한 답변을 한 페이지 분량의 문서로 정리하고 약 10명의 고객에게 동일한 질문을 해보세요. 이 도구는 진정성 있는 마케팅 스토리를 찾는 잠재 고객이 많은 세상에서 가장 강력한 마케팅 무기가 될 수 있습니다.

서비스의 실제 사용자가 다른 잠재 사용자에게 훌륭한 마케팅 카피를 제공할 준비가 더 잘 되어 있다는 것은 놀라운 일이 아니지만, 이 방법을 활용하는 마케터는 거의 없습니다.

추천글은 힘이 세다

타인에게 받은 추천은 여러분이 약속한 대로 실제로 서비스를 제공한다는 증거를 보여주는 또 다른 방법입니다. 실제 고객으로부터 추천글을 수집하여 '다른 사람들이 우리에 대해 어떻게 말하는지 보기'라는 제목의 페이지를 만드세요. 고객이 얻은 결과에 초점을 맞춘 추천 후기를 얻도록 노력하세요. 이러한 후기는 가장 강력한 판매 도구가 될 수 있습니다. 새로운 기술을 사용하면 오디오나 비디오 추천 콘텐츠도 쉽게 만들 수 있습니다. 다음은 강력한 추천글을 얻기 위한 제안 사항입니다.

- 추천 문구를 작성하여 고객에게 제시하고 승인을 받습니다.
- 잠재 고객에게 고객으로부터 추천글을 받아달라고 요청하세요(고객이 복사할 것입니다).
- 제품을 사용하거나 브랜드와 연관된 고객의 사진을 찍으세요.

훌륭한 추천글을 얻는 간단한 방법

추천글을 받기에 가장 좋은 시기는 고객과 직접 대면하여 고객이 여러분이 얼마나 훌륭한 일을 했는지 말해줄 때입니다(이 진실의 순간을 포착하는 방법을 배우세요).

다음은 매번 효과가 있는 간단한 추천 시스템입니다. 두 개의 열이 있는 명함 홀더를 구입하고 만족한 고객에게 명함 두 장을 달라고 부탁하세요. 고객에게 명함 한 장의 뒷면에 간단한 후기를 적어달라고 부탁한 다음, 한 장은 앞면이, 한 장은 후기가 적힌 뒷면이 보이게 홀더에 넣습니다(팁: 고객에게 후기를 요청할 때는 친구에게 추천하는 것처럼 작성해 달라고 요청하세요. 고객이 직접 작성하는 것보다 훨씬 더 강력한 도구를 얻을 수 있습니다).

이렇게 추천글 명함을 모은 홀더는 판매 트로피 케이스가 될 것이며 여러분의 주장에 즉각적인 신뢰성을 부여할 것입니다. 추천글은 그 사람의 명함에 적혀 있기 때문에 진짜임이 분명합니다. 이 간단한 방법은 고객에게 큰 부담을 주지 않고 금방 끝낼 수 있습니다. 이렇게 해서 시간이 지나 추천 명함이 많이 쌓이면 아주 인상적인 추천글을 얻을 수 있습니다(물론 웹사이트에 올리거나 기타 마케팅 용도로 사용하면 더 좋습니다).

자주 묻는 질문

잠재 고객 중 일부는 매우 구체적인 질문을 가지고 찾아올 것입니다. 이러한 질문에 간결한 방식으로 답변할 수 있다면 더 이상 할 일이 없을 수도 있습니다. 고객, 영업 잠재 고객, 심지어 이메일에서 받는 질문의 유형을 검토하는 것부터 시작하세요.

때로는 여기에서 모든 마케팅 자료를 시작하기에 좋은 장소가 될 수 있습니다. 가장 지속적인 질문에 대한 답변을 작성한 후에는 다시 돌아가서 다른 페이지에도 이러한 답변이 포함되어 있는지 확인하세요.

인디애나주 인디애나폴리스에 있는 캐스키 세일즈 트레이닝(Caskey Sales Training)의 빌 캐스키(Bill Caskey)가 이 팁을 제공했습니다. 두 세트의 FAQ를 만드세요. 하나는 고객이 자주 묻는 기본적인 질문 목록이고, 다른 하나는 고객이 물어보길 바라는 질문 목록입니다. 그는 두 번째 페이지를 '자주 묻는 질문'이라고 부르며 이 페이지가 잠재 고객이 물어볼 줄도 몰랐던 것들을 가르치는 데 도움이 된다는 사실을 발견했습니다.

프로세스 및 체크리스트

이 페이지를 통해 독자에게 여러분이 하는 일을 어떻게 하는지 보여줘야 합니다. 잠재 고객에게 약속을 어떻게 지키는지 보여주는 상세한 체크리스트와 순서도를 만드세요. 대부분의 경우 이러한 체크리스트는 이미 가지고 있지만, 이를 마케팅의 일부로 활용하면 조직이 얼마나 더 전문적인지 보여줄 수 있습니다.

문서화된 프로세스 설명은 서비스에 프리미엄을 부과하는 이유를 정당화하는 데 도움이 됩니다. 많은 사람이 양질의 제품이나 서비스를 제공하는 데 실제로 얼마나 많은 노력이 들어가는지 과소평가하고 있으므로 이를 보여주세요.

기사

출판물, 뉴스레터 또는 내부 배포용 기사를 작성했나요? 관련 재인쇄본과 언론 스크랩을 포함하세요.

고객에게 중요한 사항을 전달하라

이 시점에서 모든 사람이 이 모든 글을 읽을지 궁금할 수 있습니다. 간단한 대답은 '아니오'입니다. 어떤 사람은 꼼꼼히 읽을 것이고, 어떤 사람은 대충 훑어볼 것이며, 어떤 사람은 이런 자료가 있다는 사실에 위안을 삼을 것입니다. 사람들은 다양한 방식으로 학습하며, 마케팅 키트의 역할은 이러한 다양한 방법을 최대한 많이 다루는 것입니다. 대부분의 잠재 고객은 다음 중 하나 이상을 알고 있어야 합니다.

- 일하는 방식: 프로세스, 사례 설명, FAQ
- 달성한 결과: 사례 연구, 추천사
- 아는 사람: 고객 목록, 사례 연구
- 알고 있는 내용: 프로세스 설명, 문서

콘텐츠 제작을 도와줄 취재기자 고용하기

이 아이디어는 부분적으로 《마케팅과 PR의 새로운 규칙(The New Rules of Marketing and PR)》의 저자 데이비드 미어만 스콧과 나눈 대화에 기인합니다.

요즘 대부분의 비즈니스는 사실상 일종의 출판 비즈니스입니다. 대량의 교육용 콘텐츠를 제작해야 하는 것은 오늘날의 인터넷 검색 중심 마케팅 세계에서 표준 운영 절차가 되었습니다. 그러나 블로그 게시물, 전자책, 기사로 콘텐츠를 게시하는 것은 의무 사항으로 간주되지만 일부 사람들에게는 쉬운 일이 아닙니다.

요즘 기업들이 고려해야 할 현명한 방법은 마케팅 담당자가 아닌 취재기자를 고용하여 주요 콘텐츠 제작자로 활동하게 하는 것입니다. 비즈니스를 출판 사업이라고 생각하면 기자의 필요성이 분명해집니다.

- 숙련된 취재기자는 일반적으로 자신이 훈련받은 객관적이고 출처 중심적이며 사실적인 방식으로 콘텐츠를 바라볼 것이며, 이는 요즘 마케팅 콘텐츠를 바라보고 전달해야 하는 방식과 정확히 일치합니다.
- 숙련된 취재기자는 아이디어의 핵심부터 전체 스토리를 빠르게 개발하는 방법을 알고 있으며, 이는 '많을수록 더 좋다'라고 하는 출판 비즈니스에서 또 다른 핵심 성공 요소입니다.
- 숙련된 취재기자, 특히 해당 업계에서 일한 경험이 있는 사람은 업계 전반 및 해당 업계를 다루는 출판물과 주요 인맥을 보유하고 있을 수 있으므로 작가는 콘텐츠 생산자 이상의 역할을 할 수 있습니다.

한 가지 다행스러운 소식은 기존 출판사의 규모 축소와 폐업으로 인해 글을 쓸 출판물이 없어진 경험이 풍부한 취재기자가 늘어나고 있다는 점입니다. 따라서 지금이야말로 일주일에 몇 시간만 일하더라도 새로운 기회를 잡을 수 있는 좋은 시기입니다.

콘텐츠를 사용하여
온라인 ROI를 높이는 방법

소셜 미디어에서 콘텐츠를 사용하여 어느 정도 성공을 거두었을 때 문제는 그것이 매우 쉽게 느껴질 수 있다는 것입니다. 소셜 미디어에는 선의가 있고, 외롭고, 수다스럽고, 친절하고, 불안하고, 지루해하는 사람들이 많이 있습니다. 이러한 사람들은 여러분이 원하는 만큼 오랫동안, 그리고 자주 팔로우하고, 친구를 맺고, 논쟁하고, 리트윗(RT)하고, 토론하고, 채팅하고, 공유할 준비가 되어 있습니다.

문제는 이 사람들이 (1) 적합한 사람이고 (2) 내가 무엇을 구매할 수 있는지 알고 싶어할 이유가 없다면 아무리 참여를 유도해도 유료 고객이 되지 않는다는 것입니다.

소셜 미디어 세계에서는 콘텐츠 제작과 홍보를 통해 이 두 가지 요소를 모두 충족할 수 있습니다. 가치 있는 콘텐츠를 제작하고 디지털 모임에서 해당 콘텐츠를 공유하거나 추천하지 않는다면 노력에 대한 수익을 기대할 수 없습니다.

소셜 미디어의 ROI에 의문을 제기하는 마케터가 있다면, 매력적인 콘텐츠를 제작하고 선보일 수 있는 수단이 전혀 없는 마케터도 있습니다.

'콘텐츠가 왕이다'라는 또 다른 강의가 생각나서 눈을 동그랗게

뜨기 전에, 제가 단순히 백서와 블로그 게시물에 대해서만 이야기하는 것이 아니라는 점을 말씀드리겠습니다.

소셜 세계에서 콘텐츠는 반드시 글로 작성된 것일 필요도 없습니다. 콘텐츠는 교육, 시연, 정보 제공, 필터링, 재미, 그리고 사람들에게 목장 어딘가에 더 많은 것이 숨겨져 있을지도 모른다고 생각할 수 있는 이유를 제공하는 도구의 개념일 뿐입니다.

소셜 미디어 ROI 창출자로서 콘텐츠 제작 및 확대에 대한 관점을 확장했다면, 이를 달성할 수 있는 몇 가지 방법을 살펴보는 것이 도움이 될 것입니다.

읽을 만한 가치가 있는 콘텐츠 작성하기

물론 가장 많은 노력이 필요하고 가장 많은 재능이 필요하기 때문에 가장 어려운 일입니다. 하지만 온라인과 오프라인 마케팅의 모든 측면을 활용할 수 있는 기반을 구축할 수 있는 가장 좋은 방법이기도 합니다. 훌륭한 블로그 게시물은 대개 지역 비즈니스 간행물의 훌륭한 기사로 전환될 수 있다는 점을 기억하세요. 일련의 관련 블로그 게시물은 '런치 앤 런(lunch and learn, 점심시간을 이용한 비공식 교육 미팅)' 프레젠테이션을 위한 훌륭한 유인물이 될 수 있습니다.

여러분이 작성한 훌륭한 콘텐츠는 SEO 노력의 기반이기도 합니다. 링크 미끼를 염두에 두고 시간을 들여 기사를 작성하면 경쟁사보다 훨씬 앞서 웹사이트 순위를 높일 수 있으며, 사이트로 연결되는 링크는 검색 엔진 순위에 중요한 요소입니다.

링크 가치가 있는 콘텐츠는 반짝이는 논평을 제공하는 훌륭한 산문인 경우가 드뭅니다(일상적으로 그렇게 할 수 있다면 그렇게 하세요). 가장 좋은 비즈니스 콘텐츠는 사람들이 하고 싶은 일을 하는 방법을 알려주는 텍스트나 어떤 일을 하는 방법을 알려주는 도구 또는 사이트 목록입니다.

관련성 있고 링크 가치가 있는 콘텐츠를 직접 만드는 또 다른 방법은 업계에서 나오는 뉴스 기사를 모니터링하는 것입니다. 발견한 뉴스에 대한 편집자의 입장을 찾아보고, 그 입장이 해당 이슈에 대한 일반적인 생각에 반하는 것이라면 더욱 좋습니다.

좋은 콘텐츠 추천하기

맛집, 쇼핑, 놀기 좋은 장소, 즉 최신 유행하는 장소와 새로운 장소를 잘 알고 있는 친구를 알고 있나요? 그 친구는 궁금한 점이 있을 때 가장 먼저 찾는 사람입니다.

다른 사람의 콘텐츠를 공유하는 것도 이와 비슷합니다. 특정 주제, 업계 또는 도전 과제에 대한 최신 정보를 어디서 찾을 수 있는지 파악하고 해당 정보를 공유하는 것은 신뢰를 구축하는 또 다른 형태의 콘텐츠 제작입니다.

내 업계에 대한 맞춤형 트위터 검색을 설정하고 구독하여 소셜 네트워크에서 공유할 스토리와 각도를 찾아보세요. 또한 딕(www.Digg.com), 올탑 등의 사이트에서 활동하여 트윗에 언급할 만한 콘텐츠를 빠르게 찾아 검색하세요.

정말 좋은 콘텐츠 필터링하기

인터넷 덕분에 우리는 거대한 콘텐츠 창고에 들어갈 수 있지만, 콘텐츠가 너무나 많기 때문에 꼭 필요한 정보를 찾기는 정말 어렵습니다.

RSS 기술은 마케터가 받은 선물과도 같습니다. RSS의 기술적 원리를 잘 몰라도 이 기술을 사용하여 공유할 가치가 있는 맞춤형 콘텐츠를 만들 수 있습니다. 여러분이 세 가지 시장에서 맞춤형 정보 포털을 구축한다면 얼마나 강력할까요? 사람들이 여러분이 제작한 피드의 특성을 알게 되면 상당한 팔로워를 확보할 수 있을 것입니다.

기술을 잘 모르는 분들도 피드버너(www.Feedburner.com), 트위터 검색, 구글 알리미(www.google.com/alerts) 같은 도구를 조합하여 자동화된 개별 RSS 피드를 만들 수 있습니다. 이 콘텐츠를 웹 페이지에 쉽게 게시하여 사람들이 구독하도록 할 수 있습니다.

특별한 혜택을 주는 제안 만들기

사람들은 혜택에 이끌려 참여합니다. 특별한 혜택은 마음 속에 있는 콘텐츠입니다. 소셜 미디어 채널을 통한 독점 오퍼는 다른 경로에서 신뢰를 쌓은 브랜드에게 매우 효과적인 것으로 입증되었습니다.

핵심은 소셜 미디어 오퍼를 다른 형태의 커뮤니케이션과 함께 사용하여 오퍼가 충분한 맥락과 함께 전달되도록 하는 것입니다. 아무리 좋은 거래라도 거래를 진행하는 조직을 신뢰할 수 있어야 합니다.

신뢰를 구축하거나 빌릴 수 있는 가장 좋은 방법은 네트워크가 독점 오퍼를 친구들과 공유할 수 있는 기회를 만드는 것입니다. 친구들에게 혜택을 전달할 수 있는 프로모션을 만드는 습관을 들이고, 얼마나 빨리 퍼질 수 있는지 지켜보세요. 물론, 친구들의 참여를 추석하고 보상할 수 있는 방법도 찾아보세요.

이러한 종류의 콘텐츠 제작은 추천과 매우 유사하며 소개하는 제품이나 서비스에 따라 크게 다르지만 소셜 미디어 참여를 통해 즉각적인 ROI를 창출할 수 있는 강력한 방법이 될 수 있습니다.

기존 고객부터 시작하여 적절한 종류의 프로모션과 동기를 부여할 수 있는 콘텐츠를 제작하세요.

사람들을 모아 일하도록 가르치는 법

콘텐츠 수익률을 크게 높일 수 있는 마지막 방법은 여러분과 같은 일을 할 수 있는 개인 네트워크를 모집하고 이들을 양성하는 것입니다. 이는 오프라인 전략적 파트너 네트워크를 공식화할 수 있는 매우 확실한 이유를 제공하고, 사실상 자신을 인적 링크 미끼로 전환할 수 있기 때문에 매우 강력한 전략입니다.

이 장에서 언급된 모든 작업을 수행했다면, 네트워크를 모집하고 그들에게 비즈니스에 대해서도 동일한 작업을 수행하는 방법을 가르치는 방법을 찾아보는 것은 어떨까요? 비즈니스와 리드를 위한 강력한 추천 네트워크를 만드는 것 외에도 인터뷰와 게스트 게시물을 통해 모든 파트너에게 콘텐츠 기회를 제공하고 딕(Digg) 같은 북마크 사이트에서 정기적으로 서로의 콘텐츠를 공유하도록 할 수 있습니다. 이 접근 방식에서 한 걸음 더 나아가 처음 10명의 전략적 파트너에게 동일한 방법을 가르치고 각각 10명을 모집한 다음, 그들도 각각 10명을 모집하여 모두 클럽의 일부가 됩니다. 콘텐츠를 기반으로 나만의 작은 다단계 마케팅 제국을 만드는 것과 비슷합니다(해당 모델에서 판매된 제품의 역사에 대해 어떻게 생각하든, 이러한 유형의 네트워크를 기반으로 발생할 수 있는 증식의 힘은 부인할 수 없습니다).

지금 바로 동영상을 제작하는 가장 쉬운 방법

블로그 게시물, 랜딩 페이지 및 기타 웹 페이지용 동영상을 제작하는 것은 개인적인 메시지를 전달하고 브랜드를 소개하는 중요한 방법이 되었습니다. 동영상을 시작하는 방법은 여러 가지지만 핵심은 간단하게 시작하는 것입니다. HD카메라, 콘덴서 마이크, 편집소프트웨어, 그린 스크린에 투자할 수도 있지만, 가장 쉽게 나만의 동영상 제작을 시작할 수 있는 방법을 설명해드리고자 합니다.

페이스북과 유튜브에는 모두 동영상 직접 녹화 옵션이 있으며, 이것이 가장 첨단적인 동영상 제작 방법은 아니지만 가장 쉬운 방법임에는 틀림없습니다. 필요한 것은 카메라뿐입니다. 컴퓨터에 연결할 수 있는 디지털 카메라나 요즘 대부분의 노트북에 내장된 카메라를 사용할 수 있습니다.

유튜브의 경우 계정에 로그인하고 '업로드'를 누른 다음 '웹캠에서 녹화' 옵션을 선택합니다. 카메라와 마이크에 액세스할 수 있는 유튜브 권한을 허용한 다음 녹화를 시작해야 합니다. 녹화가 끝나면 동영상을 저장한 다음 유튜브에서 생성하는 코드를 가져와 새로 녹화된 세그먼트를 웹사이트에 삽입할 수 있습니다.

페이스북도 거의 같은 방식으로 작동합니다. 프로필 페이지 또는 비즈니스 페이지에 녹화할 수 있습니다. 계정에 로그인하고 동영상을 게시하려는 페이지를 방문합니다. 동영상 링크를 클릭하고 웹캠에서 녹화를 클릭합니다. 그런 다음 메시지가 끝나면 중지를 누릅니다. 원하는 경우 동영상을 검토하고 다시 시작할 수 있습니다. 동영상이 마음에 들면 상태 업데이트 표시줄에서 동영상을 설명하고 공유를 누를 수도 있습니다.

이제 촬영 스태프가 마을을 가로질러 가지 않고도 고객의 성공 스토리나 후기를 녹음하고 싶다고 가정해 봅시다. 스카이프(Skype) 비디오는 이를 위한 좋은 방법이 될 수 있습니다. 스카이프 계정(www.skype.com)과 웹캠이 모두 필요하지만 녹화는 매우 간단합니다. 저는 Mac용 통화 녹음기(www.ecamm.com/mac/callrecorder)라는 애드온을 사용합니다.

동영상 촬영에서 기술적으로 중요한 요소는 조명입니다. 웹캠의 경우 카메라 뒤에 조명을 설치하여 얼굴이나 녹화하려는 피사체를 비추는 것이 가장 좋습니다. 창문이나 조명은 눈부심을 유발할 수 있으므로 주의하세요.

다시 한 번 강조하지만, 이 섹션의 주된 목적은 동영상을 얼마나 쉽게 시작할 수 있는지 보여줌으로써 동영상을 더 다양하게 활용할 수 있는 방법을 찾기 위한 것입니다.

콘텐츠를 아주 쉽게 만드는 법

마케팅 키트를 만드는 것은 상당히 크고 중요한 작업입니다. 하루 만에 끝내려고 하지 마세요. 만들려는 각 페이지에 대한 개요를 만든 다음 바로 작업을 시작하세요. 작은 디지털 녹음기를 구입하여 직접 녹음해 보는 것도 도움이 될 수 있습니다.

많은 사람이 글보다 말을 통해 소통하는 데 더 능숙합니다. 다른 사람에게 인터뷰 내용을 녹음해 달라고 부탁한 다음 카피라이터를 고용하여 잘 작성된 글로 바꿔 보세요.

- 개요를 작성합니다.
- 개요가 완성되면 한 페이지를 골라 글쓰기를 시작합니다.
- 편집하지 말고, 전화도 받지 말고, 아무것도 하지 말고 쓰기만 하세요.
- 이 단계를 완료하면 문서를 치워 두었다가 내일 다시 돌아와서 작성하세요.
- 문서를 다시 살펴보고 다시 작성하고 편집합니다.
- 다른 사람에게 편집과 교정을 부탁합니다.
- 이상적인 고객 몇 명에게 피드백을 받는 것을 고려하세요.
- 다음 페이지로 이동합니다.

오늘날의 마케팅에는 많은 콘텐츠, 많은 교육, 전문 지식 공유를 통한 신뢰 구축이 필요합니다. 이 모든 것이 엄청난 일이라는 결론을 내렸을 것입니다. 장기적으로 볼 때 그만한 가치가 있지만, 그럼에도 불구하고 많은 일이 필요합니다. 이러한 콘텐츠 제작을 극대화하는 비결은 노력을 배가하고, 자연스럽게 콘텐츠 제작을 더 쉽게 만들고, 기술과 서비스를 활용하여 투자한 시간에 대한 큰 수익을 실현하는 데 도움이 되는 전략을 개발하는 것입니다.

위의 모든 것을 실행에 옮기는 전략 중 하나는 녹음된 단어를 기본 전술로 활용하는 것입니다. 어떤 이유에서인지 많은 사람이 머릿속에 있는 것을 글로 쓰는 것보다 말로 표현하는 것이 더 쉽다고 생각합니다. 재미있는 점은 대부분의 경우, 말로 하는 이야기가 훨씬 더 진실하고 개인적이라는 것입니다. 사업자가 마케팅 글을 작성하기 위해 앉으면 결국 무언가를 판매하려는 마케터처럼 들리게 됩니다. 같은 마케팅 내용을 말해도 훨씬 더 매력적이고 사실적으로 들립니다.

아이팟용 벨킨 튠톡(Belkin TuneTalk) 스테레오 마이크를 사용하여 마케팅 자료와 웹 페이지에 대해 말하세요. 그런 다음 캐스팅워즈(www.castingwords.com) 같은 서비스를 통해 필사본을 받아 보고, 태스크어스(www.taskus.com) 같은 서비스를 통해 '조금 더 완성도 있게' 만들어 보세요. 이 작은 콘텐츠 제작 루틴이 여러분을 콘텐츠 슈퍼 프로듀서로 만드는 비밀 병기일 수 있습니다.

마케팅 자료뿐만 아니라 백서, 전문가 인터뷰, 고객 성공 사례도 만들 수 있습니다. 이러한 유형의 콘텐츠는 스카이프인(SkypeIn)이나 이캠(Ecamm) 통화 녹음기(www.ecamm.com/mac/callrecorder) 같은 서비스를 사용하여 전화로 녹음을 시작하세요. 인터뷰 내용을 캐스팅워즈로 가져와서 즉석에서 콘텐츠와 정보 제품을 만들 수 있습니다.

ACTION PLAN ——

1. 회사를 독특하게 만드는 서너 가지 핵심 혜택을 정의합니다.

2. 만족한 고객으로부터 10개의 후기를 수집합니다.

3. 회사 제품이 제공한 결과를 입증하는 사례 연구 4건을 개발합니다.

4. 큰 그림의 콘텐츠 개요를 작성합니다.

7장

웹사이트와 소셜 미디어를
최대로 활용한다

이 장에서는 인터넷 사용의 기본 사항과 비즈니스 홍보를 위해 진화하는 새로운 온라인 도구에 대해 살펴보겠습니다.

온라인에서 활발하게 활동하는 것이 비즈니스에 적합한지에 대해서는 얘기하지 않겠습니다. 얼마 전까지만 해도 사업자에게 "제대로 비즈니스를 하려면 웹사이트가 있어야 한다"고 경고할 수 있는 시기가 있었습니다. 이제 저는 "소셜 미디어에 참여하지 않고, 웹사이트를 통해 온라인에서 고객을 찾고 참여시킬 방법을 찾지 않는다면 회사가 완전히 사라질 준비를 하라"고 말할 수 있습니다.

온라인 마케팅 성공에 대한 몇 가지 치명적인 가정

새로운 온라인 세계에 대한 몇 가지 잘못된, 때로는 치명적인 가정부터 살펴보겠습니다.

웹사이트가 있는 것만으로는 충분하지 않습니다. 요즘에는 웹사이트를 만드는 것뿐만 아니라 전반적인 목표에 따라 전략을 수립해야 합니다. 온라인 활동이 판매로 이어지지 않는다면 온라인 마케팅 게임에서 실패한 것입니다.

호기심 어린 시선을 유료 고객으로 전환하는 데 실패하는 방법은 무수히 많습니다. 다음은 온라인 마케터가 신뢰를 성공적으로 구축하고 판매를 전환하는 데 치명적인 것으로 입증된 몇 가지 가정입니다.

"매력적인 웹사이트는 효과적이다"

저는 훌륭한 디자인을 좋아합니다. 훌륭한 디자인만으로도 제품 판매에 도움이 될 수 있지만, 매력적이지 않거나 탐색이 어렵거나 올바른 메시지를 전달하지 못하는 매력적인 웹사이트는 가치가 거의 없습니다.

궁극적으로 훌륭한 웹 디자인은 사람들이 콘텐츠에 쉽게 참여하고, 배우고, 생각하지 않고도 원하는 작업을 수행할 수 있는 방식으로 요소를 결합하는 것으로 귀결됩니다.

웹사이트에 대한 검증된 디자인 규칙이 있긴 하지만, 이를 완벽하게 구현하려면 반드시 테스트를 해야 합니다. 유저테스팅(Usertesting.com)에서 시작해볼 수 있습니다. 구글 옵티마이즈(optimize.google.com) 도구를 사용하여, 고객이 웹사이트를 어떻게 사용하는지 관찰하고 A/B 테스트를 충분히 수행하세요.

"고객이 무엇을 검색하는지 알고 있다"

사업자나 업계에 경험이 있는 사람이라면 누구나 지식에 눈이 멀어버릴 수 있습니다. 위젯에 대한 업계 표준 전문 용어가 따로 있더라도, 잠재 고객은 그것이 그렇게 불리는지 알고 있을까요? 중요한 것은 잠재 고객이 검색 사이트에서 실제로 검색창에 입력하는 내용입니다. 그것이 무엇인지 안다고 가정하지 마세요. 구글 키워드 플래너(ads.google.com/home/tools/keyword-planner) 같은 도구를 사용하여 키워드 조사를 해보면 사람들이 실제로 엄청나게 다양한 항목을 검색한다는 사실에 놀랄 수도 있습니다. 고객이 무엇을 검색하는지 물어보는 것을 잊지 마세요.

"사람들은 나를 찾기 위해 내 연락처 페이지로 이동한다"

전화번호나 기타 연락처 정보를 얻기 위해 사이트를 방문했다가 그 한 가지 데이터를 얻기 위해 20분 동안 이리저리 돌아다닌

적이 있나요?

본인, 비즈니스 내 부서 및 팀원에게 연락할 수 있는 다양한 방법을 제공하는 연락처 페이지가 있는 것도 좋지만, 사이트의 모든 페이지에 연락처 정보를 제공하는 것도 좋은 생각입니다. 지역 비즈니스의 경우 지역 SEO에 도움이 됩니다.

"블로그는 아무도 읽지 않는다"

제가 만나는 많은 사업자들은 자기들만이라도 매일 아침 수십 개의 블로그를 훑어보지 않으면 아무도 블로그를 읽지 않을 것이라는 잘못된 믿음을 여전히 고수하고 있습니다.

이러한 생각에는 큰 문제가 있습니다. 모든 사람, 즉 검색을 해본 사람이라면 누구나 블로그를 읽습니다. 읽는 즐거움을 위해 블로그를 시작하지는 않지만, 답을 찾기 위해 검색을 할 때 블로그 콘텐츠를 찾게 됩니다.

검색 엔진은 새로운 콘텐츠를 쉽게 추가할 수 있고, 링크를 자연스럽게 유도하며, 일반적으로 일반적인 웹 페이지 콘텐츠보다 판매 지향적이지 않기 때문에 블로그에 게재된 콘텐츠를 좋아합니다.

이 모든 것을 고려해서, 사업에는 활발한 블로그 활동이 필요하다고 단호하게 말할 수 있습니다.

"사람들은 검색을 해서 내 사이트를 찾을 것이다"

이것이 하나의 목표일 수도 있지만, SEO 노력에만 의존하는 것은 한 바구니에 너무 많은 달걀을 담는 것일 수 있습니다. 사이트에 대한 추가 경로를 열려면 수많은 전초 기지와 소셜 네트워크에 콘텐츠를 올려야 합니다. 또한 클릭당 지불 및 오프라인 매체를 포함한 광고를 통해 사이트를 홍보해야 합니다. 사실, 가능한 모든 오프라인 수단을 통해 콘텐츠를 홍보해야 합니다.

"트래픽이 핵심이다"

마케터들은 트래픽 수치에 집착하는 것을 좋아합니다. 저도 그렇게 하고 있지만, 방문자가 혼란스러워하고 꺼버리고 떠난다면 그다지 중요한 지표가 되지 못합니다.

대부분의 사이트 소유자는 트래픽 생성에 들이는 노력과 비용의 절반을 전환에 투자하면 이득을 볼 수 있습니다. 랜딩 페이지 컨설턴트를 고용하여 사이트의 모든 요소를 테스트하는 것이 SEO 코치를 고용하는 것보다 더 빠른 성과를 거둘 수 있습니다.

"사람들은 내 사이트가 마음에 들어서 다시 돌아올 것이다"

모든 방문자가 사이트를 방문했을 때 발견한 콘텐츠가 마음에 들기를 바라지만, 다시 방문해야 할 가치 있는 이유를 제공해야 합니다. 또는 더 좋은 방법은 이메일 주소와 업데이트를 보낼 수 있는 권한을 제공하는 대가로 무언가를 제공하는 것입니다.

웹서퍼(web surfer, 특별한 목적 없이 재미로 웹을 돌아다니는 사람)의 신뢰를 얻기 위한 특정 목적을 위해 랜딩 페이지를 테스트하여 연락처 정보를 수집하지 않으면 하염없이 그들이 다시 돌아오기를 바랄 수밖에 없습니다. 훌륭한 콘텐츠, 무료 세미나 및 전자책을 사용하여 다시 방문하도록 유도하세요.

요즘은 소셜 미디어가 많은 관심을 받고 있지만, 신뢰할 수 있는 사람들에게 가치 있는 콘텐츠를 보내는 이메일 캠페인을 능가하는 것은 거의 없습니다.

웹사이트의 새로운 목적

많은 1인 사업가들은 처음에, 웹사이트를 만들어놓고 전화가 울리기만 기다렸습니다. 하지만 그런 일이 일어나지 않자 일부는 실망하여 온라인 세계를 떠나거나 웹사이트를 먼지만 쌓이는 장소로 방치했습니다. 덕테이프 마케터에게 웹사이트의 주요 목적은 모든 마케팅 커뮤니케이션과 교육을 통합하고 온라인에서 참여하고 인지도를 높일 수 있는 수많은 다른 미디어와 연결하는 허브 역할을 하는 것입니다.

좋은 소식은 앞서 마케팅 키트에서 설명한 교육 콘텐츠가 웹사이트를 위한 완벽한 콘텐츠 기반이 될 수 있다는 것입니다. 다른 사람들과 마찬가지로 홈페이지와 '회사 소개' 페이지가 필요하다는 모방 마케팅 관념을 버려야 합니다.

웹사이트의 목적은 방문자가 여러분을 더 쉽게 알고, 좋아하고, 신뢰하는 작업을 시작할 수 있도록 하는 것입니다.

마케팅 키트와 마찬가지로 웹사이트는 잠재 고객을 교육하고 설득하며 행동을 취하도록 동기를 부여합니다. 하지만 웹사이트는 훨씬 더 다양한 이점을 제공합니다.

콘텐츠 중심 사이트의 이점

인지도

요즘에는 비즈니스에 종사하는 경우 웹사이트를 보유해야 하며, 많은 잠재 고객이 전화를 받기 전에 온라인에서 새로운 제품이나 서비스를 검색합니다. 이는 여러분에게 소개된 잠재 고객도 마찬가지입니다.

판매 주기 단축

콘텐츠가 풍부한 웹사이트를 구축해놓으면 많은 경우 잠재 고객이 직접 만나기도 전에 신뢰할 수 있다고 느낄 수 있습니다. 제웹사이트에서 너무 많은 답을 찾았기 때문에 제가 사무실에 나타나자마자 저를 고용하겠다는 고객이 수십 명 있습니다.

정보에 쉽게 접근

웹사이트는 잠재 고객이 원할 때 언제든지 마케팅 자료를 얻을 수 있도록 합니다. 마케팅 키트의 내용을 온라인에 저장하고 잠재 고객이 정보를 얻을 수 있도록 웹사이트로 안내할 수 있으며, 그렇게 해야 합니다.

비즈니스 추천 도구

콘텐츠 중심 웹사이트를 사용하면 추천 연락처가 추천 잠재 고객을 웹사이트로 안내하는 것만으로 회사에 대한 많은 정보를 공유할 수 있습니다. 실제로 이러한 목적을 위해 특별히 페이지를 만드는 것도 좋은 전략입니다.

지속적으로 잠재 고객을 추천하는 추천인이 있는 경우 사이트의 페이지를 개인화할 수도 있습니다.

"빌 스미스의 친구인 당신을 환영합니다."

마케팅 정보 배포 자동화

12장에서 자세히 설명하겠지만, 덕테이프 마케팅 리드 생성 시스템의 핵심 구성 요소는 잠재 고객이 여러분을 알 수 있도록 무료 또는 저렴한 정보 및 도구를 배포하는 것입니다. 웹사이트는 이 프로세스의 자동화를 위한 유용한 인터페이스를 제공할 수 있습니다.

잠재 고객 자료 확보

누군가가 광고판에서 광고를 읽으면 서비스에 대해 메모를 할 수 있지만, 몇 달 동안은 해당 서비스가 필요하지 않을 수도 있습니다. 그때가 되면 광고판은 더 이상 눈에 띄지 않게 됩니다. 덕테이프 마케팅 웹사이트의 기본 도구 중 하나는 방문자의 연락처 정보를 프리미엄 정보로 교환할 수 있는 기능입니다. 이 정보를 캡처하면 몇 달 또는 몇 년 동안 이 잠재 고객을 대상으로 마케팅을 시작하여 광고가 시간을 벌 때 가장 먼저 떠오르도록 할 수 있는 열쇠를 갖게 됩니다.

전문가의 도움 받기

웹 디자인, 프로그래밍 및 검색 엔진 기술이 혼란스러울 수 있다는 것은 의심의 여지가 없습니다. HTML 코드를 작성하는 방법이나 웹사이트 작동 방식에 대해 배우고 싶지 않을 수도 있습니다. 하지만 웹사이트는 가장 강력한 마케팅 무기 중 하나이며, 여러분은 웹사이트가 사업을 지원하는 데 깊이 관심을 두어야 합니다.

자격을 갖춘 웹 디자이너와 검색 엔진 전문가는 매우 많습니다. 대부분의 경우 이 작업을 위임할 전문가를 찾으면 비즈니스에 더 나은 서비스를 제공할 수 있습니다. 하지만 단순히 너무 기술적으로 보인다는 이유로 이 작업을 포기해서는 안 됩니다. 그렇게 하면 아무 소용이 없는 값비싼 웹사이트를 만들게 될 것입니다.

이 장에서 설명한 작업에 대해 가능한 한 많이 배우고 자격을 갖춘 디자이너에게 구체적인 지침을 받으십시오. 이상적인 타깃 고객, 경쟁사, 핵심 메시지, 아이덴티티 요소 및 예비 디자이너를 처음 방문할 때 원하는 웹사이트에 대해 충분히 논의할 준비가 되어 있는지 확인하세요.

디자인에 대한 한마디

심플하게 만드세요. 그게 다입니다. 웹사이트 디자인은 단순하게 유지하세요. 콘텐츠를 찾고 읽는 데 초점을 맞춘 매우 전문적인 웹사이트를 직접 만들거나 다른 사람을 고용하여 만들 수 있습니다. 많은 디자이너가 과하게 디자인하는 경향이 있습니다.

보기 좋아야 한다는 요구와 검색 엔진이 사이트를 찾고 방문자가 콘텐츠를 소비해야 한다는 요구 사이에서 균형을 맞춰야 합니다. 산만함을 주지 마세요.

단순함은 이미지에도 적용됩니다. 검색 엔진은 이미지를 볼 수 없으며 몇 가지 매우 간단한 속성만으로 이미지를 식별합니다. 이미지는 시각적 흥미를 더할 수 있지만 단순하고 가볍게 유지해야 합니다.

기술적인 측면에서는 CSS(캐스케이딩 스타일 시트) 디자인에 능통

한 디자이너를 찾아야 합니다. 웹사이트 디자인에 CSS를 사용하는 디자이너는 검색 엔진의 힘을 보다 효과적으로 활용하는 사이트를 제작할 수 있습니다.

페이지 레이아웃

각 페이지는 강력한 헤드라인으로 시작하세요. 각 헤드라인 뒤에는 강조 표시된 소개 단락이 이어집니다. 독자의 시선을 사로잡아 페이지의 나머지 부분으로 빠르게 안내하는 것이 목적입니다.

간단한 탐색

한때는 탐색 모음에 이미지를 만드는 것이 일반적인 관행이었습니다. 다시 말하지만, 이러한 이미지는 검색어에 도움이 되지 않으며 사이트 로딩을 지연시킬 수 있습니다. 디자이너에게 CSS 기술을 사용하여 텍스트 기반이지만 시각적으로 흥미로운 탐색 링크를 만들도록 요청하세요.

6세 어린이도 사이트를 탐색할 수 있는지 확인하세요. 실제로 그렇게 하는 것이 좋은 테스트입니다. 모든 페이지에 대한 링크를 만들고 한 페이지에서 다른 페이지로 이동하는 페이지 내에 텍스트 링크를 추가하여 사용자가 여러 지점으로 이동할 수 있는 다양한 방법을 제공하세요.

소셜 미디어 사용자에게
최적화된 사이트 만들기

웹사이트는 지난 몇 년간 크게 발전했고, 오늘날 비즈니스에 최적화된 웹사이트 제작 기준은 웹서퍼와 스파이더(웹에서 유용한 정보를 찾아 수집하는 프로그램)가 주도하고 있습니다. 물론 콘텐츠는 여전히 사람들을 사이트로 안내하고 링크와 재방문을 유도하는 데 필요한 요소이지만, 여기에는 '참여'라는 새로운 지표와 기능이 추가되어야 합니다. 콘텐츠가 밋밋하고 매력적이지 않은 상태로 놓여 있는 것만으로는 충분하지 않으며, 실제로 사람들이 콘텐츠와 상호 작용할 수 있도록 만들어야 합니다. 여러분의 웹사이트는 브라우저보다는 웹앱(web app, 웹 브라우저에서 실행되는 소프트웨어)에 더 가까워야 합니다. 그렇다면 일반적인 사이트 소유자와 제작자는 소셜 미디어의 참여 기능을 극대화하기 위해 어떻게 해야 할까요?

피드백 받기

사람들은 평점과 리뷰를 제공할 수 있는 사이트에 점점 익숙해지고 있습니다. 이러한 유형의 기능은 쉽게 제공할 수 있으며 회사를 고려하는 방문자에게 사회적 증거를 보여줄 수 있습니다.

참여를 유도하기 위한 장치로 설문조사를 사용하는 것을 간과하지 마세요. 워드프레스 플러그인이나 워드프레스용 설문조사 기즈모를 사용하여 간단한 설문조사를 정기적으로 추가하면 매력적인 콘텐츠 레이어를 추가하고 사용자가 사이트를 다시 방문해야 하는 이유를 제공할 수 있습니다.

또한 구글 옵티마이즈 또는 언바운스(Unbounce, www.unbounce.com) 같은 분할 테스트 스크립트를 사용하여 페이지에서 전환을 테스트하는 것이 좋습니다.

콘텐츠 형식 강화하기

트래픽 측면에서 구글이 1위 검색 엔진이지만 유튜브는 2위입니다. 방문자는 정적 텍스트만 있는 사이트보다 동영상 콘텐츠를 기대하고 소비하기 때문에 동영상 콘텐츠를 반드시 늘려야 합니다.

동영상을 사용하면 감정이 담긴 스토리를 전달할 수 있고 방문자가 스토리를 전달하는 사람과 더 쉽게 연결될 수 있습니다. 서치엔진워치(searchenginewatch.com)의 연구에 따르면 동영상이 있는 페이지는 동영상이 없는 페이지에 비해 랜딩 페이지 전환율을 300% 이상 높인다고 합니다.

또한 동영상을 사용하면 메시지를 강화하고 방문자가 다음에 해야 할 일이나 기대할 수 있는 사항을 이해하는 데 도움이 됩니다.

소셜 네트워킹 통합하기

방문자가 친구와 콘텐츠를 공유할 수 있는 '좋아요' 버튼을 추가하면 페이스북 방문자가 사이트와 상호 작용할 수 있는 효과적인 방법입니다. 쇼셔블(Sociable, wordpress.org/plugins/sociable) 같은 플러그인을 사용하면 사람들이 웹 페이지에서 찾은 콘텐츠를 매우 쉽게 공유하고, 구독하고, 북마크할 수 있습니다. 또한 페이스북 팬 박스 또는 트위터 도구 위젯(wordpress.org/plugins/twitter-tools) 같은 도구를 사용하여 사이트에서 트위터, 링크드인, 페이스북 등의 소셜 미디어 참여를 유도하면 사이트에서 소셜 프로필과 상호 작용하고 방문자가 사이트의 콘텐츠를 공유하거나 '좋아요'를 누를 때 바이럴 효과를 낼 수 있습니다.

웹사이트 인지도 끌어올리기

마지막으로 중요한 측면은 사람들이 콘텐츠와 상호 작용할 수 있도록 콘텐츠를 확대하는 방법을 찾는 것입니다. 여기에는 사이트 홍보와 사람들이 오프라인 커뮤니케이션에서 더 많은 것을 찾을 수 있는 모든 온라인 방법이 포함됩니다. 명함이나 인쇄물에 소셜 프로필을 추가하는 것이 좋은 시작점입니다.

광고는 판매보다는 온라인 콘텐츠에 대한 인지도를 높이고 사람들이 상호 작용할 수 있는 방법을 제공하는 데 중점을 두어야 합니다.

전체 웹사이트에 블로그 소프트웨어 사용

블로그 소프트웨어는 동적 콘텐츠 생성, 사용 편의성, 업데이트 용이성, 콘텐츠 신디케이션, 내장 SEO 도구 등의 측면에서 많은 장점을 가지고 있습니다. 많은 비즈니스에서 이 소프트웨어가 전체 웹사이트를 제작하는 데 훌륭한 해결책이라는 사실을 깨닫고 있습니다.

저는 워드프레스(www.wordpress.org)를 좋아하고 제 블로그를 운영하는 데 사용합니다. 워드프레스 소프트웨어는 전체 사이트 관리 도구로도 매우 쉽게 사용할 수 있습니다. 워드프레스 테마 디자이너들은 이러한 움직임을 활용하여 기업이 기존의 블로그 게시물 콘텐츠와 함께 정적인 홈페이지, 제품 페이지, 회사 소개 페이지와 매우 흡사한 페이지를 만들 수 있는 테마를 만들고 있습니다.

첫 번째는 프리미엄 테마입니다. 프리미엄 테마는 매우 유연한 디자인 템플릿으로, 전체 웹사이트를 만들고 운영할 수 있을 뿐만 아니라 해당 테마를 사용하는 다른 사람들의 사이트와 비슷해 보일 염려 없이 사이트를 운영할 수 있게 해줍니다. 대부분의 경우 100달러 미만의 비용으로 바로 사용할 수 있는 훌륭한 해결책이 될 수 있습니다. 하지만 디자이너를 고용하여 더욱 훌륭한 복합 해결책을 만들 수도 있습니다.

다음 목록은 워드프레스 테마 중에서 추천하는 것들입니다.

- 우 테마 (www.woothemes.com)

- DIY 테마 (Thesis: www.diythemes.com)

- WP 리믹스 (www.wpremix.com)

- 아이테마 (Flexx: www.ithemes.com)

- 스튜디오프레스 (www.studiopress.com)

- 테마 포레스트 (www.themeforest.net)

- 엘레건트 테마 (www.elegantthemes.com)

- 갭파이어 테마 (www.gabfirethemes.com/category/themes)

- 솔로스트림 (www.solostream.com)

테마를 다듬어 세련된 웹사이트를 쉽게 만들어보세요. 권한이 있는 사람이 모든 웹브라우저에서 페이지를 편집하고 만들 수 있습니다. 워드프레스 커뮤니티에서 플러그인을 추가하면 시간과 비용을 적게 들이고도 강력한 기능을 사용할 수 있습니다.

워드프레스 기반 사이트를 더욱 유용하게 만드는 방법

워드프레스는 강력한 콘텐츠 도구를 추가하기 좋은 블로그 플랫폼입니다. 오픈소스 아키텍처를 채용했기 때문에 외부 개발자가 블로그의 기본 기능을 확장하는 애드온을 만들 수 있습니다.

다음은 작성자와 독자 모두에게 워드프레스 블로그를 더욱 유용하게 만들어주는 7가지 플러그인 목록입니다.

1. 위시리스트 멤버(wishlistmember.com)

이 유료 플러그인을 사용하면 워드프레스 블로그를 유료 멤버십 또는 강좌 사이트로 전환할 수 있습니다. 위시리스트는 여러 쇼핑 카트, 결제 프로세스, 이메일 마케팅 도구와 통합되며 회원 등급에 따라 블로그 및 페이지 콘텐츠를 보호하고 전달하는 다양한 방법을 제공합니다.

2. 디스쿠스(wordpress.org/plugins/disqus-comment-system)

디스쿠스는 댓글을 남긴 모든 사람의 블로그 댓글 내역, 중첩 댓글, 아바타, 블로그 글에 대한 트위터 멘션 같은 추가 소셜 미디어 연락처 정보를 볼 수 있는 기능을 포함하여 워드프레스 댓글 기능에 다양한 기능을 추가하는 댓글 플러그인입니다.

3. 애드투애니(www.addtoany.com)

이 플러그인을 사용하면 RSS 리더나 이메일을 통해 블로그를 매우 쉽게 구독할 수 있습니다.

4. 팟프레스(wordpress.org/plugins/podpress)

팟프레스는 팟캐스트와 오디오 플레이어를 쉽게 추가할 수 있도록 제작되었습니다. 이 플러그인은 비디오 팟캐스트 기능도 지원합니다. 다운로드 통계, 다양한 파일 형식 지원, 아이튠즈(iTunes) 같은 서비스에 대한 피드 관리 및 보기 기능으로 블로그에 오디오 또는 비디오 콘텐츠를 게시하는 모든 사람에게 훌륭한 플러그인입니다.

5. 사용자 정의 클래스 선택기(wordpress.org/plugins/custom-class-selector/)

이 플러그인은 약간 복잡하지만 CSS 클래스를 무제한으로 생성한 다음 즉시 삽입하여 블로그 글의 콘텐츠 스타일을 사용자 정의할 수 있습니다. 특정 유형의 콘텐츠에 대한 아이콘이나 스타일을 만들고 싶지만 테마 스타일시트를 열어 변경하고 싶지 않은 경우 매우 유용합니다.

6. 작성자 정보 보여주기(wordpress.org/plugins/advanced-author-exposed)

다중 작성자 블로그가 매우 보편화되고 있습니다. 다른 전문가나 직원과 블로그 작업을 분담하는 것은 새로운 콘텐츠를 많이 확보할 수 있는 좋은 방법입니다. 작성자 노출을 사용하면 개별 블로그 글의 작성자에 대한 프로필을 매우 쉽게 만들고 표시할 수 있습니다.

7. **관련 콘텐츠(www.ajaydsouza.com/wordpress/plugins/contextual-related-posts)**

이 플러그인은 태그별로 과거 블로그 글을 모두 자동으로 검색하여 현재 글과 관련된 4~5개의 글을 글 끝에 추가합니다. 이 플러그인은 과거 글에 대한 노출을 늘려줍니다. 사람들이 마음에 드는 글을 발견하면 콘텐츠를 더 자세히 살펴볼 수 있습니다.

모바일 독자를 잊지 마세요. 휴대폰으로 글을 읽는 사람들을 위해 블로그 콘텐츠를 모바일 친화적인 버전으로 자동 변환하는 모퓨즈 플러그인(wordpress.org/plugins/mofuse)을 사용하세요.

사이트를 넘어 웹을 보는 방법

오늘날의 마케팅은 인터넷에서 회사의 존재감을 나타내는 방법을 중심으로 많은 생각을 구축하는 것을 의미합니다. 이 아이디어는 오늘날 온라인에 접속하는 거의 모든 사람이 표명하고 있기 때문에 이전에 들어 본 적이있을 것 같지만이 아이디어를 실용적인 의미로 머리를 감싸는 데 좌절하는 사업자를 계속 만나게됩니다.

온라인에서 입지를 구축하는 아주 실용적인 방법을 간략하게 설명하고자 합니다. 아래의 네 가지 영역을 실행하면 웹 존재감을 완벽하게 구축할 수 있습니다. 각 영역을 하나의 버킷으로 생각하세요. 각 버킷에 체계적으로 작업을 추가하되, 한 버킷을 다 채우고 다음 버킷으로 넘어가지 말고 각 버킷에 작업을 하나씩 추가하고 그것을 반복하는 방식으로 진행하세요. 이렇게 하면 단기적으로는 모멘텀을 구축하고 장기적으로는 가치를 창출할 수 있습니다.

모니터링 자동화

시간을 내어 다른 사람들이 말하는 내용을 모니터링하면 온라인 마케팅에 큰 도움이 됩니다. 이를 위한 자동화된 방법, 즉 리스닝 스테이션을 만드는 것이 요즘의 기본 전략입니다.

- 구글 알리미를 만들어 브랜드, 제품, 경쟁사 및 업계를 모니터링하세요.
- 소셜멘션(www.socialmention.com) 및 포스트링(www.postling.com) 같은 도구를 사용하여 옐프 같은 리뷰 사이트에서도 언급되는 내용을 심층적으로 분석할 수 있습니다.
- 업계 또는 관련 블로그를 찾아서 구독하고 RSS 리더에 피드하여 빠르게 검색하세요.

- 딕(Digg) 계정을 만들어 인기 있는 콘텐츠와 새로운 콘텐츠를 빠르게 스캔하세요.
- 주요한 기자가 글을 쓰거나 블로그에 글을 올릴 때 참여할 수 있도록 구글 알리미 키워드에 추가하세요.

허브로서의 콘텐츠

여러분은 비즈니스를 설명하고, 스토리를 전달하고, 제품과 서비스를 간략하게 설명하고, 고객 성공 사례 몇 가지를 소개하는 웹 콘텐츠가 있다는 가정하에 작업하고 있습니다. 괜찮은 시작이지만 이제 신뢰를 쌓고, 링크 클릭을 유도하고, 교육할 수 있는 일관된 콘텐츠 제작을 위해 다음과 같이 합니다.

- 블로그를 만들고 운영합니다. 더 좋은 방법은 워드프레스로 전체 웹사이트를 구축하는 것입니다.
- 잠재 고객이나 고객이 묻는 모든 질문을 노트에 기록하고 블로그 게시물과 FAQ 페이지에 답변을 작성합니다.
- 홍보용 프레젠테이션을 슬라이드 자료로 만들어 사이트에 게시하세요.

회사와 관련된 모든 정보를 노출하기

- 유튜브, 플리커(flickr), 슬라이드셰어(www.slideshare.net) 계정

을 만들고 동영상, 이미지, 슬라이드에 대한 완전한 키워드 설명과 함께 게시하세요.

- 구글 비즈니스 프로필, 빙 로컬 프로필을 등록하고 내용을 작성하세요.

- 사이트, 블로그, 이벤트로 연결되는 다양한 링크가 포함된 링크드인 프로필과 링크드인 회사 페이지를 구축하세요.

- 공식 페이스북 페이지(요즘은 팬 페이지라고 부름)를 만듭니다.

- 옐프나 시티서치 같은 리뷰 사이트에서 회사 페이지를 등록하고 강화하여 리뷰 프로세스에 참여하세요.

- 페이스북이나 링크드인 외에 소셜 네트워크에서 프로필을 구축하세요.

- 페이스북 페이지를 이벤트와 콘텐츠에 대한 인지도를 높이고 새로운 콘텐츠로 잠재 고객에게 다가갈 수 있는 수단으로 활용하세요.

- 링크드인 답변에서 질문하고 답변하는 것은 자신의 전문성을 보여줄 수 있는 흥미로운 방법이 될 수 있습니다.

- 트위터에서 잠재 고객을 찾고 기회를 발굴하는 방법을 알아보세요.

커뮤니티 활성화

- 밋업(meetup.com)에서 이벤트와 그룹을 만들고 같은 생각을

가진 사람들을 한데 모을 수 있습니다.

- 센트럴데스크톱(www.centraldesktop.com) 같은 프로젝트 및 고객 포털 도구를 사용하여 고객이 정보에 액세스하고 협업할 수 있는 공간을 만드세요.
- 아이디어를 공유하고 생성할 수 있는 위키를 사용하여 고객이 커뮤니티를 만드는 데 참여하도록 유도하세요.
- 전략적 파트너 팀이 제공하는 콘텐츠가 포함된 그룹 블로그를 만듭니다.
- 페이스북 그룹을 설정하고 고객과 잠재 고객을 추가하여 실시간 그룹 채팅과 P2P 토론을 주최할 수 있습니다.

위의 방법으로 시작하되, 인터넷에서 더 많이 노출되는 방법을 스스로 고민해보세요.

진정한 자동화를 위한
소셜 미디어 관리비결 3가지

소셜 기술을 비즈니스 도구로 사용하는 사람들이 직면하는 가장 큰 딜레마 중 하나는 진정한 참여와 시간 절약을 위한 자동화 사이의 균형입니다. 한편으로는 모든 소셜 미디어 참여를 실제로 처리하고 알려진 모든 소셜 네트워크에 콘텐츠를 게시하는 프로세스를 자동화할 수 있는 도구와 서비스가 분명히 존재합니다. 다른 한편에서는 일대일 콘텐츠 제작 및 참여를 통해 개인적인 참여와 브랜드 구축 커뮤니티를 만들고자 하는 욕구가 있습니다. 전자는 확실히 사람의 손길이 부족하고 후자는 너무 많은 시간을 잡아먹을 수 있습니다. 제가 생각하는 완벽한 균형은 그 중간 지점, 즉 도구를 사용하여 의도를 촉진하고 시간을 활용하면서 동시에 개인적인 관심을 더할 수 있는 곳에 있습니다.

더 많은 일을 더 쉽게 할 수 있도록 도와주는 도구와 개인적인 참여를 융합할 수 있는 3가지 소셜 미디어 관리 비결을 소개합니다.

1. 요약 콘텐츠 만들기

요약은 도구가 아니라 실천입니다. 사람들은 요약된 콘텐츠를 좋아합니다. 이를 만들고 전달하는 한 가지 방법은 소셜 북마크 도구를 사용하여 블로그나 뉴스레터 또는 고객 산업 분야별 등 다양한 태그를 사용하여 자주 방문하는 사이트에 간단히 태그를 지정하는 습관을 들인 다음, 주말에 돌아가서 한 주 동안 찾은 좋은 콘텐츠의 요약만을 바탕으로 포스팅을 작성하거나 뉴스레터 발행물을 만드는 것입니다. 콘텐츠를 필터링하고 읽은 내용 중 가장 좋은 것만 RSS 리더를 통해 전달하면 좋은 내용만 원하는 사람들에게 매우 유용한 리소스가 될 수 있습니다. 나만의 필터링 도구를 사용하면 즉석에서 콘텐츠를 쉽게 만들 수 있습니다.

2. RSS를 HTML로 변환하기

내가 생성하거나 내가 찾아서 읽은 RSS 피드에서 콘텐츠를 가져와 원하는 웹 페이지에 표시할 수 있는 동적 HTML 콘텐츠로 변환하는 도구는 여러 가지가 있습니다.

콘텐츠 전용 페이지를 만들고 서핑을 하면서 찾은 콘텐츠를 해당 페이지로 푸시하는 것은 웹 페이지용 콘텐츠를 쉽게 만드는 방법이 될 수 있습니다. 로빈 굿(Robin Good)이 작성한 글(www.masternewmedia.org/how-to-embed-and-display-rss-feeds-on-any-Web-page-best-rss-to-html-publishing-tools)에서 훌륭한 RSS-HTML 웹 퍼블리싱 도구 목록도 확인해 보세요.

3. 블로그에서 팬 페이지로

블로그 콘텐츠를 페이스북 개인 담벼락에 쉽게 다시 게시할 수 있는 플러그인과 앱이 많이 있지만, 요즘에는 많은 비즈니스가 팬 페이지에 새 블로그 게시물을 게시하는 데 훨씬 더 관심이 많습니다. 실제로 이 작업을 수행할 수 있는 무료 및 유료 앱이 많이 있지만, 가장 간단하고 가장 좋은 방법은 내장된 메모 기능을 사용하는 것입니다. 팬 페이지에서 노트 탭을 활성화하고 '새 노트 추가'를 클릭하면 블로그 피드를 추가할 수 있는 옵션이 표시됩니다. 이렇게 하면 RSS 설정에 따라 새 탭(블로그 이름)과 최근 5개 내외의 블로그 게시물이 표시됩니다.

이 방법은 대부분의 기술 문제가 발생하는 타사 앱이 관여하지 않기 때문에 마음에 듭니다. 이제 단순히 블로그 페이지가 생기는 것 외에도 새 게시물을 게시하면 페이스북 스트림으로 바로 이동합니다.

검색 엔진 최적화(SEO) 기본 팁

웹사이트의 프로그래밍에 실제로 관여하지 않을 수도 있지만, 웹 디자이너나 프로그래머와 잘 소통할 수 있도록 기본 용어와 팁을 숙지하는 것이 중요합니다. 실제로 다음 각 요소에 대한 체크리스트를 작성하고 디자이너가 웹사이트 디자인에 각 요소를 활용할 의도가 있는지 질문해 보세요. 이러한 요소에 대해 미리 질문하는 웹 디자인 회사를 찾으면 자신에게 잘 맞는 회사를 찾았다는 것을 알 수 있습니다.

키워드

어떤 비즈니스를 운영하든 타깃 시장이 어떤 용어를 사용하여 나와 같은 제품과 서비스를 찾는지 가능한 한 완전히 이해해야 합니다. 웹서퍼들이 특정 검색어를 실제로 사용하는 횟수를 추적하는 데이터베이스가 있습니다.

이러한 데이터베이스를 통해 웹 페이지 콘텐츠, 제목, 헤드라인에 가장 중요한 검색어를 포함시키는 것이 중요합니다. 인터넷에서 키워드 데이터베이스 도구를 검색하면 다양한 종류의 도구를 찾을 수 있습니다.

키워드 아이디어를 잘 활용하려면 각 웹 페이지에 키워드 문구 테마를 부여한 다음 다음 몇 페이지에 소개되는 여러 요소에 테마 문구가 나타나도록 하는 것이 좋습니다.

타이틀 태그

타이틀 태그는 모든 웹 페이지의 HTML 구조의 일부입니다. 페이지의 비공식적인 이름이라고 생각하면 됩니다. 검색 엔진은 페이지의 타이틀 태그에 있는 콘텐츠를 페이지의 내용을 분류하는 주요 방법 중 하나로 사용합니다. 중요한 페이지 요소이지만 많은 사람이 이를 낭비하거나 오용합니다.

설명적이고 검색 친화적인 타이틀 태그 또는 페이지 이름을 사용하세요. 홈페이지 타이틀 태그에 "밥스 중고차에 오신 것을 환영합니다" 대신 "그레이터 머스코지 지역의 중고차 최저가 거래는 밥스에 있습니다"를 사용하세요. 이렇게 하는 것이 더 나은 이유는 사람들이 웹사이트를 검색하는 방식에 달려 있습니다. 회사 이름을 알고 구체적으로 검색하지 않는 한, 페이지 타이틀로 회사 이름을 사용하는 것은 그다지 유용하지 않습니다.

사이트 링크

검색 엔진은 관련 업계의 다른 웹사이트도 링크할 만한 가치가 있다고 판단하면 여러분의 웹사이트에 더 높은 점수를 부여합니다. 같은 생각을 가진 비즈니스와 링크를 교환하면 사이트에 도움이 됩니다.

하지만 링크 수량만 원하는 페이지 및 사이트와 거래하는 링크 팜에 휩쓸리지 마세요. 방문자에게 가치를 더할 수 있는 사이트에 집중하세요. 사이트 소유자가 내 비즈니스 및 타깃 시장과 관련된 고품질 콘텐츠를 제공한다고 확신하는 경우에만 링크 교환을 위해 사이트에 연락하세요.

이러한 자격 요건을 충족하는 사이트를 찾으면 저는 매우 개인적인 메모를 작성하여 링크 교환을 요청합니다. 링크 파트너를 자동으로 찾아주고 일반적인 링크 초대 이메일을 보내주는 소프트웨어 프로그램도 있습니다. 링크 교환에 성공하려면 매우 개인적인 방식으로 접근해야 합니다. 먼저 문제의 사이트에 링크하세요. 메모에 링크하려는 이유를 적고 링크 파트너의 사이트에 대해 정말 감사한 점을 적으세요.

링크에 문구 달기

많은 웹사이트에는 '홈' 또는 '회사 소개' 등 다른 페이지로 연결되는 링크가 있습니다. 이러한 링크는 작업을 완료하는 데는 도움이 되지만 검색 엔진에 사이트에 대한 정보를 제공하지는 않습니다. 링크에 설명 문구나 검색 구문을 사용하세요. 밥스 중고차 사이트로 연결되는 링크에 '중고차 최고가 거래'라고 텍스트를 달거나, 건설 관련 변호사 명단으로 연결되는 링크에 '건설 변호사 찾기'라고 적어넣으세요.

제목 태그 사용

웹 프로그래밍 언어인 HTML은 일련의 H 또는 제목 태그를 사용하여 개요처럼 페이지를 구성하는 데 도움을 줍니다.

가장 중요한 제목에는 H1, 부제목에는 H2 등을 사용합니다. 각 페이지에는 페이지의 광고처럼 키워드가 풍부한 헤드라인을 포함하는 것이 좋으며, 코드에 〈H1〉, 〈/H1〉 마크업을 사용하여 검색 엔진에 이 부분이 페이지에서 매우 중요한 부분임을 알릴 수 있습니다. 그런 다음 〈H2〉, 〈/H2〉 태그가 있는 하위 섹션도 동일하게 수행합니다. 대부분의 디자이너가 페이지 스타일을 지정할 때 이러한 태그를 이해하지만 검색 엔진 게임에서 이러한 태그가 중요한 역할을 한다는 사실을 아는 디자이너는 거의 없습니다.

사이트 맵 만들기

사이트 맵은 사이트의 모든 페이지에 대한 링크가 구조화되어 있는 페이지입니다. 방문자는 이 페이지를 자주 사용하지 않을 수 있지만 검색 엔진은 이 페이지를 사용하여 사이트의 모든 페이지를 찾아 색인화할 수 있습니다.

　각 주요 검색 엔진은 사이트 맵을 제출하고 업데이트하는 방법을 개발했습니다. 웹 디자이너와 함께 작업하는 경우 이 장의 각 팁에 대해 문의하세요. 이 책을 가지고 웹 디자인 회사를 만날 때 이 장의 각 요소를 다루거나 중요하지 않다고 생각하는 이유를 설명해 달라고 요청하세요. 웹사이트와 검색 엔진의 세계는 유동적이고 끊임없이 변화합니다. 변화하는 환경에 지속적으로 주의를 기울이고, 함께 일하는 웹 디자이너가 웹 디자인 및 검색 전략의 최신 트렌드를 잘 알고 있는지 확인해야 합니다.

ACTION PLAN ——

1. 웹사이트에 올릴 마케팅 키트 콘텐츠를 다시 만듭니다.

2. 마케팅 믹스에 블로그를 추가합니다.

3. 검색 엔진 최적화를 이해하는 웹 디자이너를 찾습니다.

4. 웹사이트에 올릴 콘텐츠를 더 찾아봅니다.

8장

온라인 검색 결과에서
높은 순위를 차지한다

검색 엔진은 사람들이 자신의 지역에서 제품과 서비스를 찾는 주요 방법 중 하나가 되었습니다. 이러한 현실의 변화로 인해 지역 1인 기업이 지역 검색을 마스터해야 할 필요성이 크게 증가하고 있습니다.

좀 더 쉽게 설명하자면, 사람들이 선택한 검색 엔진이나 모바일 브라우저에 '[도시 이름 + 원하는 것]'을 입력했을 때 여러분의 회사가 1페이지에 표시되지 않거나 지역 검색 결과의 상위에 표시되지 않는다면, 여러분의 회사는 경쟁에서 살아남을 수 없습니다 (모든 카테고리와 시장에서 100% 그런 것은 아니지만, 현실은 빠르게 변화하고 있습니다).

다음은 지역 검색 게임에서 승리할 확률을 높이기 위해 해결해야 할 5가지 영역입니다. 경쟁사보다 먼저 검색 게임에서 승리하세요. 각 섹션을 살펴보고 매일 몇 가지 실행 단계를 적용하면 점차 전체 목록을 달성하고 비즈니스가 강력한 지역 검색 입지를 구축할 수 있는 기반을 마련할 수 있습니다.

1. 웹 페이지를 지역 친화적으로 만들기

웹사이트 페이지를 훨씬 더 현지화할 수 있는 방법은 여러 가지가 있습니다. 이는 검색 엔진에 여러분의 회사가 실제로 지역 비즈니스임을 알리는 기본 요소 중 하나입니다.

다음은 고려해야 할 몇 가지 단계입니다.

- 모든 페이지에 실제 주소를 추가합니다. 탐색에 도시 이름을 추가합니다(예: 오마하 주방 리모델링 쇼케이스).
- 교외 및 이웃 이름을 콘텐츠에 자연스럽게 추가합니다.
- 지역 이벤트 블로그를 추가하고 축제 및 비영리 행사를 나열합니다.
- 현지 용어로 키워드 조사를 수행하여 페이지에 추가할 최적의 문구를 찾아보세요. 구글 키워드 도구 또는 워드트래커를 사용해 보세요.
- 고급 사항: '리치 스니펫' 및 hCard 마이크로포맷을 탐색하여 주소 데이터에 대한 HTML을 마크업합니다.

2. 지역 검색 프로필 만들기

구글, 빙의 지역 검색 웹사이트는 여러분이 매우 풍부한 정보를 제공하는 지역 프로필을 등록하고 구축하기를 원합니다. 이렇게 하면 사람들이 지역 비즈니스를 검색할 때 더 쉽게 작업을 수행할 수 있습니다.

아직 등록하지 않았다면 지금 바로 여기로 이동하세요.

- 구글 비즈니스 프로필(www.google.com/business)
- 빙 플레이스 포 비즈니스(www.bingplaces.com)

주목해야 할 또 다른 관련 지역 검색 디렉토리는 구글 모바일 검색(www.google.com/mobile)입니다. 이 디렉토리는 많은 부분이 겹치는 별도의 디렉터리이지만, 모바일 사용자가 스마트폰에서 구글 지도에 '커피'를 입력할 때 액세스하는 도구입니다. 구글 지도에서 숙소 정보가 완전하고 최신 상태인지 확인해야 하는 또 다른 이유입니다.

각각의 경우 다양한 방법을 통해 프로필을 등록해야 합니다. 이 단계를 완료하면 적절한 비즈니스 카테고리, 운영 시간, 결제 수단, 서비스 지역, 취급 브랜드 등으로 프로필을 개선할 수 있습니다.

이미지, 동영상, 기타 제품 또는 서비스 관련 요소를 추가할 수 있는 기능을 활용하세요. 점점 더 많은 사람이 현지 시장에서 비즈니스를 검색할 때 이러한 지역 페이지로 이동하게 되므로, 이러한 지역 페이지를 비즈니스의 중요한 확장 페이지로 간주하세요.

이러한 지역 디렉토리에는 유료 프리미엄 목록과 지역 광고 옵션도 있지만, 이는 완전히 다른 주제입니다.

3. 평점과 리뷰 관리하기

지역 커뮤니티 사이트를 둘러보면 회사나 제품에 대해 평점, 별점, 리뷰, 후기 등을 올리는 곳이 많습니다. 주요 사이트에 어떤 리뷰가 올라오는지 모니터링하지 않는다면, 한 건의 나쁜 리뷰로 인해 여러분 사업에 대한 평판이 크게 나빠져 심각한 타격을 받을 수도 있습니다. 따라서 각 지역 리뷰 사이트에 프로필을 등록하고 리뷰를 적극적으로 권장하여 고객 참여를 유도해야 합니다.

저는 긍정적인 리뷰를 얻는 데 적극적으로 나서기를 조언합니다. 어차피 전반적인 마케팅 활동의 일부로 업체 평가와 성공 사례를 수집해야 하므로 사람들에게 지역 리뷰 사이트에 가서 리뷰를 작성해달라고 요청하는 것도 좋은 방법입니다.

검색 디렉토리에서 이를 확인할 수는 없지만 지역 검색에서 높은 순위를 차지하는 사이트와 리뷰가 많은 사이트 사이에는 상관관계가 있는 것 같습니다. 다른 요인도 있지만 긍정적인 평가를 많이 확보하는 것이 가장 큰 요인입니다.

4. 회사나 제품이 여러 매체에 언급되기 하기

여러분의 회사나 제품/서비스가 다른 웹사이트에 표시되는 것이 인용입니다. 이는 여러분의 사업이 진정한 지역 비즈니스임을 확인하는 데 도움이 되므로 순위 알고리즘의 핵심 요소입니다.

이전 단계에서 작성한 목록이 이 카테고리에 도움이 되지만 이제 더 깊이 들어가야 할 때입니다.

다음 업체는 인쇄 버전의 화이트 페이지와 옐로우 페이지에서 데이터를 가져와 지역 디렉토리에 많은 핵심 데이터를 제공합니다. 이러한 디렉토리에 여러분의 회사가 등재되어 있을 가능성이 높지만 정확히 확인하고 누락된 세부 정보를 추가하는 것이 좋습니다.

- 데이터액슬(data-axle.com)
- 로케일즈(www.localeze.com)

디렉토리에 자연스럽게 등록되면 지역 내 상위 노출을 위한 경쟁에서 유리한 고지를 선점할 수 있습니다. 협회, 동창회, 무역 단체 목록도 현지에서 많은 비중을 차지할 수 있으므로 최신 상태로 업데이트하세요.

5. 지역 사회에서 입지 넓히기

지역에서 좋은 평판을 유지하고 고객 유입을 추가로 확보할 수 있는 좋은 전략은 지역 틈새 그룹을 시작하고 플리커, 페이스북, 링크드인, 밋업 같은 소셜 미디어 사이트에서 지역 테마를 중심으로 사용자 커뮤니티를 구축하는 것입니다. 지역 명소, 여행지, 맛집 소개, 행사 탐방 등 다른 사람들이 관심을 가질 만한 분야를 찾을 수 있다면 유용하고 활기찬 홍보 수단을 구축하는 셈이고 지역에서 여러분 사업의 입지를 크게 강화할 수 있습니다.

마지막으로 유튜브, 플리커, 페이스북, 슬라이드셰어, 링크드인 프로필과 동영상, 기타 소셜 미디어 프로필을 로컬에 최적화하고 이러한 프로필이 메인 웹사이트로 다시 연결되도록 하는 것을 잊지 마세요. 경쟁이 치열해지는 지역 검색 세계에서는 작은 부분 하나하나가 모두 중요합니다.

멋진 리뷰를 얻는 방법

리뷰와 추천글은 항상 여러분의 회사가 약속한 대로 서비스를 제공하고 고객이 만족하고 기꺼이 이야기할 수 있다는 제3자의 증거를 제공하는 좋은 방법이었습니다. 구글 비즈니스 프로필, 옐프 등 지역 검색 웹사이트에서 높은 순위를 차지하기 위해 리뷰는 더욱 중요해졌습니다.

리뷰와 추천글을 일관성 있고 진정성 있게 생성하려면 일상적으로 리뷰와 추천글을 받으려면 능동적이고 헌신적인 접근 방식이 필요합니다(가짜 리뷰나 과장된 리뷰는 오히려 부정적인 결과를 부릅니다). 다음은 리뷰를 체계적으로 생성하는 5가지 방법입니다.

참고인의 추천

이 아이디어는 우연히 발견한 것이지만 매우 효과적입니다. 가끔 잠재 고객이 여러 개의 추천서를 요청할 때가 있습니다.

그러면 저는 제가 알고 있는 고객 서너 명의 목록을 제공했고, 그게 끝이었습니다. 잠재 고객이 이 고객들에게 연락을 해서 추천서를 써달라고 하면, 이 고객들은 대부분 제 답변을 그대로 베끼는 경우가 많았습니다. 놀라운 점은 그들이 기본적으로 다른 사람에게 저를 고용해야 하는 이유를 말해주었기 때문에 제가 받은 추천서 중 가장 좋았다는 것입니다. 고객이 저에게, 또는 저를 위해 추천서를 쓴 것이 아니라, 또 다른 잠재 고객을 위해 쓴 것이었습니다. 이 접근 방식은 매우 효과적이어서 나중에는 잠재 고객에게도 제가 알고 있는 고객에게 연락해달라고 요청했습니다.

추천글의 용도 변경

원치 않는 후기를 받으면 출처에 관계없이 여러 가지 방법으로 활용해야 합니다. 만족한 고객이 리뷰 사이트에 리뷰를 작성하면 웹사이트, 상품 페이지, 다음 달 뉴스레터에 해당 리뷰를 게시합니다. 고객이 극찬을 담은 리뷰를 편지로 보내면 해당 고객에게 전화하여 구글 지역 정보 페이지에도 해당 리뷰를 제공할 수 있는지 물어보세요.

리뷰 작성 안내

요즘에는 온라인 리뷰가 매우 중요하므로 모든 영업 직원이 고객에게 리뷰를 게시하는 방법과 위치를 알려주어야 합니다. 온라인 리뷰 사이트에 계정을 만들고 리뷰를 올리는 방법을 안내하는 페이지를 만드세요. 고객이 모두 기업이라면 워크숍을 개최하여 평점 및 리뷰 사이트의 중요성에 대해 알려주세요.

리뷰 주고받기

물론 '주고받기'라는 개념은 여기에도 적용됩니다. 리뷰를 작성하고, 링크드인에서 인맥을 추천하고, 비즈니스 관계에 있는 회사에 연락함으로써 리뷰 및 추천 기반 중 하나의 강력한 부분을 마련할 수 있습니다. 이는 항상 프로세스를 소중히 여긴다는 것을 보여줄 수 있는 좋은 방법이며, 결과적으로 진정한 보답을 받을 수 있습니다.

리뷰 파티 개최

이전에 이 아이디어에 대해 쓴 적이 있지만 너무 재미있어서 여기에 포함시켜야 했습니다. 멋진 감사 이벤트에 고객을 초대하고 와인을 대접한 다음, 그날 밤 동영상 후기나 리뷰를 녹화할 의향이 있는지 물어보세요. 사람들은 카메라 앞에 서는 것을 좋아하며, 그들이 운영하는 비즈니스에 대해 이야기할 수 있는 5분 분량의 동영상을 제공하면 더 많은 인센티브를 제공할 수 있습니다. 이 동영상 콘텐츠는 여러분의 웹사이트에 큰 도움이 될 것이며, 다른 사람들도 자기 웹사이트를 위한 리뷰를 만들도록 도와줌으로써 서로 윈-윈할 수 있습니다.

다른 사람들이 내 로컬 콘텐츠를 홍보하도록 하기

여러 번 말씀드렸지만, 검색 엔진에서 높은 순위를 차지하는 것은 지역 비즈니스에 그리 어려운 일이 아닙니다. 경쟁이 매우 치열하고 수준 높은 SEO 회사의 투자가 필요한 일부 비즈니스 카테고리가 있지만, 콘텐츠 제작과 사이트로 연결되는 올바른 종류의 링크 확보라는 두 가지 활동에 집중한다면 DIY 유형도 좋은 성과를 거둘 수 있습니다.

제가 특별히 '올바른 링크'라고 말하는 이유는 수백 개의 링크를 구매하라고 제안하며 쉬운 방법을 홍보하는 사람들이 여전히 존재하지만 쉬운 방법은 없으며, 심지어 검색 엔진으로부터 손찌검을 당하거나 더 나쁜 결과를 초래할 수도 있기 때문입니다.

다음은 가장 중요한 링크를 확보하는 가장 좋은 방법 7가지입니다.

블로그 운영

블로그를 만들고 키워드가 풍부한 콘텐츠를 지속적으로 작성하는 것은 의심할 여지 없이 1인 기업(또는 모든 규모의 비즈니스)를 위한 최고의 SEO 활동입니다. 블로그 콘텐츠는 검색 엔진에서 여러 번 경쟁하고 콘텐츠를 신디케이트하는 다른 블로그 및 사이트에서 링크 클릭을 유도할 수 있는 기회를 높여줍니다.

블로그 게스트 게시물

블로그에 글을 쓰는 것의 변형은 다른 블로그를 찾아서 그 블로그의 독자에게 유용하고 관련성 있는 콘텐츠를 작성하겠다고 제안하는 것입니다. 글 본문에 여러분의 사이트로 돌아가는 링크를 삽입하고, 잘 읽히는 블로그를 찾아야 합니다.

디렉토리에 게시물과 기사 제출

문서 디렉토리는 링크를 확보할 수 있는 좋은 기회입니다. 아티

클베이스(articlesbase.com) 같은 사이트에 글을 제출하면 여러분 사이트에 대한 더 많은 링크와 트래픽을 확보할 수 있습니다. 또한 턴키 콘텐츠 작성 및 제출을 제공하는 세미파이(semify.com) 같은 서비스를 살펴볼 수도 있습니다.

소셜 보도자료 작성

사소한 발표라도 꾸준히 보도자료를 작성하면 추가 트래픽과 링크를 구축할 수 있으며, 특히 PRWeb(www.prWeb.com) 같은 도구의 소셜 기능을 사용하는 경우 더욱 효과적입니다. 보너스로 보도자료를 인쇄하여 고객과 네트워크에 우편으로 보내세요. 이 작은 접촉 전략으로 얼마나 많은 반송을 얻을 수 있는지 알면 놀랄 것입니다.

관련성 높은 댓글 많이 남기기

다른 블로그에 관련성 있는 댓글을 남기면 여러 가지 이점이 있습니다. 많은 경우는 아니지만 실제로 내 사이트로 연결되는 링크의 이점을 얻을 수도 있지만, 진정한 가치는 블로그 게시물을 통해 다른 독자와 블로그 운영자의 관심을 끌 수 있다는 것입니다. 댓글이 기본적으로 스팸인 경우에는 이 방법이 효과가 없다는 것은 말할 필요도 없습니다.

프로필 만들기

인터넷에는 소셜 프로필을 만들 수 있는 곳이 수백 곳이나 있으며, 대부분 내 사이트로 연결되는 수많은 링크를 배치할 수 있습니다. 많은 링크가 '팔로우 금지' 링크이기 때문에 검색 엔진에서 많은 정보를 얻지 못할 수도 있지만, 일부는 그렇지 않고 큰 그림을 위해 추가 페이지와 링크를 구축하는 경우도 많습니다. 이 공간을 확보하고 콘텐츠와 브랜드 자산으로 채워야 합니다. 잘 알려지지 않은 네트워크에서 수백 개의 프로필을 생성하는 노엄(www.knowem.com) 같은 서비스를 사용할 수도 있습니다.

소셜 북마크 사용

딕(Digg), 레딧(Reddit) 같은 소셜 북마크 사이트는 귀중한 링크와 검색엔진 트래픽을 생성할 수 있는 좋은 방법을 제공합니다. 관련 키워드 주제에 대한 블로그 글을 북마크에 추가하고 태그를 지정하면 태그와 관련된 콘텐츠를 찾는 수백만 명의 사람들에게 내 콘텐츠가 노출될 수 있습니다. 이는 종종 내 콘텐츠를 지적하는 트윗과 게시물로 이어질 수 있습니다. 매주 몇 가지 항목에 집중할 수 있는 체계적인 접근 방식을 만들면 웹 페이지로 연결되는 수백 개의 링크를 구축할 수 있고 핵심 용어에 대한 경쟁을 사실상 차단할 수 있습니다.

9장

전 직원이
마케팅에 참여한다

이제 진정으로 *끈끈한* 마케팅을 위한 토대를 마련하는 과정에서
꽤 중요한 지점에 도달했습니다. 지금까지 여러 가지 핵심 연습과
제안을 완료했다면, 매우 강력한 마케팅 자산을 수집한 것입니다.
이러한 자산을 통해 시장에 진출하여 자신 있게 "이리 와서 잡아
라!"라고 선언할 수 있습니다.

이 책의 다음 섹션에서는 리드 생성 또는 잠재 고객의 연락을
유도하는 방법에 대해 설명합니다. 이 모든 것은 끈기를 비즈니스
성장에 도움이 되는 시스템으로 전환하는 것에 관한 것입니다. 하
지만 가장 중요한 다음 단계로 넘어가기 전에 지난 몇 장에서 구
축한 기반을 팀원 한 명만 있는 팀이라도 팀과 공유하는 것이 중
요합니다.

이 장에서는 전체 직원이 새로운 마케팅 비즈니스의 핵심 구성

요소를 확실히 이해하고, 마케팅 비즈니스의 시작과 성장에 처음으로 참여하는 것에 대해 흥미를 가질 수 있도록 하는 몇 가지 방법을 제안합니다.

마케팅은 전 직원이 해야 하는 업무다

비즈니스가 본질적으로 마케팅 비즈니스라는 사실을 인정한다면 마케팅이 어느 정도는 모든 사람의 일이라는 사실을 이해하는 것은 큰 비약이 아닙니다.

대부분의 경우 1인 사업가는 마케팅 교육이라는 개념을 완전히 무시합니다. 하지만 왜 조직 내에서 아무도 최고의 서비스를 제공하는 것에 대해 열광하지 않는지 궁금해합니다. 또는 이상적인 고객이 누구인지, 무엇이 이상적인 고객인지에 대해 아무도 명확하게 파악하지 못하는 이유도 궁금합니다. 만약 회사의 모든 직원이 다른 업무와 상관없이 자신의 업무 중 일부가 마케팅이라는 사실을 이해하게 된다면 어떨까요? 그런 문화를 가진 조직을 상상할 수 있을까요?

여기 무서운 부분이 있습니다. 고객 또는 잠재 고객과 접촉하는 조직 내 모든 사람이 마케팅 업무를 수행하고 있다는 것입니다. 문제는 그들이 마케팅 의도를 가지고 수행하는지 여부입니다.

아이오와주 페어필드에 있는 통신 회사인 컨퍼런스콜 언리미티드(Conference Calls Unlimited)는 회의 업계뿐만 아니라 대부분의 소매업에서 경쟁사와 차별화되는 일을 했습니다. 이 회사는 마케팅 교육 노력의 상당 부분을 직원과 계약업체에 영감을 불어넣는 데 집중했습니다. 직원에게 집중함으로써 직원들이 고객과 상호작용할 때마다 영감을 얻고 열정을 가질 수 있도록 했습니다. 그들은 재미있고 생산적이며 영감을 주는 근무 환경을 만들기 위해 노력했습니다.

또한 고객을 행복하게 만들기, 잠재 고객을 행복하게 만들기, 서로를 행복하게 만들기라는 3가지 우선순위에 집중할 수 있도록 모든 직원의 책임을 간소화했습니다.

전화를 받을 때 직원들의 목표는 발신자가 요청한 것 이상을 제공하고 서로에게 친절하게 응대하는 것이었습니다. 모두가 개인적인 편의가 아닌 목표에 집중했습니다.

직원들의 이러한 집중은 놀라운 효과를 발휘했습니다! 고객 입장에서는 전화나 이메일에 즉시 응답을 받을 수 있었고, 이는 고객이 전화를 걸 때 지속적으로 즐겁고 생산적이며 영감을 주는 경험으로 이어졌습니다.

마케팅 책임은 대표가 진다

직원을 위한 체계적인 마케팅 교육 프로그램에 대해 자세히 알아보기 전에 나쁜 소식이 하나 있습니다. 회사 대표인 여러분이 마케팅의 기능에 대해 책임을 지지 않는다면 직원 교육을 아무리 많이 해도 도움이 되지 않습니다. 대표가 말로 하는 대로가 아니라, 대표가 행동으로 보여주어야 직원들이 움직인다는 사실을 잘 아실 겁니다.

내부 고객인 직원을 설득할 수 있는 유일한 방법은, 회사 대표인 여러분이 먼저 제품과 서비스를 실제로 믿고 실행한다는 사실을 보여주는 것입니다. 회사가 하는 일, 여러분 회사와 다른 회사의 차이점, 회사가 서비스 관계에 가져올 수 있는 고유한 가치에 대해 여러분은 직원들의 마음을 사로잡기 위해 무엇을 했나요?

이 개념에 대한 저항에 부딪힌다면 과거에 이를 우선순위로 삼지 않았기 때문이며, 직원들은 항상 변화에 저항할 것입니다.

직원들이 마케팅에 대한 새로운 강조점을 기대하고 요구하도록 만들어야 합니다. 이제 첫 번째 목표시장이 누구인지 알았으니 복도, 칸막이, 휴게실, 회의 테이블을 두드리며 잠재 고객을 찾으러 가봅시다.

마케팅 라운드테이블 만들기

마케팅의 주요 기능은 반드시 여러분이나 조직의 다른 사람이 담당해야 할 수도 있지만, 집중과 강조, 교육을 통해 마케팅에 대한 인식 수준을 체계적으로 높여야 합니다.

많은 1인 기업이 찾아낸 한 가지 도구는 마케팅 원탁회의입니다. 마케팅 원탁 회의는 마케팅 결정 및 조치를 검토하고 추진하기 위해 모이는 공식적인 내부 위원회입니다. 이 원탁 회의의 책임 중 하나는 내부 마케팅 인식의 전반적인 수준을 높이는 것입니다.

정기적인 교육

내부 마케팅 메시지를 지속적으로 전달할 수 있는 유일한 방법은 정기적인 교육 관행을 통해 메시지를 지속적으로 인지하는 것입니다.

모든 직원은 이 책의 앞부분에 제시된 기본 마케팅 단계에 대한 오리엔테이션을 받아야 합니다.

- 이상적인 타깃 고객 설명: 직원들은 여러분이 누구와 함께 일하는지, 누구와 함께 일하고 싶은지 충분히 상상할 수 있어야 합니다. 실무적인 관점에서 볼 때, 이렇게 하면 잠재적인 신규 고객을 발견할 준비가 훨씬 더 잘 될 것입니다.
- 마케팅 목적: 그들이 여러분의 마케팅 목적을 정말로 이해하고 이를 연결할 수 있는 방법을 찾았다면 어떤 의미가 있을까요?

- 토킹 로고: 각 직원은 비즈니스에서 자신의 기능을 궁극적인 마케팅 기능과 연결하여 이 도구를 사용할 수 있어야 합니다.
- 핵심 메시지: 이것이 모든 사람의 핵심 메시지입니다.
- 마케팅 키트: 마케팅 키트는 많은 정보를 제공하므로 최고의 채용 도구 중 하나가 될 가능성이 높습니다.

채용 프로세스의 일부

마케팅 교육과 마케팅에 대한 강조를 채용 프로세스의 일부로 만드세요.

명함에 기재하기

모든 직원에게 마케팅 기능을 다루는 부가적인 직함이 있다면 어떨까요? '운영 담당 부사장이자 CS 달인'이라고 생각해보세요.

직원 매뉴얼

마케팅 핵심 메시지와 스토리를 직원 매뉴얼의 한 장으로 만드세요. 직원 매뉴얼에 마케팅 자료를 넣으세요.

분기별 전 직원 회의

분기별로 전 직원 회의를 개최하여 마케팅 원탁회의 멤버들이 현재 마케팅 이니셔티브와 결과를 공유할 수 있도록 하세요. 직원

중 한 명에게 마케팅 자료의 한 가지 요소에 대해 프레젠테이션을 하도록 요청하세요. 이 작업에는 약간의 노력이 필요하지만 사람들은 가르치는 것을 통해 가장 잘 배웁니다. 계속하세요!

토킹 로고 연습

직원마다 토킹 로고에 대한 아이디어가 각기 다른 방식으로 연결된다는 것을 알게 되었습니다. 어떤 직원은 회사에서 정한 것을 사용하는 것이 불편할 수 있는데, 이는 개인의 업무에 따라 진정성이 느껴지지 않을 수 있기 때문입니다. 인쇄기 운영자는 영업 관리자와 똑같은 토킹 로고를 전달하지 못할 수도 있습니다. 팀원 각자가 자신에게 적합하다고 느끼고 마케팅 메시지를 활용할 수 있는 토킹 로고를 갖는 것이 중요합니다.

팀을 나누어 '회사에서 승인한' 토킹 로고를 만드는 데 도움이 되는 몇 가지 회의를 진행한 다음, 이를 사용하는 연습을 하도록 하세요.

이 상황을 상상해 보세요. 운영 책임자가 칵테일 파티에 참석했는데 누군가 그에게 직업이 무엇이냐고 물었고, 그는 "저는 소규모 전기 계약업체의 운영 책임자입니다"라고 대답하는 대신 다음과 같이 말합니다. "저는 주택 건축업자를 멋지게 보이게 하는 일을 합니다."

또는 현장 기술자가 문제에 직면했을 때 그 문제를 그냥 넘기지 않고 직접 문제를 해결했다면 어떨까요? 그런 다음 고객에게 다시 전화를 걸어 고객이 만족했는지 확인하고 고객에게 영화 예매권을 보내주겠다고 제안했다면 어떨까요?

전화 교육

전화는 종종 1인 기업의 잠재 고객 세계로 통하는 포털입니다. 조직을 위해 전화를 받는 모든 사람은 조직의 핵심 메시지를 표현하고 전달할 수 있는 방식으로 전화를 받도록 교육받아야 합니다. 이를 위해서는 스크립트, 연습, 인내심, 무관용 정책이 필요할 수 있지만 그만큼 중요합니다.

외부 마케팅 교육

1인 기업은 고객이 기대하는 결과를 제공하기 위해 여러 계약업체나 공급업체에 의존해야 하는 경우가 많습니다. 예를 들어, 사무용 가구 판매업체는 외부 설치 직원을 고용하거나 광고 대행사는 택배 서비스를 이용해 고객에게 증빙 자료를 전달합니다.

외부 파트너는 셔츠의 로고가 무엇이든 상관없이 여러분을 대신하여 마케팅 기능을 수행하고 있습니다. 고객이 상황에 따라 어느 정도의 여유를 허용할 수는 있지만, 조잡한 서비스나 나쁜 매너를 지속적으로 참아주지는 않을 것입니다.

진정한 성공 코치인 케빈 랭크포드는 자신의 비즈니스에 가장 큰 도움이 된 것은 문서화를 통한 체계화였다고 생각합니다. 그는 자신의 비즈니스 목표를 단계별로 설명하는 자체 운영 매뉴얼을 개발했습니다. 매뉴얼은 관리, 영업, 마케팅 관리, 영업 및 마케팅, 생산 업무에 따라 세분화되어 있습니다.

매뉴얼에는 '이렇게 합니다'라는 페이지도 포함되어 있습니다. 외부의 도움을 받아야 할 때를 대비한 단계별 가이드입니다. 할 일 목록보다 낫습니다!

고객 서비스에 대한 정의를 공유하는 공급업체와 파트너를 선택하는 것은 필수적이지만, 한 단계 더 나아가 공식적인 교육에 포함시킬 수도 있고 또 그렇게 해야 합니다. 경우에 따라서는 기대치를 간략하게 설명하고 전달하는 것만으로도 충분합니다.

시간이 지남에 따라 이 간단한 단계는 이상적인 전략적 파트너와 공급업체를 정의하고 유치하는 데 도움이 될 것입니다.

저는 한 리모델링 계약업체와 협력하여 하청업체를 대상으로 분기별 회의를 주최하여 작업 현장에서 발생할 수 있는 상황에 대처하는 실제 시나리오를 제시했습니다. 기대치와 프로세스도 함께 제시했습니다. 하청업체는 프로젝트에 참여하기 위해 이 세션에 반드시 참석해야 했습니다. 현장 관리자는 또한 각 하청업체에 대해 일련의 성과 기대치에 따라 등급을 매겼습니다. 이 계약업체는 가격보다는 성과에 더 민감했습니다. 말할 필요도 없이 그는 최고의 하청업체만 유치했고, 그의 사업과 수익은 급증했습니다.

새로운 마케팅 시작하기

이 책을 읽은 후 비즈니스에 마케팅 관점을 도입하기로 결심했다면, 오랜 기간 비즈니스를 운영해온 직원들은 충격을 받을 것입니다. 결국, 여러분은 규칙을 바꾸고 있는 것이니까요.

새로운 마케팅 태도의 시작을 알리는 가장 좋은 방법 중 하나는 마케팅 교육 프로그램을 대대적으로 발표하는 것입니다.

팀원들에게 요구한 변화의 크기에 맞게 이 출발을 진지하게 생각하고 있다는 것을 팀원들이 인식할 수 있도록 최선을 다해야 합니다.

일정 기간 동안 외부에서 전 직원 회의를 개최하는 것도 고려해야 합니다. 자료 패킷을 만들고, 이벤트에 대해 홍보하고, 기대감을 조성하세요. 새로운 모습, 새로운 메시지, 새로운 로고, 새로운 태도를 멋지게 시작할 수 있도록 이 책에서 앞서 제시한 대부분의 단계를 완료했는지 확인하세요.

마케팅 이사회

또 다른 매우 강력한 마케팅 교육 도구는 마케팅 이사회입니다. 많은 경우 1인 사업가는 전략적 사고 리소스에 액세스할 수 없다고 느끼며, 마케팅 업무의 대부분이 본질적으로 전술적이라고 생각합니다. 광고 문안 작성, 목록 주문, 디자이너와의 협업에 집중하는 것입니다.

마케팅 비즈니스에 전략적 관점을 제공할 수 있는 멤버로 구성된 마케팅 이사회는 마케팅 의사 결정에 도움이 되는 외부 조언을 얻을 수 있는 좋은 방법이 될 수 있습니다. 고객, 공급업체, 파트너, 커뮤니티 회원 한두 명으로 구성된 이사회를 만들고 분기별 회의에 참석하여 마케팅 계획과 진행 상황을 검토하고 의견을 제시하도록 요청하세요.

이사회 멤버를 한자리에 모으는 작업만으로도 충분히 가치가 있습니다. 제 고객들은 마케팅 보드가 여러 가지 이점을 제공한다는 사실을 알게 되었습니다.

- 책임을 물을 수 있는 사람이 있다는 점, 특히 분기별 결과 보고서를 통해 목표 달성에 집중할 수 있다는 점이 가장 큰 장점입니다.
- 사업을 하는 동안 대표나 직원이 제안할 수 있는 것 이상의

창의성을 제공합니다.

- 충성도가 높은 외부 추천인 그룹을 형성합니다. 이사회 구성원은 종종 이렇게 깊은 관계를 맺은 비즈니스를 옹호해야 한다는 강박감을 느낍니다.

고객과 함께 데이터베이스 만들기

표준 마케팅 CRM 유형의 관행에 따르면 고객 및 잠재 고객 데이터베이스를 만들고 보완하여 더 깊은 관계를 구축하고 추가적인 판매 기회를 창출하는 데 사용할 정보를 점점 더 많이 구축해야 한다고 합니다.

데이터베이스 구축을 고객에게 제공하는 서비스로 본다면 어떨까요? 어떤 경우에는 수익 센터로서 좋은 서비스를 제공할 수도 있겠지만, 저는 경쟁업체가 생각지도 못한 방식으로 가치를 추가하여 비즈니스를 차별화할 수 있는 서비스를 제공하는 것에 대해 이야기하고 있습니다.

RSS, 검색 기술, 수많은 온라인 앱 덕분에 데이터베이스 콘텐츠의 생성 및 스트리밍은 매우 간단한 일이 되었습니다.

다음은 이러한 사고방식으로 생성할 수 있는 정보의 몇 가지 예입니다.

1. 지식 데이터베이스

고객이 제공한 정보 또는 팔로우해야 할 산업을 기반으로 고객이 흥미를 느낄 만한 블로그와 뉴스 사이트의 맞춤형 RSS 구독 데이터베이스를 만드세요. RSS 리더를 설정하거나 원하는 리더에 OPML 파일을 업로드하여 고객이 팔로우해야 할 블로그 목록을 마술처럼 만들 수 있습니다.

OPML 파일은 약간 기술적으로 들릴 수 있지만, 기본적으로 한 번에 많은 구독을 생성하기 위해 RSS 리더로 가져올 수 있는 RSS 피드 목록입니다.

2. 동급 최강의 데이터베이스

실제 제품과 관련이 없더라도 고객이 필요로 할 수 있는 모든 제품과 서비스를 제공할 수 있는 '동급 최고의' 서비스 제공업체 목록을 작성하세요. 각 공급업체에 대한 모든 연락처 정보와 메모가 포함된 데이터베이스를 생성합니다. 이를 고객에게 서비스로 제공하여 고객이 구매하는 모든 것에 대해 훌륭한 업체를 찾을 수 있도록 도와주세요. 이러한 전략적 파트너 유형의 데이터베이스는 추천 및 리드 생성 활동을 위해 어차피 구축하고 유지 관리해야 하는 것이지만, 한 단계 더 나아가 센트럴 데스크톱(Central Desktop) 같은 도구를 사용하여 공식적인 오퍼로 만들어 파트너가 월간 스페셜을 포함하여 목록을 작성하고 유지 관리하도록 초대하세요.

3. 실시간 라운드업 데이터베이스

트위터, 페이스북, 미디어 배포 사이트 등의 실시간 스트림에서 모든 브랜드 및 경쟁사 언급을 포함하는 고객 맞춤형 소셜 미디어 및 평판 모니터링 데이터베이스를 만들고 고객에게 이 데이터베이스를 모니터링하는 방법을 교육하세요. 이는 서비스와 전혀 관련이 없을 수도 있지만, 고객에게 방법을 알려줌으로써 놀라운 브랜드 충성도를 창출할 수 있는 필수적인 마케팅 지혜입니다. 트래커(www.trackur.com) 같은 도구를 사용하여 나만의 화이트 라벨 소셜 미디어 모니터링 서비스를 만들어 보세요.

4. 최첨단 B2B 데이터베이스

디자인, 파일 백업, 파일 저장, 파일 스트리밍, 협업, 온라인 회의, CRM, 재무, HR 등의 무료 및 저비용 도구를 사용하여 기업 고객이 적은 비용으로 더 많은 일을 할 수 있도록 도와주는 웹 앱 데이터베이스를 만드세요. 이는 조직이 온라인 사고의 리더이자 새로운 도구에 대해 잘 아는 사람으로 인식될 수 있는 또 다른 기회입니다. 이러한 평판을 얻는 것만으로도 실제로 판매하는 제품과 관계없이 업계에서 다른 많은 교육 및 노출 기회를 얻을 수 있습니다.

5. 리마인더 데이터베이스

각 고객에게 중요한 날짜를 상기시켜주는 서비스를 제공한다면 어떨까요? 생일, 기념일 및 기타 중요한 날짜를 모두 데이터베이스에 저장하고 해당 날짜가 다가올 때 알려주겠다고 고객에게 약속하세요. 물론 꽃이나 선물과 같이 해당 날짜에 제공할 제품이나 서비스가 있다면 더할 나위 없이 좋겠지만, 거의 모든 비즈니스에서 고객의 마음을 사로잡을 수 있는 방법으로도 활용할 수 있습니다. 난방 및 냉방 서비스에서는 계절에 따라 매달 다른 파트너를 통해 매월 집 관리 알림을 제공할 수 있습니다. 핵심은 가치와 개인화를 제공하는 것입니다.

라이프해커에 게재된 글 '건망증이 있는 이들을 위한 리마인더 도구 10가지(lifehacker.com/top-10-reminder-tools-for-forgetful-minds-5377398)'에서도 영감을 얻을 수 있습니다.

이길 만한 가치가 있는 게임

마지막으로, 마케팅을 게임으로 전환할 방법을 찾아보세요. 조직의 모든 사람이 기업 성장에 도움이 되도록 동기를 부여할 수 있는 방법을 찾을 수 있다면 어떤 게임을 만들 수 있을지 생각해 보세요. 이러한 동기 부여는 목표 설정, 점수 유지, 인센티브, 그리고 여러분의 중요한 헌신 등의 형태로 이루어질 수 있습니다.

게임을 하고 싶지 않은 직원이 있다면 다른 기회를 찾을 수 있

도록 도와주세요. 직원들에게 첫날부터 그들이 마케팅 팀의 일원

이라는 사실을 알리세요.

ACTION PLAN ——

1. 마케팅 이사회에서 일할 수 있는 사람들의 목록을 만듭니다.

2. 1부의 1~7장에 소개한 핵심 마케팅 연습을 완료합니다.

3. 전 직원 마케팅 킥오프를 계획합니다.

2부
현장에서
바로 통하는
실행법:
노출과 추천을
최대화하자

DUCT TAPE

MARKETING

고등학교 물리학 수업을 잠시 떠올려 보세요(저는 그 수업을 잘 못 들었기 때문에 간단하게 설명하겠습니다!). 물리학 법칙을 통해 물체를 움직이려면 많은 힘이 필요하지만, 일단 움직이기 시작하면 적은 힘으로도 계속 움직일 수 있다는 것을 배웠습니다. 이 교훈을 마케팅에 적용하려면 힘을 노출이라고 생각하세요.

모멘텀을 구축하는 가장 좋은 방법은 노출을 많이 하는 것입니다. 예산이 넉넉하지 않은 1인 기업의 경우, 다양한 각도에서 시장에 접근함으로써 노출 효과를 얻을 수 있습니다. 한 가지 형태의 광고나 커뮤니케이션에만 의존해서는 안 됩니다. 할 수 있는 한 많은 수단을 확보해서 핵심 메시지를 전달해야 합니다.

추천 프로모션, 광고 프로모션, 홍보 프로모션, 전략적 파트너 프로모션, 소셜 미디어 캠페인, 이메일 프로모션, 연설 프로모션, 글쓰기 프로모션, 뉴스

레터 프로모션 등… 요점을 이해하시겠죠?

다시 말하지만, 덕테이프를 여러 겹 붙인다고 생각하세요. 더 많이 붙일수록 더 강하게 붙잡을 수 있습니다. 다음 다섯 개 장에서는 다양한 광고, 홍보 및 추천 마케팅 전략을 신중하게 통합하고 레이어링하여 마케팅 시스템에 엄청난 추진력을 만들어 리드를 생성하는 강력한 방법을 공개할 것입니다.

모멘텀을 확보했는지 어떻게 알 수 있을까요? 영업 프레젠테이션을 하러 잠재 고객의 사무실에 들어갔는데 이미 제품이 판매된 경우입니다. 마케팅 모멘텀은 판매의 필요성을 없애줍니다!

1부에서 소개한 조언과 전략을 실행했다면 이상적인 고객이 여러분을 더 많이 알고, 좋아하고, 신뢰하도록 도울 수 있는 탄탄한 기반을 구축한 것입니다. 그 과정에서 진정한 끈적끈적한 마케팅의 기본에 대해 한두 가지를 배웠으므로 이제 끈적끈적한 비즈니스 아이덴티티의 토대에서 완전히 새로운 차원의 끈적끈적한 리드 생성 시스템을 만들어야 할 때입니다. 덕테이프를 한 겹 더 붙이는 것처럼, 2부에서 소개하는 전략들을 추가하면 고객을 창출하는 역량을 확고히 다질 수 있습니다. 여러분이 기다려온 바로 그 순간입니다!

10장

실제로 팔리는 광고만이
가치가 있다

대부분의 광고가 효과가 없는 이유

1인 사업가는 종종 광고를 꺼립니다. 비용이 많이 들고 효과가 없기 때문일까요? 꼭 그렇지는 않습니다.

대부분의 1인 기업, 특히 모방 마케팅에 능숙한 회사는 거의 성과를 내지 못하는 광고를 실행하기 때문에 광고가 리드나 판매를 창출하는 좋은 방법이 아니라고 결론을 내립니다.

광고는 제대로만 활용하면 비즈니스를 성장시키는 매우 효과적인 방법이 될 수 있습니다. 실제로 1인 기업이 효과적인 광고 프로모션에 성공하면 새로운 비즈니스를 놀랍도록 빠르게 창출합니다. 핵심은 광고가 실제로 무엇인지, 적어도 광고가 무엇이어야 하는지를 이해하는 데 있습니다.

광고는 인쇄물의 세일즈맨십입니다. 제가 광고를 이렇게 정의한 최초의 사람은 아니지만, 이 정의는 완벽하게 맞으며 광고를 리드 생성 도구로 사용하는 방법을 명확히 하는 데 도움이 될 것이라고 생각합니다. 광고가 인쇄물 영업사원이라고 생각해봅시다. 그 영업사원이 일을 잘하려면 광고가 무엇을 해야 할까요?

여전히 광고를 혼합에 포함해야 하는 이유

이메일 전송은 무료, 페이스북 페이지 생성은 무료, 트위터 PR은 무료, 콜드 콜(거래가 없는 고객에게 구매를 권유하는 전화)은 무료, 홍보는 무료, 추천은 무료이지만 광고에는 비용이 듭니다. 그렇다면 비즈니스를 저렴하게, 무료로 홍보할 방법이 있는데도 제가 광고를 핵심 리드 생성 전략 중 하나로 삼아야 한다고 주장하는 이유는 무엇일까요?

사실 광고는 청구서가 따라붙는 마케팅 전략입니다. 광고를 실행하거나 DM을 보내려면 결과를 보기 전에 수표를 작성해야 하는 경우가 많습니다. 제 경험에 따르면 사람들이 광고를 기피하는 이유는 비용 때문이 아니라 결과를 얻는 방법을 모르고 장기적인 잔류 효과를 이해하지 못하기 때문입니다. 100달러를 지출할 때마다 200달러의 수익을 창출할 수 있다는 사실을 안다면 기꺼이 수표를 꺼내지 않을까요? 오늘날 광고에서 성과를 얻으려면 다음 작업을 수행해야 합니다.

- 특정 이상적인 고객에게 집중해야 합니다.
- CTA를 통해 가치 있는 콘텐츠에 대한 인지도를 높여야 합니다.
- 리드 생성과 전환을 광적으로 측정해야 합니다.

하지만 이는 다른 책에서 다룰 주제입니다. 먼저 광고를 추가해야 하는 이유를 얘기하고, 그다음에 방법에 대해 얘기하겠습니다. 광고가 효과적으로 집행된다고 할 때, 광고가 마케팅 믹스에서 필수인 이유는 다음과 같습니다.

- 광고는 여러분이 통제할 수 있는 유일한 매체입니다. 제품 출시나 이벤트가 시작되는 날에 메시지가 노출되기를 원한다면 이 매체만이 여러분이 완전히 통제할 수 있는 유일한 수단입니다.
- 광고를 사용하면 이상적인 고객만을 타기팅할 수 있습니다. 매우 개인적인 메시지를 매우 선별된 잠재 고객에게 전달할 때 훨씬 더 큰 연결성을 얻을 수 있습니다.
- 광고는 콘텐츠에 대한 인지도를 높입니다. 요즘 많은 전환과 신뢰 구축을 유도하는 힘은 교육 콘텐츠, 즉 책, 세미나 및 블로그 게시물입니다. 광고는 콘텐츠 제작에 공을 들인 후 해당

콘텐츠를 찾아서 소비할 수 있도록 도와주는 좋은 방법입니다.

- 광고는 메시지에 신뢰성을 더합니다. 이유는 모르겠지만 제가 광고를 집행할 때마다 사람들은 제 비즈니스가 잘 되고 있는 것 같다는 말을 합니다. 광고 비용을 감당할 수 있다는 인식은 잠재 고객과 고객 모두에게 판매 및 재판매에 충분한 경우가 많으며 전체 메시지에 대한 관심을 더 쉽게 끌 수 있습니다.

- 광고는 여러분이 하고 있는 다른 모든 일을 증폭시킵니다. 광고를 사용하여 콘텐츠에 대한 인지도를 높이면, 여러분이 하고 있는 모든 일에 대한 인지도가 자동으로 높아집니다. 언론인은 광고하는 기업을 찾고, 추천인은 광고하는 기업을 기억하며, 사람들은 광고를 팔로우하고 '친구'를 맺으며, 직원들은 잘 배치된 광고를 회사에 대한 자부심의 원천으로 삼을 수 있습니다.

2단계 직접 반응 광고

이름에서 알 수 있듯이 2단계 광고는 독자나 청취자가 어떤 단계나 행동을 취하도록 동기를 부여하고(1단계), 이를 통해 마케팅을 시작해도 좋다는 신호를 보내는(2단계) 광고의 한 형태입니다. 잠재 고객의 1단계가 여러분의 2단계에 신호를 보내면 마케팅의 춤이 시작됩니다.

이 강력한 프로세스는 독자에게 무료 또는 저렴한 정보 또는 서비스만 제공하는 광고를 통해 시작됩니다. 2단계 광고의 유일한 목적은 판매를 유도하는 것이 아니라 적절한 반응이나 행동을 유도하는 것입니다. 무료 사용 방법 보고서, 팁 시트, 업계 내부자 정보 또는 기타 귀중한 정보를 제공하면 잠재 고객과 관계를 구축하고 신뢰를 쌓는 프로세스를 시작할 수 있습니다.

잠재 고객이 광고에 응답하면, 여러분의 회사를 고용해야 하는 여러 가지 이유가 담긴 특별 보고서를 통해 이미 동종 업계의 다른 모든 기업과 차별화되는 점을 잘 알고 있는 우수한 잠재 고객을 확보했다는 사실을 알게 됩니다.

- 1단계: 독자에게 무료 보고서, 샘플 또는 인지 가치가 높은 것을 제공하는 광고를 실행합니다.
- 2단계: 응답하는 모든 사람에게 보고서를 보내고, 이 그룹을 대상으로 미친 듯이 마케팅하세요.

누군가 2단계 광고에 응답하면 전체 마케팅 키트를 받을 준비가 된 잠재 고객을 확보한 것입니다. (5장의 내용을 기억하시나요?) 기본적으로 교육을 받고 싶다고 말한 잠재 고객을 확보한 것입니다. 어떤 경우에는 실제로 연락을 취하기 전에 이미 제품이나 서비스를 판매한 리드를 확보할 수도 있습니다.

2단계 광고가 효과적인 이유는 예비 고객에게 매우 간단한 용어로 매우 매력적인 제안을 할 수 있고, 위험 부담이 거의 또는 전혀 없기 때문입니다. 일반적인 2단계 광고는 독자에게 웹사이트를 방문하거나 전화 번호로 전화를 걸어 몇 가지 기본 연락처 정보를 교환하고 그 대가로 매우 가치 있는 정보를 제공하도록 요청합니다.

2단계 개념은 오래전부터 사용되어 왔습니다. 사실, 여러분도 한 번쯤은 이와 유사한 광고에 반응해 본 적이 있을 것입니다. 이 검증된 광고 방식을 리드 창출 활동에 적용하는 1인 기업은 거의 없습니다. 제품이나 서비스에 관계없이 모든 비즈니스는 일종의 무료 정보 또는 평가판 샘플을 만들어 제공할 수 있습니다.

실제로 대부분의 1인 기업은 정보 비즈니스를 하는 셈입니다. 고객에게 제대로 서비스를 제공하려면 하다못해 제품사용법이라도 알려주어야 합니다. 고객에게 서비스를 제공하기 위해 전달, 사용, 배포 또는 기타 방식으로 정보를 문서화하고 공유하는 것은 당연한 일입니다.

2단계 광고의 이점

대부분의 경우 2단계 광고를 실행하면 광고 수가 훨씬 줄어들고 광고 비용도 훨씬 절감할 수 있습니다. 광고로 독자의 관심을 끌고 웹 페이지나 무료 전화 번호로 유도하는 것이 목적이라면 훨씬 작은 광고를 게재할 수 있습니다. 무료 보고서가 교육적인 역할을 하도록 하세요.

무료 보고서의 전체 이행 프로세스를 자동화할 수 있으므로, 여러분이 제공하는 서비스를 필요로 하고 원하는 것으로 입증된 잠재 고객에게만 집중할 수 있는 시간과 에너지를 확보할 수 있습니다.

2단계 광고는 추적성이 뛰어납니다. 누군가 보고서를 받기 위해 전화를 걸거나 웹 페이지를 방문할 때마다 해당 리드의 출처를 정확히 추적할 수 있습니다. 이는 광고 협상을 위한 훌륭한 도구이며 광고 예산을 미세 조정할 수 있습니다.

독자에 대한 가치는 매우 높고 위험은 매우 낮기 때문에 광고에 대한 응답률이 훨씬 높아지며, 적절한 교육을 받으면 응답하여 잠재 고객이 된 사람들 중 더 많은 사람이 결국 고객이 될 것입니다.

잠재 고객이 여러분이 하는 일과 방법, 접근 방식이 왜 가치 있는지에 대해 제대로 노출되었으므로 영업 전화의 생산성이 훨씬 더 높아집니다. 광고에 대한 이러한 교육적 접근 방식은 일반적으로 판매 주기를 훨씬 단축시킵니다.

콜드 콜도 효과적으로 줄일 수 있습니다. 무료 보고서를 제작하고 홍보함으로써 영업팀은, 자격을 갖추고 구매 가능성이 높은 새로운 잠재 고객을 찾을 수 있습니다.

특별 보고서, 텔레세미나, 기사, 팁 시트를 마케팅 활동에 활용하면 동종 업계의 다른 비즈니스와 차별화할 수 있고, 여러분의 회사를 전문가 지위로 끌어올릴 수 있습니다.

2단계 광고에서 고객에게 제공해야 할 것들

마케팅 모래시계에 대해 논의할 때 5장에서 무료 교육 마케팅 보고서에 대한 아이디어를 소개했는데, 여기서는 좀 더 자세히 살펴보겠습니다.

제공하는 무료 정보는 다양한 형태를 취할 수 있습니다. 가장 중요한 것은 제공하는 정보가 가치 있는 것으로 인식되어야 한다는 것입니다. 얄팍한 판매 브로슈어만 제공한다면 여러분의 노력은 수포로 돌아갈 것입니다.

좋은 정보 제품을 개발하거나 식별하려면 독자가 너무 많은 비용을 지불하거나, 시간을 낭비하거나, 소중한 것을 잃거나, 좌절스러운 상황에 직면하는 고통을 피하는 데 도움이 되는 주제를 생각해야 합니다. 고통을 피하는 데 도움이 되는 주제에 큰 관심을 보이는 것은 인간의 본능입니다. 따라서 정보 제품의 제목을 이러한 방식으로 정할 수 있습니다.

- 지붕 시공업체를 고용할 때 화를 당하지 않는 비결
- 회계사도 모르는 합법적인 세금 감면 혜택
- ACT에서 더 많은 것을 얻는 101가지 방법

- 소아과 의사가 카시트에 대해 말하지 않는 것
- 자동차 정비사의 윤리를 평가하는 데 도움이 되는 10가지 확실한 방법
- 모든 것을 50% 할인된 가격에 구입하는 방법
- 변호사로부터 한 방울의 가치라도 더 얻어내는 방법
- 아무것도 손상되지 않도록 가재도구를 포장하는 전문 이삿짐 센터의 비결
- 40세 이상의 사람들이 꼭 알아야 할 10가지 건강 팁
- 건강보험료를 누구보다 적게 납부하는 방법
- 자동차를 리스하기 전에 꼭 알아야 할 10가지
- 사업에서 대박 터뜨리는 엄청 쉬운 7단계 방법

이러한 제목에는 모두 약간의 드라마가 포함되어 있다는 것을 알 수 있습니다. 보고서 제목과 주제는 잠재 고객의 관심을 끌고 빠르게 시선을 사로잡아야 합니다.

지금까지 저는 이 2단계 광고 도구를 '무료 보고서'라고 언급했습니다. 일반적으로 이러한 유형의 정보 제품은 백서라고도 하는 8~12페이지 분량의 문서 형태로 인쇄하여 우편으로 보내거나 웹 사이트에 업로드하여 PDF 문서로 배포할 수 있습니다.

하지만 백서 형식에 엄격하게 제한하지 마세요. 종종 메시지는 다양한 형식으로 매우 설득력 있게 전달될 수 있습니다. 텔레세미

나, 오디오 CD, 워크숍, 녹음된 전화 메시지 또는 이메일 시리즈의 형태가 될 수 있습니다.

사람들이 세미나와 워크숍을 위해 사무실 밖으로 나가기가 점점 더 어려워지고 있기 때문에 원격 세미나는 매우 흥미로운 개념입니다.

원격 세미나를 사용하면 인기 있는 주제를 광고하고 사람들이 컨퍼런스 설정을 통해 전화로 등록하여 프레젠테이션을 들을 수 있습니다. 이는 저렴한 비용으로 많은 청중에게 전문 지식을 소개할 수 있는 훌륭한 방법이 될 수 있습니다.

효과적인 2단계 직접 반응 광고의 요소

앞서 언급했듯이, 직접 반응 광고는 인쇄물에 세일즈맨십을 곱한 것입니다. 광고는 한 번에 수천 명의 잠재 고객에게 도달할 수 있지만, 광고는 각 잠재 고객이 한 번에 하나씩 읽는다는 점을 기억하세요. 따라서 책상 맞은편에 앉아있는 잠재 고객 한 명과 대화하는 것처럼 광고를 작성하세요. 좋은 세일즈 콜처럼, 광고는 독자가 '무료 보고서를 받으려면 반드시 연락해야 한다'는 논리적 결론에 도달하도록 일련의 단계를 거쳐 독자를 유도해야 합니다. 그 다음부터는 이 잠재 고객을 고객으로 전환하는 과정이 어느 정도 예측 가능한 게임이 되지만, 이 점에 대해서는 다음 장에서 자세히 설명하겠습니다. 중요한 것은 메시지입니다.

광고의 효과를 저해하는 요인 중 하나는 광고를 예쁘게 보이게 하려는 열망입니다. 더 나쁜 것은 광고를 예쁘고도 영리하게 만드는 것입니다. 한 가지 명심할 것은 잠재 고객은 광고가 재미있다고 찾아오는 것이 아니라는 사실입니다. 특히 동료들이 이미지나 외모에 높은 가치를 두는 업계에 종사하는 사람이라면 더욱 그렇습니다(여러분은 자신이 누구인지 잘 알고 있습니다).

광고의 목적은 메시지를 전달하고 제안을 하는 것입니다. 광고가 말끔하지 않아도 된다는 말은 아니지만, 숨이 멎을 정도로 멋지지만 '무엇을 파는지도 잘 모르는' 광고보다는 적절한 메시지가 담긴 단순하고 못생긴 광고가 더 낫습니다. 가장 효과적인 1인 기업 광고는 독자의 관심을 사로잡고 유지하며, 다양한 혜택을 제공하고, 한 가지 일을 하도록 영감을 주는 데 중점을 둡니다. 때로는 이것이 예술적으로 우아하지는 않지만, 혼란스러워 하는 잠재 고객은 전혀 잠재 고객이 아닙니다.

가장 의도된 단일 응답

광고에 너무 많은 것을 담으려고 하지 마세요. 서비스를 조금이라도 더 많이 설명하려고 하지 마세요. 광고에 돈을 쓰면 돈의 가치를 얻고 싶어집니다. 물론 이러한 접근 방식을 취하면 일반적으로 그 반대의 결과가 발생합니다.

모든 광고에서 독자가 가장 많이 알거나 행동하기를 원하는 한 가지를 결정한 다음 광고의 모든 단어를 그 한 가지에만 집중하여 독자를 안내해야 합니다.

덕테이프 마케팅 광고 공식

자, 이제 나쁜 광고는 모두 정리했으니 비즈니스에 효과적인 광고를 만드는 방법에 대해 알아봅시다.

작성하는 각 광고에는 헤드라인, 혜택, 증거, 제안, CTA 등 5가지 요소를 포함해야 합니다. 분류 광고와 같이 각 요소를 넣을 공간이 없거나 요소를 결합해야 하는 경우도 있습니다.

헤드라인

헤드라인은 효과적인 광고의 핵심이자 영혼입니다. 모든 광고에는 헤드라인이 필요합니다. 광고의 오디션이라고 생각하면 됩니다. 어떤 사람이 잡지를 넘기다가 어느 광고를 보고 읽을지 말지 여부는 1~2초 이내에 결정됩니다. 광고는 시선을 사로잡아야 하며, 그러려면 강력한 헤드라인이 유일한 방법입니다.

다른 어떤 요소보다 광고의 헤드라인을 작성하는 데 더 많은 시간을 투자해야 합니다. 그만큼 헤드라인이 중요합니다. 모든 광고는 헤드라인으로 시작한다고 말씀드렸나요? 여기에는 전화번호부 광고나 세일즈 레터와 같이 일반적으로 헤드라인이 없는 광고도 포함됩니다.

가장 좋은 헤드라인에는 광고가 제공하려는 제안의 일부가 포함되거나 광고가 타기팅하는 잠재 고객의 이름이 구체적으로 명시되어 있습니다.

"이런 방법이 있었다니!"-회계사도 몰랐던 합법적인 세금 감면법을 알려주는 무료 보고서

마침내 두통에서 벗어나다: 사람들이 몰랐던 치료법을 담은 무료 보고서

혜택

보고서를 읽음으로써 얻을 수 있는 이점을 지적하여 독자가 취했으면 하는 조치를 판매하세요. "마침내 ○○○○를 알게 될 것입니다."

보고서의 내용에 대해 이야기하지 말고 보고서가 어떤 문제를 해결하는지, 독자가 이 내용을 알게 되면 무엇을 얻거나 갖게 될지 설명하세요.

증거

독자들에게 공유하려는 정보 덕분에 훌륭한 발견을 했거나 끔찍한 실수를 피한 사람에 대해 이야기하세요. 만족한 고객이 쓴 추천글이나 인용문이 들어가면 더 좋습니다.

제안

고객에게 무료 보고서를 제안하세요. 특정 비즈니스에 따라 무료 강좌, 특별 경품 또는 콘테스트 등 다양한 혜택을 제공할 수 있지만, 광고는 행동해야 할 이유를 제시해야 합니다.

CTA

광고에서 말한 제안을 고객이 받아들일 때 해야 할 행동을 쉽고 구체적으로 안내하세요. 웹 페이지를 방문하거나 무료 전화 번호로 전화할 수 있는 옵션을 제공하세요.

보시다시피 이 공식을 따르면 카피가 많은 광고가 되는데, 문제 없습니다. 독자의 주의를 끌고 관심을 끌 수 있는 헤드라인을 작성한다면 카피는 많을수록 좋습니다.

로고가 광고 영역의 대부분을 차지하는 것은 광고의 가치가 거의 없습니다. 무료 보고서나 오디오 CD를 제공하는 경우 보고서 이미지가 가치를 더할 수 있습니다. 디자인과 콘텐츠 간의 균형을 맞추되 콘텐츠가 가장 중요하다는 것을 잊지 마세요. 무료 보고서의 가치를 액수로 명시하는 것을 잊지 마세요.

비즈니스에 가장 적합한
광고 형태는 무엇인가

이 질문은 매우 답답한 방식으로만 대답할 수 있는 질문입니다. 비즈니스에 가장 적합한 광고 형태는 효과가 있는 광고 형태입니다. 커뮤니티, 업계 및 시장 부문마다 광고 기회가 다르기 때문에 이 책에서 정확히 어디에 광고를 게재해야 하는지 알려드리는 것은 거의 불가능합니다.

하지만 투자 수익률(ROI) 관점에서 광고를 살펴봐야 합니다. 여러분은 투자 대비 최대의 효과를 원할 것입니다. 광고주들은 광고에 대한 수익이 얼마인지 말하지 못하는 경우가 많습니다. 이 장에서 설명하는 2단계 접근 방식의 가장 큰 장점 중 하나는 광고 실적을 정확히 파악할 수 있다는 것입니다. 최상의 광고 ROI를 분석할 때 세 가지 원칙이 적용됩니다.

광고 타기팅

고려 중인 광고가 타깃 시장에 대량으로 노출되나요? 대부분의 광고는 독자층, 시청자, 구독자 또는 시장 점유율을 기준으로 가격이 책정됩니다. 여러분의 이상적인 타깃 시장이, 광고를 고려중인 잡지 기본 독자층 중 5%만 차지하더라도 나머지 95% 독자층에 대한 비용을 모두 지불해야 합니다.

광고 테스트

잡지나 신문과 같이 선택한 광고 매체뿐만 아니라 광고 자체의 효과를 결정하는 데 도움이 되도록 가능하면 소규모로 광고를 테스트할 수 있으며, 테스트해야 합니다. 결과가 좋은 광고와 광고 수단을 찾으면 광고 메시지를 다른 수단으로 확장할 방법을 모색할 수 있습니다.

효과가 있는 광고를 찾고 그 광고를 능가하는 방법을 테스트하세요. 가장 실적이 좋은 광고를 컨트롤 광고라고 합니다. 이 대조 광고가 효과가 있는 한 이 광고를 계속 사용하세요.

광고는 반복 게임입니다. 간행물이나 방송에 게재되는 단발성 광고로는 반복 노출 광고가 가져다주는 궁극적인 반응을 얻을 수 없습니다. 따라서 예측 가능한 반응을 불러일으키는 메시지나 제안을 테스트하고 찾는 것이 중요합니다(단발성 광고가 아닌 월 1회 광고로 약정할 경우 광고비가 할인되는 경우가 많습니다).

광고 추적

광고의 ROI를 효과적으로 테스트하고 평가하려면 리드의 출처를 추적할 수 있는 시스템이 필요합니다. 한 번에 하나의 광고만 게재하는 경우에는 간단하지만, 라디오, 인터넷, DM 등 다양한 매체에 광고를 게재하는 경우에는 응답을 코딩하고 추적할 수 있는 시스템을 구축하는 것이 유용합니다. 광고에 대한 온라인 반응을 쉽게 추적할 수 있는 매우 강력한 추적 소프트웨어 프로그램과 웹 기반 애플리케이션이 있습니다. 모든 광고 또는 메일링에 광고를 식별하는 다른 URL을 코딩한 다음 결과를 확인하기만 하면 됩니다.

또한 동일한 제안을 두 개의 다른 목록에 전송하거나 두 개의 다른 라디오 방송국에서 실행하여 어떤 것이 가장 실적이 좋은지 테스트하는 A/B 분할 테스트를 실행할 수 있으며, 실행해야 합니다. 목록의 절반에는 한 가지 헤드라인이 포함된 메일을 보내고 나머지 절반에는 완전히 다른 헤드라인이 포함된 메일을 보내는 방식으로 A/B 분할 테스트를 수행할 수도 있습니다.

결과를 추적하고 가장 좋은 결과를 얻은 메일을 대상으로 가격이나 혜택 등 다른 요소를 변경하고 테스트하여 더 나은 결과를 얻을 수 있도록 노력하세요.

마지막으로, 잠재 고객과, 무료 보고서를 요청하기 위해 양식을 작성한 웹사이트 방문자에게 여러분의 회사에 대해 어디서 들었는지 물어보세요. 사무실에 있는 모든 직원의 전화기 근처에 이 질문을 붙여두고 결과를 자주 집계하세요.

1인 기업 광고 계획 만들기

광고를 계획할 때 고려할 점

1인 기업 광고 계획을 시작하려면 텔레비전 방송국, 라디오 방송국, 신문, 잡지 및 타깃 시장에 적합하다고 생각되는 기타 미디어 매체에 연락하여 '미디어 키트'를 보내달라고 요청하는 것이 좋습니다. 광고주의 미디어 키트는 매체에 대한 설명, 독자 또는 청취자의 인구 통계, 편집 캘린더 및 광고 요금으로 구성됩니다. 이 자료집을 통해 여러분의 사업을 광고하고 홍보하며 분석할 수 있습니다.

대부분의 1인 기업은 간단한 스프레드시트를 만들어 가능한 대부분의 광고 기회를 기록할 수 있습니다. 이 스프레드시트에는 매체 이름, 연락처 정보, 배포 또는 구독자 수, 광고 비용, 청취자, 독자 또는 시청자 1,000명당 광고 비용(광고업계에서는 CPM이라고 부름)이 포함되어야 합니다.

광고 매체를 비교할 때, 대부분의 광고는 1,000회당 비용(CPM)을 기준으로 판매되며, 광고 효과를 비교할 때는 CPM을 이해하는 것이 매우 중요합니다.

많은 잠재 고객에게 도달하는 일반 광고는 비싼 편이지만, 큰 그림에서 보면 아무에게도 도달하지 않는 저비용 광고가 실제로는 더 비쌀 수 있습니다.

광고 매체별 장점과 단점

다음은 대부분의 커뮤니티에서 1인 기업이 사용할 수 있는 일반적인 광고 매체 목록입니다. 이 목록이 완전하지는 않지만 리드 생성 작업에 사용할 수 있는 주요 광고 도구를 다루고 있습니다. 저는 이 중 몇 가지를 특히 좋아하지만, 각 도구가 비즈니스에 가져다 줄 수 있는 장단점을 최대한 제시했습니다.

네트워크 TV

TV 광고는 영향력이 매우 높지만, TV의 형태가 다양해지고 TV와 유사한 다른 미디어가 많이 나타나고 있어서 1인 기업에게는 가장 비싼 광고매체이고 광고 효과는 갈수록 줄어들고 있습니다.

케이블 TV

케이블 TV는 요리, 정원 가꾸기, 가구 만들기, 스포츠 전용 프로그램 등을 방송하기 때문에 특정 틈새 시장이나 인구 통계를 타기팅할 수 있는 더 많은 기능을 제공합니다.

라디오

방송국마다 청취자의 인구 통계적 범위가 매우 좁습니다. 라디오는 또한 청취자들이 방송국과 시간대별로 충성도가 높은 경향이 있기 때문에 메시지를 반복적으로 전달할 수 있는 좋은 방법입니다. 라디오는 세일이나 프로모션 공지를 위한 매우 좋은 도구입니다.

공영 라디오도 잊지 마세요. 공영 라디오는 일반 라디오 방송국 같은 상업적인 광고가 없으며 고학력, 고소득층, 고위 경영진으로 구성된 매우 강력한 청취자층을 보유하고 있습니다. 광고는 허용되지 않으며, 광고주에게 호의적인 스폰서십 멘션만 허용됩니다.

지역 신문

소매업종에게는 좋은 선택이지만, 타기팅 부족으로 인해 대부분의 다른 업종에는 비효율적인 매체입니다. 일부 주간 신문은 특정 지역 사회에서 잘 읽히며 특정 인구 통계 그룹과 연결할 수 있습니다. 거의 모든 주요 도시에는 대안 신문으로 알려진 신문도 있습니다. 이러한 간행물은 일반적으로 흥밋거리에 중점을 두며 특정 인구 통계에 도달하는 효과적인 방법이 될 수 있습니다.

비즈니스 신문

일부 커뮤니티에서는 비즈니스 신문이 비즈니스 전용 시장과 소통할 수 있는 좋은 방법이 될 수 있습니다. 결과를 측정할 수 있는 방법을 마련하는 것이 매우 중요합니다.

잡지

잡지 광고는 일반적으로 광고 비용이 상당히 높고 광고가 게재되기까지 시간이 90일이나 걸릴 수 있기 때문에 1인 기업에 가장 위험한 선택일 수 있습니다. 하지만 잡지는 일부 업계에 영향력 있는 노출을 제공하며, 심지어 〈타임(Time)〉, 〈포춘(Fortune)〉, 〈뉴스위크〉 같은 전국적인 간행물에서도 지역 광고 옵션을 제공합니다. 이런 매체에는 충분히 시험해본 광고만 실어야 합니다. 전국 간행물의 전체 페이지 광고가 주는 이미지 효과는 가치가 있을 수 있지만 비용을 고려해야 합니다.

옐로우 페이지

흔히 구매자는 제품을 구매하려고 옐로우 페이지(업종별로 상호와 전화번호를 정리해놓은 책)를 집어들지만, 광고가 너무 많아서 여러분 회사의 제품이 눈에 띄기는 힘듭니다. 옐로우 페이지는 인터넷이라는 대안에 밀려 점점 그 효과를 잃게 될 것입니다. 옐로우 페이지에 광고를 게재할 때는 독자에게 가격 비교를 받는 것 외에 여러분에게 전화를 걸어야 할 강력한 이유를 제시하는 것이 중요합니다.

옥외 광고판

광고판은 대부분의 1인 기업에 적합하지 않으며 다른 형태의 광고와 함께 운영해야 하지만, 위치 기반 비즈니스인 경우 직접 반응 수단으로 매우 효과적일 수 있습니다. "맛있는 음식을 먹으려면 여기로 오세요"는 광고판에서 사용할 수 있는 CTA입니다. 광고판은 신제품을 알리거나 전시회를 홍보하는 데에도 훌륭한 도구입니다.

DM

타기팅 관점에서 볼 때 DM은 대부분의 1인 기업에 가장 적합한 옵션입니다. 타기팅이 아주 잘된 메일링 리스트를 구매할 수 있고 메시지를 받는 사람을 완전히 제어할 수 있습니다. 간단한 테스트를 통해 무엇이 효과가 있고 무엇이 효과가 없는지 빠르게 파악할 수 있습니다.

텔레마케팅

텔레마케팅은 리드 생성 도구로는 거의 효과가 없지만 DM 캠페인 같은 다른 형태의 마케팅 후속 조치에 사용하면 여전히 효과를 발휘할 수 있습니다.

인터넷

비즈니스 유형과 운영 범위에 따라 인터넷이 제공하는 기회는 끊임없이 변화합니다. 웹서퍼들이 웹을 새로운 전화번호부로 계속 사용함에 따라 지역 인터넷 광고가 번성할 것입니다.

웹사이트에서 실행되며 클릭에 따라 판매되는 클릭당 지불 광고(PPC) 광고는 지역 광고의 주요 형태로 성장했습니다. 구글, 야후, 빙, AOL은 모두 특정 검색어에 입찰하여 웹서퍼를 분류형 광고로 끌어들일 수 있는 기능을 제공합니다. 광고는 특정 지역 용어 및 지리적 위치에 타기팅할 수 있습니다.

또한 PPC는 메시지와 헤드라인을 매우 빠르고 저렴하게 테스트할 수 있는 엄청난 기회를 제공합니다. 구글 애드워즈 같은 시스템에 게재된 광고는 게재된 후 몇 시간 내에 노출되기도 합니다. 또한 이 시스템을 사용하면 여러 광고를 테스트할 수 있습니다. 각 광고와 광고 반응은 자동으로 추적됩니다. 매우 저렴한 비용으로 며칠만 테스트하면 어떤 헤드라인이 다른 헤드라인보다 훨씬 더 나은 반응을 얻는다는 것을 확인할 수 있습니다. 모든 비즈니스가 충분한 리드를 생성하기 위해 PPC 광고에 의존할 수 있는 것은 아니지만, 광고를 게재하려는 위치에 관계없이 제가 가장 좋아하는 테스트 대상 중 하나입니다.

이웃

거의 모든 지역 커뮤니티에는 쿠폰 광고 모음집, 전단지 배포 서비스, 협동조합 등이 있어서 여러분의 사업에 도움이 될 만한 방법이 많습니다. 다시 말하지만, 문제는 항상 누구에게 도달할 수 있느냐가 아니라 얼마나 저렴한가입니다.

나만의 광고 수단

밥 해밀턴 배관공사는 선거 기간 동안 마당 표지판을 제작하여 선거 운동이 한창일 때 일부 고객에게 마당에 표지판을 설치하도록 설득했습니다. 표지판에는 '배관공사를 할 때는 밥 해밀턴을 불러주세요'라고 적혀 있었습니다. 이 표지판은 귀엽고 긍정적인 입소문을 불러일으켰습니다.

저는 마당 표지판이 강력한 효과가 있어서 가볍게 한 번 하고 말 것은 아니라고 오랫동안 생각해 왔습니다. 만약 교통량이 많은 주택가 도로변에 있는 집주인 몇 명을 찾아가 마당에 광고를 설치해 주겠다고 제안한다면 어떨까요?

조건은 각 가정이 마당에 광고 표지판을 설치하는 데 동의하고 이를 그대로 두는 것입니다. 이는 창문 청소, 조경, 배관, HVAC 등 홈 서비스 담당자에게 이상적인 접근 방식입니다.

더 넓게 생각해보면 '나만의 광고 수단'을 만드는 아이디어는 많습니다. 배달 차량, 종이 쿠폰, 쓰레기 봉투, 재활용 쓰레기통, 피자 배달 상자 등에 광고 문구를 넣으면 어떨까요?

전략적 파트너십

이것은 실제로 광고 매체는 아니지만 여기서 언급하고 싶습니다. 동일한 타깃 시장에 서비스를 제공하는 수많은 회사를 공동 마케팅에 참여하도록 유도할 수 있습니다. 이는 제품이나 서비스를 보증하는 메일링, 공동 마케팅 활동, 또는 단순히 다른 관련 비즈니스의 마케팅 자료를 배포하는 등의 형태로 이루어질 수 있습니다. 이 아이디어는 추천에 관한 장에서 더 자세히 다루겠습니다.

페이스북 광고로 잠재 고객을 성공적으로 참여시키는 방법

2023년 2분기 현재 페이스북의 전 세계 월간 활성 사용자수는 30억 명이 넘고 계속 증가하고 있습니다. 이상적인 타깃 고객 중 일부가 페이스북에 거주하고 방문할 가능성이 매우 높지만, 문제는 이들을 찾아내는 것입니다.

페이스북의 광고 플랫폼은 살펴볼 가치가 있습니다. 이 도구를 사용하면 페이스북 페이지와 프로필의 오른쪽 사이드바에 작은 디스플레이형 광고를 게재할 수 있습니다. 현재로서는 타기팅이 잘된 구글 애드워즈 캠페인만큼 순수하게 반응하는 데 효과적이지는 않지만, 적어도 현재로서는 같은 종류의 수단이 아니며 페이스북에서 애드워즈를 찾을 수 없습니다.

다른 많은 광고 매체와 마찬가지로, 페이스북에서도 성공적인 캠페인을 설정하고 운영하는 것은 생각만큼 간단하지 않습니다. 다음은 페이스북 광고를 살펴볼 때 고려해야 할 5가지 단계입니다.

1. 목표 설정

페이스북 광고의 가장 큰 장점 중 하나는 키워드를 비롯한 다양한 변수를 사용하여 광고를 노출시킬 대상을 선택할 수 있다는 것입니다. 지역, 연령, 성별, 학력, 관계 상태, 직장 및 키워드를 기준으로 타기팅할 수 있습니다(어떤 사람은 아내에게 생일 축하 메시지를 보내고 싶어 페이스북 광고 타기팅 범위를 극도로 좁혔는데 결국 그의 아내만 그 광고를 봤다고 합니다). 인구 통계는 매우 간단합니다.

진정한 비결은 작업을 완료하기에 충분한 잠재 고객을 확보할 수 있을 정도로 키워드를 확장하는 것입니다.

2. 유치 및 참여 유도

가장 먼저 해야 할 일은 사람들을 내 웹 페이지로 안내할지 아니면 페이지, 애플리케이션, 그룹 또는 이벤트 같은 페이스북의 다른 곳으로 안내할지 결정하는 것입니다. 이미 페이스북 페이지, 그룹, 이벤트 또는 애플리케이션의 관리자인 경우 드롭다운 메뉴에서 해당 항목을 선택할 수 있습니다. 광고를 사용하여 페이지와 이벤트를 홍보할 때 좋은 점은 페이스북이 광고에 '팬 되기' 또는 '이 이벤트에 응답하기' 버튼을 바로 넣는다는 것입니다. 사람들이 페이지에 방문하지 않고도 조치를 취할 수 있습니다. 웹사이트의 링크로 전송하는 것이 더 나은 추적 옵션이라는 장점이 있지만, 페이스북의 자산으로 전송하면 누군가가 이벤트에 응답할 때 발생하는 자연스러운 소셜 월 활동을 통해 행동을 배가시킬 수 있습니다. (모든 팔로워가 자동으로 해당 활동을 볼 수 있습니다.)

일부 사용자는 페이스북 광고가 이벤트를 홍보하거나 새로운 팬을 페이지로 유도하는 데 좋은 도구라고 생각합니다. 참여의 관점에서 볼 때, 광고는 물건을 판매하기 위한 것이 아니라 콘텐츠와 가치를 홍보하기 위한 수단이라고 생각하세요. 소셜 네트워크에서 광고를 가장 성공적으로 사용하는 방법은 더 깊은 참여를 유도하여 신뢰가 쌓인 후에 판매할 수 있는 역량을 확보하는 것입니다. 팬 페이지에 백서를 올려 해당 콘텐츠를 홍보하거나 웹 세미나 같은 무료 이벤트를 만들어 해당 이벤트를 광고하는 것을 생각해 보세요. 이 두 가지 경우 모두 자신의 콘텐츠를 잘 알고 있다는 것이 입증되면 약간의 판매 기회를 얻을 수 있습니다(페이스북 앱으로 만든 이벤트를 홍보할 때 광고 제목이 자동으로 이벤트 제목으로 기본 설정되므로 이벤트 이름을 신중하게 정해야 합니다).

이러한 광고에는 공간이 많지 않으므로 현명하게 사용하세요. 헤드라인(25자)은 즉시 주의를 끌 수 있어야 합니다. 광고 본문에는 135자의 추가 설명 및 유인 문구를 입력할 수 있습니다. 이미지를 업로드하는 옵션도 있습니다. 페이스북은 세계에서 가장 큰 사진 공유 사이트인 만큼 어떤 사진을 선택하느냐에 따라 광고의 성패가 갈릴 수 있습니다. 그러니 사진을 올릴 때는 반드시 여러 번 테스트하세요.

3. 예산

페이스북 광고는 키워드에 입찰하고 광고 게재를 위해 경쟁한다는 점에서 애드워즈와 유사하게 작동합니다. 얼마나 효과적인지는 키워드의 경쟁력에 따라 달라집니다. 클릭 수에 대해서만 비용을 지불하는 클릭당 비용(CPC) 모델과 광고 조회수 1,000회당 비용을 지불하는 1,000회당 비용(CPM) 모델 중에서 선택할 수 있습니다. 제가 읽은 대부분의 연구에 따르면 CPC 모델이 ROI 측면에서 약간 더 효과적이라고 합니다.

캠페인을 시작하려면 클릭당 입찰가와 일일 예산을 결정해야 합니다. 이 두 수치를 매우 낮게 설정할 수 있지만 많은 것을 기대하지 마십시오. 처음에는 테스트 중입니다. 클릭당 입찰가를 페이스북에서 권장하는 금액과 감당할 수 있는 일일 예산(예: 50달러 이하)으로 설정하는 것이 좋습니다. 이 금액은 언제든지 조정할 수 있습니다.

4. 테스트

무슨 일이 있어도 항상 광고를 테스트해야 합니다. 이와 같은 온라인 애플리케이션은 매우 간단합니다. 여러 광고 버전을 만들 수 있고 만들어야 합니다. 광고를 만든 후에는 유사한 광고를 만들어 실행할 수 있습니다. 클릭 수를 기준으로 어떤 광고가 가장 실적이 좋은지 쉽게 확인할 수 있습니다. 페이스북에서 광고를 승인해야 하므로 페이스북의 가이드라인을 숙지하고 있어야 합니다.

가장 간단하게 테스트할 수 있는 것은 이미지입니다. 저는 전혀 반응이 없던 광고가 더 나은 사진으로 엄청난 반응을 불러일으키는 것을 보았습니다. 더 나은 사진인지 몰랐다면 애초에 사용하지 않았겠지만 테스트를 통해 알 수 있었습니다.

5. 분석하기

캠페인을 생성하고 실행한 후에는 추적 및 조정을 시작해야 합니다. 페이스북에는 페이스북 플랫폼 내에서 수행된 작업에 대한 정보를 제공하는 도구가 있습니다. 따라서 이벤트 또는 페이스북 페이지에 대한 광고를 실행하는 경우 페이스북 인사이트 도구를 사용하여 상호 작용을 모니터링할 수 있습니다.

페이스북 인사이트는 타기팅이 아닌 실제 인구 통계와 광고를 클릭한 사람들의 관심사 및 해당 관심을 유도한 키워드에 대한 정보를 제공할 수 있어 유용한 보고 도구입니다. 이를 통해 타기팅 범위를 좁히거나 넓힐 수 있습니다. 페이지 관리자는 로그인하여 왼쪽 사이드바의 인사이트 상자를 확인하여 인사이트에 액세스할 수 있습니다. 이 상자는 페이지 관리자에게만 표시됩니다. '모두

보기'를 클릭하면 전체 보고서를 볼 수 있습니다.

페이스북에서는 페이스북 외부의 링크로 연결되는 광고를 게재할 수 있으며, 이러한 광고를 추적하려면 구글 애널리틱스 같은 자체 분석 도구를 사용하여 광고를 모니터링하기만 하면 됩니다. 구글 애널리틱스를 사용하는 경우, 애널리틱스의 URL 빌더 도구를 사용하여 추적 매개변수가 포함된 페이지 링크를 생성하고 이를 페이스북 광고에 타깃 링크로 배치하면 됩니다.

ACTION PLAN ——

1. 해당 시장의 모든 미디어 매체에 연락하여 미디어 키트를 요청하여 다양한 형태의 광고를 비교하세요.
2. 고객과 고객의 문제 및 불만 사항을 파악하여 시장에 제공할 '핫 토픽' 정보 제품을 하나 이상 만드세요.
3. 현재 고객에게 어떤 간행물을 읽는지 물어보고, 그 답변을 광고 게재 위치를 결정하는 데 반영하세요.

11장

다이렉트 메일은
1인 기업에게 가장 적합하다

왜 DM이 이상적인 타깃 매체인가

부자들이 사는 동네에 고급주택을 짓는 건축업자가 홈 스테레오 장비 공급업체 두 군데에서 다이렉트 메일(DM)을 받았습니다. 한 편지에는 "저희는 고객이 원하는 홈 오디오 제품을 보유하고 있습니다"라는 제목이 적혀 있습니다. 다른 편지에는 "고급주택 구매자들은 집안에 스테레오를 설치하고 싶어하며 저희는 이런 수요를 통해 수익을 낼 수 있는 방법을 알려드립니다"라고 적혀 있습니다. 고급주택 건축업자는 누구에게 먼저 전화를 걸게 될까요?

이 장에서는 1인 기업이 시도할 수 있는 가장 효과적인 광고 형태인 DM에 대해 살펴보겠습니다.

제가 DM을 좋아하는 이유는, 모든 형태의 광고를 분석할 때 제가 좋아하는 원칙을 떠올려주기 때문입니다.

1. 이상적인 잠재 고객을 구체적으로 타기팅할 수 있는가?
2. 투자 대비 높은 수익을 제공하는가?

적절하게 실행된 DM은 이 두 가지 질문에 모두 '그렇다'고 답할 수 있습니다.

1인 기업에 충분히 높은 투자 수익을 제공할 만큼 타기팅된 광고 매체는 거의 없지만, DM이 대부분의 1인 기업에 가장 적합한 선택이라고 생각하는 주된 이유는 소규모로 시작하여 매우 빠르게 테스트하고 승자가 생기면 쉽게 노력을 확장할 수 있기 때문입니다.

저는 거의 모든 고객에게 DM 캠페인으로 시작하여 예측 가능한 반응을 이끌어내는 메시지와 제안서를 만드는 데 집중한 다음, 메시지를 확장하고 강화하기 위해 다른 형태의 광고를 추가하는 것을 고려하라고 조언합니다. DM에서 아무런 반응을 이끌어내지 못한 마케팅 메시지가 신문의 반 페이지짜리 광고에서 훨씬 더 효과적일 것이라고 믿는 것은 무리한 생각입니다.

그러나 DM에서 효과가 좋은 제안은 다른 형태의 미디어에서도 효과가 좋은 경우가 많습니다.

고객을 개인화함으로써 신뢰를 쌓는다

DM의 또 다른 매력은 전송되는 모든 내용을 개인화할 수 있다는 점입니다. 수신자 이름과 주소로 봉투를 맞춤화하는 것부터 시작하지만, 다른 형태의 가변 인쇄를 사용하면 특정 업계의 요구사항을 해결하고, 지역 또는 이웃 참조를 제공하고, 두통 환자 대요통 환자 같은 변수 또는 헤드라인 변수를 나열할 수 있습니다.

DM을 창의적으로 제작하고 개인화할 수 있는 방법은 정말 끝이 없습니다. 마치 메일을 받는 사람만을 위해 만든 것처럼 느껴질 정도로 다양합니다.

광고 효과를 시험하고 추적할 수 있다

DM은 또한 광고 효과를 테스트하고 추적할 수 있는 최고의 기회를 제공합니다. 100개 정도의 메일을 발송하여 리드 생성 목표를 달성할 수 있는지 어느 정도 정확하게 평가할 수 있습니다. 또한 5개의 서로 다른 메일링 리스트에 속한 회원에게 5개의 서로 다른 헤드라인 또는 오퍼를 사용하여 100개의 메일을 보내면 어떤 메일이 가장 효과적인지 즉시 파악할 수 있습니다. 이러한 테스트는 위험이 낮고, 응답이 빠르며, 비용이 적게 들기 때문에 광고 활동을 시작하기에 가장 좋습니다.

뉴욕 라크몬트에 있는 레빈 퍼블릭 릴레이션의 도널드 레빈은 '일주일에 10통의 편지'라는 방법을 사용하여 새로운 비즈니스를 확보합니다. 먼저, 그는 회사에도 이익이 되고 자신의 비즈니스에도 이익이 되는 서비스를 제공하는 회사 10곳을 조사합니다. 그는 웹사이트를 살펴보고 전화를 걸어 편지를 쓰기에 가장 적합한 한 사람을 확인합니다. 그런 다음, 그는 열 곳 모두에 자신이 제공할 수 있는 서비스와 그들이 왜 혜택을 받을 수 있는지 설명합니다. 그리고 언제 연락해서 만날 수 있는지 물으며 편지를 마무리하고 보냅니다. 그런 다음 전화를 겁니다. 미팅을 잡을 수 없는 경우에는 언제 다시 전화해야 하는지(3개월, 6개월 등)를 알아냅니다. 그는 이 정보를 데이터베이스에 보관하고 그에 따라 행동합니다. 다음 주 월요일, 그는 전체 프로세스를 다시 시작합니다.

수신자 목록을 확보할 수 있다

광고의 효과적인 요소와 결합된 DM의 장점에 대해 상당한 시간을 할애했지만, DM 캠페인의 성패를 좌우하는 주요 요소 중 하나는 수신자 목록이라는 점을 지적해야 합니다. 우리는 이미 올바른 메시지를 개발하는 방법을 배웠지만 잘못된 사람들에게 올바른 메시지를 보내면 캠페인은 실패할 수밖에 없습니다.

상상할 수 있는 거의 모든 메일링 리스트를 구매할 수 있습니다. 이상적인 메일링 리스트를 개발하려면 먼저 이상적인 타깃 고객을 개발할 때 수행 한 작업을 수행하고 해당 프로필과 일치하는 잠재 고객 목록을 구매할 수 있는지 결정해야 합니다. 이상적인 고객을 구성하는 사람들을 잘 정의했다면 그런 고객을 더 많이 찾으려고 노력해야 합니다.

메일링 리스트는 일반적으로 (1) 공개 기록에서 수집한 리스트와 (2) 구독자 또는 열성 팬 리스트라는 두 가지 범주로 나뉩니다.

직원 수가 100명 미만인 특정 대도시 지역의 회사 같은 간단한 목록 '선택'은 데이터액슬(세일즈맨, 마케터, 전문가에게 통계자료 등을 제공하는 업체) 같은 다양한 국가 목록 리소스에서 얻을 수 있습니다. 이러한 유형의 목록은 종종 매우 합리적인 가격으로 제공됩니다.

메일링 리스트는 1,000건당 비용으로 판매되며, 대부분의 리스트 소유자는 최소 리스트 대여 요건을 가지고 있지만, 많은 경우 리스트의 일부만 테스트할 수 있도록 최소 요건을 면제해 주는 경우도 있습니다.

완벽한 메일링 리스트

수집한 목록과 출판물 또는 구매자 목록 모두 가치가 있지만, 완벽한 메일링 리스트는 여러 유형의 목록을 신중하게 합쳐서 만들 수 있습니다. 완벽한 메일링 리스트를 만들려면 먼저 데이터액슬 같은 출처에서 매우 엄격한 인구 통계학적 프로필을 충족하는 이상적인 고객 목록을 가져와야 합니다. 그런 다음 잡지 또는 카탈로그에서 여러분의 제품(서비스)을 구매할 만한 행동을 보이는 고객 목록을 찾습니다. 이제 두 목록에 모두 들어 있는 잠재 고객을 찾습니다. 이런 식으로 가장 타기팅 가능성이 높은 잠재 고객만 추릴 수 있습니다.

요령은 특정 목록에 올라있을 만한 행동이나 이유를 찾아내어 그 사람이 오퍼에 적합한 사람인지 확인하는 것입니다(1장과 2장에서 이상적인 고객의 모습을 묘사해보았습니다). 예를 들어 여러분이 주택 리모델링 전문가라고 칩시다. 타깃 시장의 누군가가 고급 주택 디자인 트렌드에 관한 잡지를 구독하고 있다면 그 사람이 여러분의 서비스에 대한 잠재 고객이 될 가능성이 더 높을까요? 아니면 상업용 보험 제공업체는 어떨까요? 여러분 회사의 인구통계학적 프로필에 맞는 사람들 중 산재 보상 문제에 대한 최신 정보를 제공하는 잡지를 구독하는 그룹이 여러분 회사의 마케팅 활동에 잠재적으로 관심을 가질 수 있을까요?

DM 업계에서는 사람들이 구매하는 물건을 보면 그들의 생각, 행동 방식, 가치관에 대해 많은 것을 알 수 있다는 통념이 널리 퍼져 있습니다. 메일링 리스트 작업은 이상적인 고객의 문화를 이해하는 것만큼이나 리스트에 속할 것 같은 사람들을 찾는 작업이기도 합니다. 누군가에게 여러분이 제공하는 제품에 돈을 써야 한다고 설득하는 것은 매우 어렵습니다.

여러분이 하는 일을 필요로 하는 기업과 개인은 많지만, 예비 고객 목록을 분석할 때는 과거에 여러분이 하는 일이나 판매하는 제품을 소중하게 여기는 행동을 보인 사람들에게 집중해야 합니다. 이는 메일링 리스트 조사에 필수적인 요소입니다. 컨설팅 서비스를 판매하는 경우 전문 컨설턴트를 고용한다고 입증된 회사를 찾아야 합니다. 이 경우 전문 서비스 제공업체를 중요하게 생각하지 않는 업체에 시간을 낭비할 여유가 없습니다.

방금 설명한 접근 방식을 사용하면 처음에는 목록 비용이 5배 증가할 수 있지만 이 접근 방식을 사용하면 궁극적으로 목록의 전체 크기를 줄일 수 있으므로 훨씬 적은 수의 잠재 고객에게 메일을 보내고 각 메일링에 대해 훨씬 더 높은 수익을 얻을 수 있습니다. 경우에 따라 목록 선택을 약간 확장하거나 적절한 크기의 목록을 작성하기 위해 사용자 지정 목록 작성 전략에 의존해야 할 수도 있지만 이 관행은 결국 더 나은 목록을 제공 할 것입니다.

일리노이주 스프링필드에 있는 작은 음악 가게 대디 오 뮤직 색(Daddy O's Music Shack)의 더그 안토니치(Doug Antonacci)는 매우 저렴하고 품질이 높은 목록 작성 전략을 발견했습니다. 그는 매주 온라인에 접속하여 지역 신문에 게재된 밴드나 중고 음악 장비(기타, 드럼 등)를 판매하는 사람들의 구인 광고를 확인합니다. 그런 다음 인터넷 역방향 조회 사이트에서 전화번호를 복사하고 우편 주소를 알아냅니다. 그런 다음 그는 각자에게 기능과 특별 혜택을 제공하는 전단지를 우편으로 보냅니다. 실제 비용은 우표와 약간의 인쇄 비용뿐입니다. 가장 좋은 점은 그가 보낸 우편물이 뮤지션에게 직접 전달된다는 것입니다.

유력한 예비 고객 목록

목록 조사를 완료하고 자격을 갖춘 예비 고객을 몇 명 확인했다면, 이제 그들을 연락처 데이터베이스에 넣을 차례입니다! 이 목록을 스프레드시트 형식의 파일로 저장할 수도 있지만, 목록에 있는 사람들에게 자주 메일을 보내고 응답 및 후속 활동을 추적할 수 있는 방식으로 목록을 저장하는 것이 가장 좋습니다. 이 시점에서 향후 6개월 동안 그들에게 최소 6회 이상 메일을 보낼 수 있는 예산을 책정하는 것이 좋습니다.

예산 범위 내에서 영향을 미칠 수 있는 예비 고객 수에 맞춰 작업하는 것이 좋습니다. 여기서 영향을 미친다는 것은 자격을 갖춘 예비 고객에게 충분히 자주 메시지를 전달하여 눈에 띄게 하는 것을 의미합니다. 초기 예비 고객 목록은 광고 제안을 쏟아붓고 메시지를 자주 테스트해야 하기 때문에 관리하기 쉬워야 합니다.

광고는 마케팅에서 가장 큰 '실제' 비용을 차지하는 경우가 많으므로, 이 그룹에 집중하여 몇 달 동안 6~8회 정도 메시지를 수신할 수 있도록 하는 것이 가장 좋습니다.

마케팅 목표와 요구 사항에 따라 최적의 잠재 고객이 500명만 되어도 전체 마케팅 노력을 집중하기에 충분할 수 있습니다. 이것은 사업 성장에 필요한 예산 규모를 결정하는 일에서 시작됩니다.

사용 가능한 예산에 따라 초기 그룹의 규모가 결정될 수 있지만, 성공적인 캠페인을 진행하면서 이 초기 그룹을 현실적으로 지원할 수 있는 규모까지 자신 있게 확장할 수 있습니다. 좁은 범위의 DM 접근 방식은 이토록 강력합니다.

일반적으로, 예비 고객 3000명에게 딱 한 번 DM을 보내는 것보다 500명에게 1년에 6번 보내는 것이 더 좋습니다.

고객 목록 보강하기

타기팅한 회사 내에서 가장 자격을 갖춘 사람에게 세일즈 레터를 보내는 것이 항상 더 좋습니다. 아무리 평판이 좋은 회사의 메일링 리스트라도 오류와 오래된 정보가 포함될 수 있습니다. 3개월 전에 해고된 재무 담당 부사장에게 보낸 DM은 별다른 영향을 미치지 못할 것입니다.

예비 고객 목록의 규모에 관계없이 각 회사에 전화하여 제품 및 서비스를 구매할 수 있는 가장 적합한 사람의 이름을 찾는 데 시간을 투자할 가치가 있습니다. 대부분의 회사 접수 담당자는 요청하면 이름을 알려줄 것입니다.

콜로라도 주 덴버에 있는 시그니처 스트래티지스의 마틴 젤세마는 신제품 출시를 앞둔 콜로라도 기반의 하이테크 기업을 타깃으로 삼습니다(신제품을 브랜드화해야 하기 때문입니다). 그는 일요일 신문과 구인 광고를 통해 설계 및 테스트 엔지니어, 프로젝트 관리자, 시스템 개발자 등이 필요한 회사를 찾습니다. 회사를 파악한 후에는 전화를 걸어 최고 마케팅 담당자를 찾습니다. 월요일에 그는 각 회사에 '처음부터 스마트한 브랜딩'을 도와줄 수 있으며, 첨단 기술 제품 소개에 대한 경험이 있다는 내용의 한 장짜리 편지를 보냅니다. 또한 이전에 도움을 주었던 고객 목록도 동봉합니다. 그러고는 주 후반에 전화를 걸어 관심사에 대해 논의하겠다고 약속합니다.

니즈가 있는 잠재 고객을 파악하고, 개인 편지를 통해 자신의 전문성을 입증하고, 어느 정도 신뢰를 쌓았기 때문에 그는 이 전략을 통해 매주 50% 이상의 고객과 연락을 취하고 한두 번의 약속을 잡습니다.

강력한 세일즈 레터 쓰는 법

가장 먼저 마스터해야 하는 광고는 바로 세일즈 레터입니다. 강력한 세일즈 레터 작성은 늘 해야 하는 작업이고 모든 광고의 기초가 되는 부분이기도 합니다. 덕테이프 마케팅 리드 생성 시스템을 효과적으로 시작하려면 고객 및 매출 목표를 달성하는 데 도움이 되도록 충분한 리드를 생성하는 세일즈 레터를 작성하고 테스트해야 합니다.

결국 다른 광고 수단과 다른 광고 형식 및 매체에서 사용할 수 있도록 세일즈 레터의 구성 요소를 조정하게 되겠지만, 이 도구 없이는 계속 진행할 수 없습니다. 이 도구를 강조하는 이유는 근본적입니다. DM이 예비 고객을 타기팅하는 가장 효과적인 방법이라는 데 동의한다면, 세일즈 레터는 예비 고객을 잠재 고객으로 전환하고 궁극적으로 구매 고객과 추천인으로 전환하는 가장 효과적인 방법입니다.

세일즈 레터 효과적으로 쓰는 법

세일즈 레터에는 다음 각 요소가 포함되어야 합니다.

헤드라인

이 부분은 이미 자세히 다루었지만, 세일즈 레터에도 헤드라인이 필요합니다.

헤드라인은 광고를 위한 광고입니다. "이 편지는 시간 내어 읽어볼 가치가 있습니다!"라고 외칠 수 있어야 합니다. 최고의 카피라이터로 꼽히는 존 케이플스(카피라이터가 받을 수 있는 최고의 상을 케이플스 상이라고 부르는 이유이기도 합니다)는 헤드라인에 대해 이렇게 말했습니다.

"저는 몇 시간씩 헤드라인을 작성합니다. 필요하면 며칠씩 쓰기도 하죠. 좋은 헤드라인이 나오면 작업이 거의 끝났다는 것을 알 수 있습니다. 카피 작성은 보통 단시간에 끝낼 수 있습니다. 그리고 그 광고는 좋은 광고가 될 것입니다. 헤드라인이 정말 '스토퍼'라면 말입니다."(존 케이플스의 책《Caples on Advertising》에서 인용).

바디 카피에 좋은 스토리와 매력적인 제안이 있어야 하지만, 좋은 헤드라인이 없으면 성공할 가능성이 없습니다. 제가 가장 좋아하는 세 가지 헤드라인 시작 문구를 소개합니다.

1. 설득력 있는 질문을 던지기: "○○가 왜 △△하는지 아시나요?"
2. 제안하기: "○○하는 101가지 방법을 알려주는 무료 보고서"
3. 타깃 식별: "엔지니어가 ○○라는 것을 알아냈습니다."

18포인트 또는 24포인트 크기로 인사말 바로 아래에 헤드라인을 배치합니다.

문제를 명시합니다.

여러분이 독자가 가진 문제를 알고 있고 독자가 느끼는 좌절을 이해한다고 미리 알려주세요.

문제를 자극합니다.

그 문제로 돈, 시간, 감정, 지위 등 독자가 입을 수 있는 손해를 설명합니다.

희망적인 미래를 그려보세요.

문제가 해결되고 나면 얼마나 좋아질지, 문제를 해결한 사람들이 얼마나 속시원해하는지 묘사하세요.

해결책을 제시하세요.

그들의 문제를 해결할 수 있는 아이디어나 방법을 여러분이 가지고 있음을 보여주세요.

반대 의견에 답변하세요.

잠재 고객이 과거에 제기한 이의 제기에 대해 답변하세요.

제안을 하세요.

무료 보고서, 워크숍, CD 또는 기타 무료 또는 저비용 정보 제품을 제공하세요.

CTA를 만드세요.

이 제안을 받으려면 왜, 어떻게 연락해야 하는지 알려주세요.

끝에 추신을 붙이세요.

어떤 사람들은 추신을 두 번째 헤드라인이라고 부르는데, 이는 헤드라인 다음으로 세일즈 레터에서 가장 많이 읽히는 부분이기 때문입니다. 제안 또는 주요 혜택을 추신으로 다시 언급해야 합니다.

세일즈 레터 작성 방법

제가 제안하는 방법은 다음과 같습니다.

- 공식을 사용하여 개요를 작성합니다.
- 한 번에 대략적인 초안을 작성합니다.
- 하루 동안 그대로 두세요.
- 설득력이 커지도록 내용을 수정합니다.
- 전문가에게 요청해서 오류를 교정합니다.
- 열정을 담아 마지막으로 한 번 더 수정하세요.

1인 기업 마케터를 위한 카피라이팅 팁

더 나은 작가가 되는 데 도움이 되는 수백 권의 책, 코스 및 웹사이트가 있으며, 주제에 대해 가능한 한 많이 습득하고 읽는 것이 좋습니다. 제가 생각하는 최고의 마케팅 기술이 무엇인지에 대해 충분히 알 수 없습니다. 이제 더 나은 마케팅 글쓰기가 될 수 있는 몇 가지 팁을 공유하고자 합니다.

글쓰기는 최고의 마케팅 기술이다

한두 단어라도 글을 읽지 않고 제품을 사는 고객은 거의 없습니다. 여러 사업자들이 마케팅 직원을 뽑을 때 무엇을 봐야 하느냐고 묻는데, 저는 글을 쓸 수 있는 사람을 뽑으라고 늘 말합니다.

많은 사람이 자신이 글을 잘 쓰지 못한다고 주장하는데, 제가 보기에는 그 사람들이 그냥 글을 안 쓸 뿐입니다. 글쓰기를 마케팅 기술로 활용하려면 글을 써야 합니다. 써놓은 글이라면 언제든지 다른 사람에게 편집해달라고 할 수 있지만, 마케팅의 시작은 바로 글을 쓰는 행위입니다. 제가 알아낸 내용은 다음과 같습니다.

- 글쓰기는 아이디어를 창출합니다. 그 반대의 경우는 거의 없습니다. 무슨 글을 쓸지 모를 때가 많지만 일단 시작하면 아이디어가 떠오르곤 합니다. 떠오르는 아이디어는 단순히 생각한 다음 종이나 화면으로 옮길 수 있는 것보다 훨씬 더 훌륭한 경우가 많습니다.
- 글쓰기는 할 말이 생기도록 도와줍니다. 글을 많이 쓸수록 더 잘 팔릴 것입니다.
- 글쓰기는 더 적극적으로 경청하는 데 도움이 됩니다.
- 연설문, 메모을 작성하세요. 여러분의 사업과 무관한 에세이를 쓰세요.

이유를 설명한다

카피에 좋은 제안을 하고 있다면 독자들에게 그 제안을 하는 이유를 설명하세요. 그들이 이미 알고 있을 거라고 가정하지 마세요. 비즈니스를 시작한 이유, 제품에 반하길 바라는 이유, 특별 세일을 하는 이유, 지금 바로 구매해야 하는 이유를 설명하세요.

말하듯이 글을 쓴다

영어를 전공하는 제 독자들을 항상 미치게 하는 말이지만, 판매 카피는 독자와의 대화 같은 형식이어야 합니다. 무엇을 어떻게 믿는지, 어떻게 믿는지 말하면 독자와 소통할 수 있습니다. 정말 똑똑한 마케팅 담당자처럼 보이거나 들리려고 노력할 때보다 덜 진실하게 들리는 것은 거의 없습니다.

카피에 서브헤드라인(부제목)을 넣는다

어떤 독자는 카피 문구를 한 단어 한 단어 꼼꼼히 살펴보고, 어떤 독자는 시각적 단서를 찾아서 훑어볼 것입니다. 핵심 논리적 요점을 강조하는 부제목은 독자가 편지를 훑어보는 데 도움이 됩니다.

따옴표를 사용한다

본인의 말이나 추천사 형태의 인용문은 카피에 또 다른 목소리를 더하고 시작하려는 대화에 활기를 불어넣어 줍니다.

문장을 능동태로 쓴다

"말하는 대로 써라"는 말과 모순되는 것은 아니지만 능동동사
는 카피를 더욱 강력하게 만들 수 있습니다. 수동태 동사를 능동
태 동사로 바꾸기 위해 누군가에게 사본을 수정해 달라고 요청하
세요. 이 작은 수정이 얼마나 큰 힘을 발휘하는지 놀랄 것입니다.

수동태: 언제든 전화만 하시면 신청서가 담당자에게 접수됩니다.
능동태: 언제든 전화만 하시면 담당자가 신청서를 접수합니다.

스토리를 전달한다

사람들은 스토리를 좋아합니다. 복잡한 아이디어도 스토리를
활용하면 간단하게 만들 수 있는 경우가 많습니다. 고객이 여러분
회사의 제품이나 서비스를 어떻게 사용하는지에 대해 이야기하세
요. 여러분의 회사가 제공하는 제품에 대한 필요성을 깨달은 날에
대해 이야기하세요.

사전 테스트

이제 만족스러운 세일즈 레터를 완성했으면 가독성을 미리 테
스트해 보는 것이 좋습니다. 다음은 이 과정을 시작하는 데 도움

이 되는 몇 가지 팁입니다.

- 편지를 소리 내어 읽어보고 어떤 느낌인지 파악합니다.
- 열두 살 정도의 어린이 한두 명을 불러서 여러분이 제공하는 내용을 이해하는지 확인합니다.
- 우수 고객이나 잠재 고객에게 사본을 보여주고 의견을 물어 보세요.

세일즈 레터 패키지

잠재 고객에게 편지를 발송하기 전에 고려해야 할 몇 가지 사항이 있습니다.

외부 봉투

편지를 개봉할 때 무엇이 효과가 있고 무엇이 효과가 없는지에 대한 이론은 많습니다. 일부 변수는 업계와 관련이 있지만, 일반적으로 회사 로고, 반송 주소 및 실제 우표를 붙인 표준 봉투가 가장 좋은 패키지입니다.

우편물을 열어보게 하려면 영리한 티저 문구가 필요하거나 봉투를 매우 공식적이거나 청구서처럼 보이게 만들어야 한다고 말하는 DM 전문가들이 있습니다. 꼼수를 써서 실제로 메일을 열어

보게 할 수는 있지만 약간 정직하지 못하기 때문에 역효과를 낼 수 있습니다. 봉투를 매우 중요하게 보이게 만들고 여러분이 그 사람에게만 편지를 보낸 것처럼 보이게 하세요.

우편 요금은 얼마인가

다시 말하지만, 편지를 수취인에게만 보낸 것처럼 보이게 하려면 우편 허가증보다 실제 우표를 사용하는 것이 좋습니다. 편지를 보내는 사람의 수에 따라 특급 우편 요금이 가장 좋은 방법일 수도 있습니다. 공식적으로 이를 확인할 수 있는 기관은 없지만, 연구에 따르면 사전분류된 표준(대량) 우편물의 최대 25%가 목적지에 도착하지 않는 것으로 나타났습니다.

이쯤에서 한 가지 주의 사항을 덧붙여야 할 것 같습니다. 제가 DM을 발송하는 방법에 대해 많이 얘기했는데, 여러분이 직접 테스트해보지 않았다면 믿지 말아야 합니다. DM 패키지의 많은 요소를 테스트해야 할 필요성은 아무리 강조해도 지나치지 않습니다. 저는 개인적으로 편지의 제목을 변경함으로써 300%의 응답률 증가를 경험했습니다.

작은 엽서에 담긴 큰 효과

다양한 형태의 DM 광고를 비교할 때 소박한 엽서를 간과하지 마세요. 엽서의 장점은 매우 많지만 저렴한 비용이 가장 큰 장점입니다. 개당 약 30센트로 매우 타기팅된 대상에게 관심을 끄는 메시지를 보낼 수 있습니다. 여기에는 일급 우편을 이용할 때의 모든 혜택이 포함됩니다.

광고에서 반복의 가치에 대해서는 이미 언급했습니다. 한 달에 한 번, 연간 리드당 약 4달러로 전체 잠재 고객 목록에 관심을 끄는 메시지를 보내는 것은 어떨까요? 이만한 잠재적 ROI를 따라올 수 있는 것은 거의 없습니다.

대량으로 발송되고 굵직한 제안을 담은 DM도 좋지만, 엽서는 기본 제안을 보완하고 현재 고객에게도 여전히 관심을 갖고 있음을 상기시키는 좋은 방법입니다. 엽서는 봉투를 뜯을 필요가 없으므로 받는사람이 무심코 우편물을 훑어보기만 해도 최소한 메시지가 표시될 가능성이 높습니다.

색깔을 사용하라

디지털 인쇄 덕분에 소량으로도 컬러 인쇄를 매우 저렴하게 할 수 있게 되었습니다. 컬러가 더 기억에 남는다는 사실을 뒷받침하는 과학적 증거가 많이 있으며, 엽서는 광고에 풀 컬러 이미지를 효과적으로 사용할 수 있는 좋은 기회를 제공합니다.

모든 광고에서와 마찬가지로 엽서에도 짧고 임팩트 있는 헤드라인을 사용해야 합니다. 메시지를 전달할 수 있는 공간은 한정되어 있습니다. 독자의 멱살을 잡고 앉아서 귀를 기울이게 하세요.

엽서의 다른 몇 가지 용도

잠재 고객을 창출하는 데 엽서를 활용하는 것도 좋지만, 기존 고
객에게도 엽서를 활용할 수 있는 방법이 많이 있습니다.

- 특별 고객 오퍼링
- 쿠폰
- 뉴스 공지
- 신제품 발표

다음 네트워킹 이벤트에 엽서를 가져가세요. 다른 사람들이 미
친 듯이 명함을 나눠주고 있을 때, 파격적인 혜택이 적힌 엽서 광
고를 배포하면 눈에 띄는 효과를 얻을 수 있습니다.

엽서 발송과 관련된 특정 우편 규정이 있으므로 안전을 위해 인
쇄하기 전에 우체국에 문의하세요.

우체국을 최대로 활용하기

최근 몇 년 동안 오래된 미국 우체국은 고객 서비스라는 개념을
도입했습니다. 경쟁하는 조직도 있었지만 잘 대응하여 1인 기업을

위한 듬직한 지원기관으로 변모했습니다.

최근의 혁신 중 하나는 인쇄에 적합한 비즈니스 답장 카드와 봉투(BRC 및 BRE)를 디자인할 수 있는 온라인 서비스입니다. 대부분의 경우 허가가 필요하지만 온라인에서도 허가를 받을 수 있습니다. 비즈니스 회신(발신자가 반송 우편 요금을 지불)은 응답률을 크게 높일 수 있습니다. 저는 정보나 샘플에 대한 문의를 유도할 때마다 이 방법을 즐겨 사용합니다.

직접 응답 도구로서 손글씨 메모를 잊지 마라

오리건주 포틀랜드에 있는 데스티네이션 워즈(Destination Words)의 로리 찬스는 구식 메모 카드를 핵심 마케팅 도구로 사용합니다. 그녀는 "글 쓰는 재미가 있고, 간편하고, 받는 사람이 정말 좋아해요!"라고 말합니다. 고객에게 카드를 보내고 몇 달 뒤 고객을 만나러 갔는데, 그 카드가 여전히 받는 사람의 책상 위에 놓여 있거나 게시판에 붙어 있는 것을 발견한 적이 한 두 번이 아니었습니다.

소량, 수작업 DM은 여전히 매우 효과적

요즘 광고 또는 DM 캠페인의 성공 비결은 작게 생각하고, 개인적으로 생각하고, 가치를 생각하고, 후속 조치를 생각하는 것입니다. 이러한 각 단계를 계획하고 실행하지 못하면 캠페인 성공에 한계가 있습니다.

- 작게: 지역 도서관의 리소스를 활용하여 직접 작성해야 하는 경우에도 가능한 한 가장 작고 정보가 풍부한 목록을 작성하세요.

  이렇게 하면 목록에 있는 모든 이름이 올바른 협회에 소속되어 있는지, 올바른 잡지를 읽는지, 올바른 인구통계학적 프로필을 가지고 있는지 알 수 있습니다.

- 개인 정보: 조사를 할 때 약간의 소셜 미디어 조사를 통해 얻은 개인 정보를 메일링에 포함시킬 수 있습니다. 요즘에는 주목받기 위해 많은 노력이 필요하며, 고객 유형에 따라 일반적인 내용을 담은 우편물을 한 트럭 가득 보내는 것보다 구체적인 내용을 담은 손편지 5통을 작성하는 것이 더 나을 수도 있습니다.

- 가치: 광고는 독자에게 가치가 있는 CTA와 결합할 때 효과가 있습니다. 웹을 사용하여 무료 콘텐츠, 무료 평가판, 무료 평가판, 특별 이벤트에 대한 액세스를 제공하면 제품을 판매하기 전에 신뢰를 구축하는 프로세스를 시작할 수 있습니다.

- 후속 조치: 소규모 아웃바운드 마케팅은 개인 후속 조치 메커니즘과 결합할 때 가장 효과적입니다. 편지에서 독자에게 전화를 걸어 정보를 보내거나 가치 있는 무언가를 제공하도록

허락을 구할 것이라고 말한 다음 실행에 옮기세요.

아웃바운드 마케팅을 추가할 때의 장점은 비용이 들기는 하지만 상당한 통제력을 제공한다는 것입니다. 인바운드 마케팅이 언제 시작될지, 기자가 언제 비즈니스를 소개할지 알기 어렵지만, 소규모의 아웃바운드 마케팅 접근 방식을 항상 실행하면 잠재 고객이 언제, 어떻게 메시지를 받게 될지 정확히 알 수 있습니다.

덕테이프 마케팅 컨설턴트 중 한 명이 자신의 사업에 실시한 캠페인에 대한 사례 연구를 보내왔습니다.

먼저, 그녀는 주 위원회 목록에서 해당 지역의 척추지압사 150명의 연락처를 얻었습니다. 그런 다음, 그녀는 각 척추지압사에게 웹사이트에서 이슈가 된 몇 가지 내용을 인용하여 개인 편지를 보냈습니다. 그 후 전화로 후속 조치를 취하여 18건의 예약을 잡았습니다. 그 중 5명이 고객이 되었습니다. 이 프로그램에 소요된 총 비용은 약 이틀의 시간과 100달러였으며, 이 접근 방식을 통해 창출된 수익은 초기에는 10만 달러가 넘었고 평생 가치는 그보다 훨씬 더 컸습니다.

덩어리 메일은 항상 열린다

마케팅 메시지를 잠재 구매자의 책상 위까지 전달하려면 덩어리 메일이 가장 좋습니다. 저는 1인 기업 리드 생성을 위한 DM 편지를 좋아하지만, 적절한 상황에서는 '덩어리 메일'이라고 부르는 것도 특히 좋아합니다. 덩어리 메일이란 일정한 크기나 덩어리로 되어 있는 DM 또는 패키지를 말합니다. 상자, 풍선 장식, 새끼 고양이, 훌라후프 등이 모두 덩어리 메일의 예입니다. 무엇이든 가능합니다. 요점은 덩어리 메일을 무시할 수 없다는 것입니다.

캔자스주 오버랜드 파크에 있는 주택 렌탈 서비스의 캔디 미한은 이 덩어리 메일을 덕테이프 마케팅의 한 예로 꼽았습니다. 그녀의 사업은 특정 시장을 공략해야 하기 때문에 우편물을 대량으로 발송하는 것은 시간 낭비일 뿐입니다.

그녀는 우편물에 울퉁불퉁한 것을 넣으면 적어도 수신자가 우편물을 열어본다는 것을 알게 되었습니다. 그녀는 한 걸음 더 나아갔습니다.

한 달에 한 번, 그녀는 다채로운 색상의 전단지를 인쇄하고 각각의 전단지에 작은 초콜릿을 붙인 다음 잠재 고객의 사무실로 배달합니다. 그녀는 이렇게 말합니다.

"이 작은 선물을 못 본 체 하는 사람은 거의 없어요. 사람들은 우리를 기억하고 초콜릿을 바라봅니다. 전단지를 손에 들고 사무실로 찾아온 고객도 있었어요! 물론 초콜릿은 빼고요."

덩어리 메일 캠페인을 실행하는 방법

효과적인 덩어리 메일 캠페인을 만들려면 핵심 마케팅 메시지, 핵심 차별화 포인트 또는 혜택부터 시작하세요. 이는 잠재 고객에게 여러분을 고용해야 하는 이유를 알리고자 할 때 홍보하는 주요 사항이며, 효과적인 덩어리 메일 패키지를 만드는 데 사용할 수 있는 요소입니다.

이제 핵심 메시지를 전달하는 데 사용할 수 있는 몇 가지 독특한 아이템, 장신구 또는 패키지를 생각해 보세요.

- "여러분의 비즈니스를 위해 훌라후프를 뛰어넘겠습니다." - 훌라후프
- "우리는 당신의 성공의 열쇠입니다."- 열쇠가 든 상자
- "업무 완수에 도움이 되는 도구가 있습니다." - 장난감이 든 상자

전달하고자 하는 메시지에 대한 강력한 이미지와 은유를 만드는 것이 중요합니다.

적어도 3번 반복해서 보낸다

다른 좋은 DM 캠페인과 마찬가지로 반복하면 결과가 향상됩니다. 저는 보통 한 캠페인에 세 번의 요청을 시도해볼 것을 제안합니다. 올바르게 수행하면 일반적으로 수신자는 캠페인 마지막에 요청하는 CTA에 적극적으로 반응합니다.

특히 잠재 고객이 브랜드에 익숙하지 않은 경우 캠페인을 구성하는 매우 강력한 방법은 스토리 방식으로 세 개의 메일을 만드는 것입니다. 각 메일은 마지막 메일을 기반으로 통합된 메시지를 전달해야 합니다. 이 방법을 사용하여 흥미를 유발할 수 있습니다. 많은 경우 회사 이름, 로고, 반송 주소가 없는 덩어리 캠페인으로 첫 번째 메일을 보냅니다. 첫 메일과 둘째 메일에서 앞으로 더 많은 선물을 보낼 것이라고 알려줍니다. 이 기법의 영향은 강력합니다. 다음 메일을 기다리는 잠재 고객도 있습니다. 사람들은 좋은 미스터리를 좋아합니다.

CTA

다른 DM 광고 캠페인과 마찬가지로, 여러분이 궁극적으로 원하는 것과 CTA를 결정하고, 마지막 세 번째 DM에서 그 내용을 전달하는 것이 중요합니다. 전화를 해달라, 전화를 받아달라, 웹사이트에 방문해달라, 워크숍에 참석해달라 등 수신자에게 원하는 바를 명확히 하세요.

실제로 전화도 받지 않던 잠재 고객이 열심히 약속을 잡았고, 캠페인 기간 내내 보내드린 물품을 사무실에 진열해 두기도 했다는 고객들의 이야기를 들은 적이 있습니다. 사람들은 살면서 이런 종류의 관심을 많이 받지 못한다고 생각하는데, 그들은 이런 관심을 원합니다.

비용은 얼마나 써야 할까

덩어리 우편 캠페인은 엽서 우편 발송에 비해 상대적으로 비용이 많이 드는 것이 사실이므로 캠페인을 디자인할 때 두 가지 사항을 고려하는 것이 중요합니다.

- 얼마나 많은 고객이 필요한가?
- 신규 고객이 비즈니스에 가져다주는 평생 가치는 얼마인가?

즉, 신규 고객이 연간 1만 달러의 가치가 있다고 판단할 수 있다면 신규 고객을 확보하기 위해 일정 금액을 지출하는 것을 보다 효과적으로 정당화할 수 있습니다.

대부분의 1인 기업은 한 번에 소수의 신규 고객만 확보해도 성공할 수 있습니다. 덩어리 메일은 이러한 종류의 성장에 적합합니다. 한 번에 10개의 신규 비즈니스를 신중하게 타기팅하고 덩어리 메일을 보내면 예약률이 약 70%까지 치솟는 것을 볼 수 있습니다.

꾸준히 연락하기 전략

여러분은 지금까지 마케팅 시스템을 잘 구축했고 잠재 고객에게 여러분의 제품을 원한다는 사실도 알았습니다. 심지어 무료 정보 보고서를 보내달라고 요청하기도 했습니다. 하지만 여전히 퍼즐의 중요한 한 조각을 놓치고 있습니다. 바로 잠재 고객이 여러분의 제품과 서비스를 구매하기로 언제 결정하느냐 하는 정확한 시점입니다.

고객은 각자의 방식과 일정에 따라 정보와 해결책을 검색합니다. 어떤 사람은 즉시 구매를 하지만 어떤 사람은 1년 뒤에 구매하기도 합니다.

이 문제를 해결하려면 고객과 꾸준히 접촉하는 수밖에 없습니다. 잠재 고객(특히 2단계 광고에 응답한 'A' 잠재 고객)에게 1년에 최소 8~10회 이상 연락을 취할 수 있는 마케팅 시스템을 구축해야 합니다. 이렇게만 해도 잠재 고객이 실제로 구매를 결정할 때 여러분 회사의 이름이 목록의 맨 위로 올라갈 확률을 크게 높일 수 있습니다.

잠재 고객과 고객에게 매달 유용한 정보를 제공하는 것은 최고의 신뢰 구축 전략 중 하나입니다.

연락처 관리 소프트웨어의 역할

버지니아 남서부에 위치한 원소스그래픽스(1 Source Graphics)의 데이비드 노크로스는 연락처 관리 소프트웨어가 꾸준한 마케팅 활동의 핵심이라고 생각합니다. 먼저, 그는 자신의 제품을 구매할 가능성이 높은 비즈니스 및 산업 유형을 결정합니다. 그는 인터넷, 상공 회의소 가이드 또는 옐로우 페이지를 통해 이 정보를 얻습니다. 그런 다음 이러한 조직을 연락처 관리 소프트웨어에 연결합니다.

그런 다음 해당 조직의 접수 담당자에게 전화하여 제품 구매 결정을 내릴 수 있는 담당자의 이름을 알아낸 다음, 그 사람에게 편지를 보냅니다. 이때는 통화를 요청하지 않고, 일주일이 지난 뒤 편지 후속 조치로 전화를 걸어 약속을 잡습니다.

그는 이러한 꾸준한 접근 방식을 통해 5통의 편지를 보낼 때마다 한 통의 약속을 잡을 수 있다는 것을 알게 되었습니다. 그는 매일 5통의 편지를 보내는데, 이는 매일 5통의 후속 전화를 한다는 뜻입니다. 따라서 그는 일반적으로 매일 한 명의 신규 고객과 약속을 잡습니다.

어떤 이유로든 고객이 만나고 싶지 않다고 하면 메일링 리스트에 추가하여 연락처 관리 소프트웨어에서 설정한 맞춤형 활동 계획을 받습니다. 그리고 열흘에 한 번씩 해당 고객에게 타기팅 엽서를 보냅니다. 내용은 자신이 제공하는 독특한 서비스 설명, 다른 고객의 업무에 기여한 정보 등입니다.

4~6장의 엽서가 해당 잠재 고객에게 발송된 후, 그는 다시 한 번 전화를 걸어 후속 조치를 취합니다. 하지만 그는 종종 엽서 우편물에서 전화를 받기도 합니다. 왜 그럴까요? 타기팅이 되어 있기 때문입니다.

또한 그는 우편물을 통해 잠재 고객에게 웹사이트를 안내하고, 잠재 고객에게 추가 정보를 제공하는 이메일 자동 응답 시리즈를 개발했습니다.

꾸준히 연락하기 실행하기

그렇다면 매월 잠재 고객과 고객에게 무엇을 보내야 할까요? 다음은 연락처 캘린더의 예시입니다.

- 첫달: 새로운 서비스(기존 서비스 변경)를 알리는 레터
- 2번째 달: 팁과 회사 소식을 소개하는 뉴스레터 발송
- 3번째 달: 기회 발견을 위한 전화 통화
- 4번째 달: 관심 있는 업계 잡지 기사 재인쇄
- 5번째 달: 성공적인 고객 솔루션 제공 사례 연구
- 6번째 달: 제안한 세일즈 레터에 대한 평가 요청(엄청나게 큰 가치가 있는 작업입니다)

- 7번째 달: 다른 뉴스레터 발행

- 8번째 달: 업계 잡지에 기고한 기사 재발송

- 9번째 달: 새로운 서비스 발표

- 10번째 달: 워크숍 초대

- 11번째 달: 추천 네트워크에 있는 사람을 소개하기 위한 전화 통화

- 12번째 달: 업계/서비스에 유용한 팁 체크리스트 작성

이 일정에는 몇 번의 전화 연락이 포함되어 있습니다. 이는 매우 강력한 조사 도구이자 비즈니스 구축 도구가 될 수 있습니다.

때로는 잠재 고객이 진정으로 원하는 것이 무엇인지, 그리고 잠재 고객에게 보내는 자료가 얼마나 가치 있는 것인지 알게 될 것입니다.

잠재 고객 목록을 그룹으로 나누는 것도 고려해 볼 수 있습니다. 'A' 잠재 고객 20~30명에게는 좋아하는 책 한 권이나 회사 로고가 새겨진 통에 담긴 홈메이드 쿠키를 선물할 수 있습니다. 그리고 'A' 잠재 고객과 정말 성공하고 싶다면 시간을 내서 이들에 대한 배경 정보를 알아보고 마케팅 자료를 맞춤화하세요. 애크미 인더스트리(Acme Industries)의 에드 존스가 노트르담 대학을 다녔다면(알아내는 것은 그리 어려운 일이 아닙니다), 그가 가장 좋아하는 주제인 노트르담 대학 미식축구팀 '파이팅 아이리쉬'에 관한 잡지

기사 스크랩을 보내는 것만으로도 큰 점수를 얻을 수 있습니다.

구글과 야후를 통해 웹 기반 뉴스 검색을 설정하면 학교, 업계, 회사, 스포츠 팀 등에 관한 모든 뉴스를 자동으로 찾아서 보내주는 알림을 설정할 수도 있습니다. 따라서 업계 전문가가 잠재 고객이 속한 업계의 미래에 대해 예측한 기사를 메일로 보내준다고 가정해 보겠습니다. 이제 그가 주문 시간을 기억할 것 같나요?

이상적인 잠재 고객의 연락처 데이터베이스를 사용하여 앞의 예와 같이 다양한 유형의 연락처 일정을 설정한 다음 이를 고수하세요. 그리고 그 목록에 현재 고객도 포함시키는 것을 잊지 마세요.

이들을 재판매하면 점점 더 많은 비즈니스와 추천으로 이어질 수 있습니다.

ACTION PLAN ──

1. 잘 작성된 DM 샘플을 수집해서 분석하세요.

2. DM을 누구에게 보낼지 조사하세요.

3. 기본 세일즈 DM을 작성하세요.

12장

미디어에 폭풍을 일으키는
PR 전략을 준비한다

1인 기업에 맞는 PR의 정의

교과서적인 정의로 이 PR 여정을 시작하겠습니다. 덕테이프 마케팅 시스템에 따르면, '1인 기업을 위한 PR 활동은 주로 타깃 시장의 고객이 읽거나 보는 신문, 잡지, 뉴스 쇼, 뉴스레터, 웹사이트 및 저널에서 회사 또는 제품에 대한 긍정적인 언급을 얻는 것'입니다.

PR의 범주에 속하는 다른 활동도 있지만, 여기서는 이 정의를 사용하겠습니다. PR은 또한 전반적인 리드 생성 기반을 구성하는 주요 요소입니다.

언론 보도는 특집 기사, 뉴스 요약, 발표 또는 업계 관련 기사의 인용문 등의 형태로 이루어질 수 있습니다. 많은 사람이 이를 무료 미디어라고 부르지만, 이를 위해서는 체계적인 노력이 필요하기 때문에 저는 이를 유료 미디어라고 부르고 싶습니다.

이 장에서는 긍정적인 언론 보도를 얻고 대부분의 비즈니스 소유자가 이 분야에서 실패하게 만드는 함정을 피하기 위해 전문 홍보 회사가 사용하는 몇 가지 전략과 도구에 대해 설명합니다. 회사에 대한 언론 보도를 얻는 것이 반드시 어려운 것은 아니지만, 최고의 성공을 거두기 위해 반드시 이해해야 할 몇 가지 전략과 전술이 있습니다.

PR은 왜 강력한가

PR은 덕테이프 시스템에 제시된 다른 마케팅 도구와 함께 사용하면 매우 인상적인 리드 생성 결과를 도출하는 데 도움이 됩니다. 회사에 대한 특집 기사를 성공적으로 게재하면 1년 내내 옐로우 페이지에 광고하는 것보다 더 많이 실제 고객과 비즈니스를 창출할 수 있습니다.

언론에 보도되는 법을 살펴보기 전에, PR이 왜 그렇게 중요한지 충분히 이해해야 합니다.

신뢰를 높인다
사람들은 광고로 간주되는 것에 질려서 광고의 상당 부분을 외면하고 있습니다. 신문에서 새로운 서비스에 대한 기사를 읽으면 객관적인 제3자인 기자가 작성한 기사이기 때문에 사실이라고 믿을 가능성이 훨씬 더 높습니다.

큰 수익을 준다

타깃 고객이 읽을 수 있는 잡지의 전면 광고는 수천 달러에 달할 수 있습니다. 같은 출판물에 실리는 기사는 비용이 전혀 들지 않을 수도 있습니다. 하지만 단순히 보도자료를 배포하고 전화가 울릴 때까지 기다릴 수 있다고 생각하지 마세요.

브랜드 스토리를 훌륭하게 구축한다

회사나 직원에 대한 이야기 또는 회사가 역경을 극복한 방법에 대한 이야기는 어떤 형태의 광고나 홍보보다 훨씬 더 개인적인 방식으로 타깃 시장과 회사를 연결하는 데 도움이 될 수 있습니다. 이는 여러분의 회사가 어떻게 다른지 세상에 알리는 데 매우 긍정적인 방법이 될 수 있습니다.

재구매를 이끌어낸다

비즈니스를 성장시키는 가장 확실한 방법 중 하나는 기존 고객과 점점 많이 거래를 하는 것입니다. 회사에 대한 호의적인 이야기는 기존 고객이 결국 여러분을 고용하기로 한 결정이 옳았다는 것을 다시 확신시키는 데 도움이 됩니다. 어떤 사람이 여러분 회사의 스토리를 보고 먼저 인식하는 것의 힘은 대단히 큽니다. 이러한 인정은 입소문으로 이어집니다.

직원을 자부심을 끌어올린다

직원 만족도의 가장 중요한 측면 중 하나인 직장에 대한 자부심에도 비슷한 영향이 있습니다. 조직과 직원에 대한 긍정적인 언론보도를 생성하면 직원들이 팀의 일원이 된 것을 자랑스러워하게 됩니다.

마케팅 용도로 재활용할 수 있다

많은 경우 신문, 잡지, 뉴스레터에 실린 기사를 재인쇄하여 추가 마케팅 자료로 활용할 수 있습니다. 업계 뉴스레터는 잠재 타깃 고객이 읽지 않을 수도 있지만, 유명하지 않은 잡지에 실린 회사 기사 사본을 보내면 잠재 고객이 깊은 인상을 받을 수 있습니다.

1인 기업 PR 계획 5단계

잠재 고객과 고객이 읽는 간행물에 훌륭한 글이 실리는 것은 여전히 가장 강력한 마케팅 기회 중 하나입니다. 신뢰의 관점에서 볼 때, 편견 없는 제3자가 여러분의 회사를 언급하는 것만큼 신뢰를 얻기에 좋은 것은 거의 없습니다. 실제로 PR 담당자들이 환호하는 소리가 들리는데, 잘 배치된 기사는 같은 간행물에 실린 광고보다 5배에서 10배 더 가치가 있을 수 있습니다.

PR 담당자들의 신음소리가 들리는 듯하지만, 상황이 크게 바뀌었습니다. 대부분의 커뮤니케이션 형태와 마찬가지로 인터넷은 우리가 정보를 얻는 방법, 접근 가능한 사람, 그리고 언론 통제 주체를 변화시켰습니다. 누구나, 그리고 모든 사람이 잠재적인 퍼블리셔가 될 수 있기 때문에 미디어 관계의 프로세스가 민주화되었습니다.

주요 언론 매체는 여전히 중요하지만, 백만 명의 블로거와 최종 사용자에게 직접 전달되는 정보의 흐름으로 인해 그 중요성이 희석되고 있습니다. 이 두 가지 트렌드는 잠재 고객을 창출하고 고객 충성도를 높이는 PR의 힘을 활용하고자 하는 1인 기업에게 기회를 제공합니다.

다음은 1인 기업이 PR을 체계적으로 하기 위해 취할 수 있는 5가지 단계입니다.

1. 경청하기

언론인과 사고의 리더는 이제 너무 쉽게 접할 수 있기 때문에 그들이 다루고 관심을 갖는 것에 대해 많이 알고 있다는 것을 보여주지 않고 그들의 관심을 끌 수 있다고 생각하는 것은 미친 짓에 가깝습니다. 내 업계나 지역을 다루는 언론인이나 블로거 10명의 목록을 작성하여 그들의 이름을 구글 알리미에 추가하고 블로그를 RSS 리더에 추가하세요. 그들이 쓴 글을 읽고 그들이 관심을 가질 만한 내용을 파악하세요. 예전에는 이 작업이 상당히 번거로웠지만 이제는 자동으로 이루어집니다.

2. 미디어와 관계 맺기

요즘 기자들은 인터넷, 블로그, 소셜 미디어 없이는 업무를 수행할 수 없기 때문에 여러분은 전례 없이 많은 언론인에게 접근할 수 있습니다. 예전에는 이메일과 팩스를 그냥 무시할 수 있었지만, 이제는 블로그 게시물에 관련 댓글을 달고, 트위터를 통해 링크를 공개적으로 보내고(다른 기자들이 보고 있는 곳), 온라인 업계 채팅과 포럼 또는 페이스북 이벤트에 참여시킬 수 있습니다. 주요 언론인 목록과 네트워킹을 구축하여 자신이 해당 분야에 대해 잘 알고 있다는 것을 보여 주면 다음 기사를 위한 리소스가 될 수 있습니다. 판매하지 말고 관계를 구축하세요. 이것이 진정한 네트워킹이 아닐까요?

3. 커브볼 던지기

A급 블로거와 기자에게 보도자료를 돌리고 싶은 충동을 참으세요. 1단계와 2단계를 충실히 수행했다면 다음과 같이 대화를 시작

할 수 있을 만큼 신뢰를 얻었을 것입니다.

"○○에 대해 쓴 글 봤어요. 당신 독자들이 ○○에 대해 흥미로워할 것 같아요. ○○하니까요. 그 점에 대해서 우리 회사는 ○○○를 한 적이 있고, 우리 고객들은 ○○○을 했어요."

영향력 있는 이야기나 아이디어를 변화구처럼 던지고 회사에 긍정적인 분위기를 만들되 자잘한 잡담은 하지 마세요. 기자와 깊이 친해지면 그들의 사정도 알게 됩니다. 기자들은 여러분의 이야기가 필요하지만 숱하게 엉터리 글감을 받아봤기 때문에, 쓸 만한 얘깃거리가 아니면 여러분의 말을 들어주지도 않을 겁니다.

4. 뉴스 발행하기

이 단계는 3단계와 상반되는 것처럼 보이지만, PR 계획의 또 다른 계층은 월간 또는 그 이상의 보도자료로 큰 계약 체결, 새로운 특별 표창, 이벤트, 특별 프로모션 및 일반 뉴스를 간략하게 요약하는 것입니다. 이러한 내용은 첫 페이지를 장식할 만한 내용은 아니지만 잠재 고객과 고객이 회사를 알아가는 과정에서 흥미를 느낄 수 있는 내용입니다.

매달 온라인 배포 서비스를 통해 이러한 한 페이지짜리 공지를 배포하는 습관을 들이는 것이 좋습니다. 경우에 따라서는 뉴스 및 업계 사이트가 새로운 릴리스를 채택하여 수천 명의 최종 사용자에게 스토리가 전달될 수도 있습니다. 미디어 릴리스는 뉴스 애그리게이터(헤드라인을 모아놓은 웹사이트)와 실시간 검색 알림에 의해 선택되며 웹사이트로의 백링크 구축이 어느 정도 이루어집니다.

5. 널리 퍼뜨리기

아무리 작은 보도자료라도 온라인 프로필에 게시하세요. 보도자료를 트윗하세요. 사이트에 '뉴스 보도' 섹션을 만들어 멘션과 보도자료로 계속 업데이트하세요. 구글 알리미를 사용하는 경우 회사 이름의 RSS를 가져 오거나 자동으로 게시되는 RSS 피드를 설정할 수 있습니다. 한 페이지짜리 보도자료를 인쇄하여 고객과 주요 연락처에 보내세요. 이 작은 행동이 누적되어 미치는 영향력에 놀랄 것입니다.

새로운 규칙과 새로운 도구를 사용하여
미디어 폭풍을 일으키는 방법

제품, 서비스, 사람 또는 회사에 대한 특집 기사를 확보하는 것은 비즈니스에 큰 도움이 될 수 있습니다. 출판물은 독자의 신뢰에 의존하며, 이러한 신뢰는 잡지 같은 제3자가 여러분의 활동을 보증할 때 리드, 추천, 인지도 등의 형태로 여러분에게 전달될 수 있습니다.

미디어의 관심을 끄는 방법에는 많은 변화가 있었지만, 여전히 리드 창출을 위한 주요한 수단이라는 사실은 변함이 없습니다. 새로운 유형의 온라인 소셜 도구로 인해 가능해진 새로운 미디어 및 대중 참여 규칙을 활용하면 PR의 폭풍으로 이어질 수 있는 꾸준한 보도량을 창출할 수 있습니다.

다음은 PR 생성 시스템에 적용해야 할 몇 가지 관행입니다.

규칙 1: 실시간 모니터링

업계 리더, 경쟁사, 심지어 일간 뉴스까지 구글 알리미 같은 도구를 사용하여 인터넷을 실시간으로 모니터링하면 잠재적인 기회를 포착하고 트렌드 스토리에 뛰어들 수 있는 적절한 시기를 파악하는 데 도움이 됩니다.

뉴스 토픽과 관련된 동영상이 입소문을 타거나 트위터에서 인기 있는 토픽이 화제가 되면 주제에 맞는 블로그 게시물이나 관련 동영상을 통해 브랜드, 제품 또는 전문 지식을 대화에 빠르게 삽입할 수 있는 적절한 방법을 만들어야 합니다. 기자들은 특히 화제가 되는 스토리를 취재해 달라는 요청을 받으면 종종 검색 엔진을 통해 출처를 찾습니다. 키워드가 풍부한 블로그 게시물이 목록의 상단에 표시되면 인용될 확률이 크게 높아집니다.

도구: 구글 알리미

규칙 2: 관계 구축

언론사 리스트를 구입하거나 언론사 리스트를 보유한 PR 회사를 고용하여 보도자료를 발송함으로써 언론 보도를 확보하던 시대는 이제 끝났습니다. 예전에는 PR 회사와 기자가 모든 카드를 쥐고 있었기 때문에 어떤 내용이 보도될지, 누가 접근할 수 있을지 결정할 수 있었습니다. 이제 모든 사람이 퍼블리셔가 되고, 기업이 자체 뉴스를 더 쉽게 만들 수 있기 때문에 기자가 더 많은 주의를 기울이지 않으면 중요한 뉴스를 놓칠 수 있습니다. 소셜 미디어와 언론사의 온라인 블로그를 통해 기자에게 접근할 기회가 많아졌습니다.

이 두 가지 역학을 활용하는 핵심은 보도자료를 게시하는 대신 이러한 접근성을 활용하여 관계를 구축하는 것입니다. 구글 알리미에서 비즈니스에 영향을 미칠 수 있는 상위 5명의 기자 이름에 대한 알림을 설정하세요. 해당 기자의 블로그를 찾아서 구독하고 (블로그 라인), 트위터 및 기타 소셜 네트워크에서 팔로우하세요. 원하는 경우 넷바이브 같은 도구를 통해 기자와 직접 연락하고 대화할 있습니다.

도구: RSS 리더, 블로그 라인(www.bloglines.com), 넷바이브(www.netvibes.com)

규칙 3: 저변 확대

요즘에는 인기 있는 틈새 블로그가 일간지보다 더 많은 독자층을 확보하고 있는 경우가 드물지 않습니다.

따라서 주요 업계 블로거나 지역 블로거를 미디어 목록에 추가하는 것이 매우 중요해졌습니다. 유명하고 규모가 큰 블로그만 고집할 필요는 없으며, 오히려 특정 틈새 블로그에서 더 좋은 결과를 얻을 수 있습니다. 블로거에게 홍보 제안을 할 때 몇 가지 핵심 사항이 있습니다. 상대방의 블로그 글을 읽고, 댓글이나 트위터를 통해 대화를 시작하세요. 상대방의 블로그 독자들에게 가치가 있는 스토리나 게스트 포스트 아이디어가 있는 경우에만 홍보 제안을 하세요.

도구: 트웰로(www.Twellow.com)

규칙 4: 직접적으로 접근하기

보도자료를 작성하는 것이 아무리 힘들어 보여도, 여전히 보도자료를 작성해야 하는 꽤 좋은 이유가 있습니다.

도움이 필요한 기자와 블로거를 직접 찾아갈 수 있는 또 다른 방법은 HARO(Help a Reporter Out) 같은 미디어 알림 서비스를 이용하는 것입니다.

기자는 HARO를 통해 필요한 기사를 게시하고 구독자는 자신 또는 다른 사람을 잠재적 취재원으로 등록할 수 있습니다.

도구: PR웹(www.prWeb.com), HARO(www.helpareporter.com)

대부분의 효과적인 마케팅 전략과 마찬가지로, 일관성과 개인화는 비즈니스의 장기적인 모멘텀을 구축하는 시스템으로 성과를 거두기 위한 핵심 요소입니다.

무엇이 좋은 스토리를 만드는가

다음은 미디어에 제공할 스토리 각도를 검색할 때 따라야 할 좋은 경험 법칙입니다. 이 글을 읽는 독자들이 흥미롭고, 재미있고, 유익하고, 유용하다고 생각할까요? 사리사욕을 채우려는 은밀한 비즈니스 홍보 시도는 실패할 것입니다. 독자가 관심을 갖지 않는 한 미디어는 여러분 회사의 성공에 관심을 갖지 않습니다. 독자들이 신제품을 궁금해하는데 자세히 알려주지 않으면 미디어는 여러분 회사의 신제품에 관심을 갖지 않을 것입니다.

다음은 기자의 관심을 끄는 데 도움이 되는 팁 목록입니다. 이러한 팁 중 하나 이상을 사용하여 잠재적인 스토리 아이디어를 포지셔닝할 수 있다면 성공 확률이 높아집니다.

뉴스거리를 제공한다

뉴스만큼 언론의 관심을 끄는 것은 없습니다. 뉴스라고 생각하는 것이 실제로는 뉴스 가치가 없을 수도 있지만, 중요한 계약을 체결했거나 새로운 기술을 라이선스했다면 실제로 기자에게 뉴스의 각도를 제공하는 스토리가 있을 수 있습니다.

'최초'가 된다

최초의 기술을 선보인 회사, 특정 유형의 프로젝트를 수행한 최초의 회사, 해당 분야에서 전국적인 상을 수상한 최초의 회사 등 모든 사람들은 최초라는 것에 매료되는 것 같습니다. 물론 새로운 종류의 최초가 되는 방법도 있습니다. 업계 최초로 여성 또는 소수자 소유의 기업이 되어 주목할 만한 일을 하는 것도 뉴스 가치가 있습니다.

독특한 일을 한다

때로는 독특한 일을 하거나 제공하는 것만으로도 긍정적인 홍보 효과를 얻을 수 있습니다. 전례 없는 보증, 턱시도를 입은 서비스 기술자, 마케팅을 위해 띄운 광고 풍선 등은 모두 독특한 관행의 예입니다.

전국에 퍼진 이야기를 지역 관점으로 제공한다

비즈니스의 특정 측면이 전국적인 헤드라인을 장식하고 있다면 지역 언론과 함께 지역적 관점의 이야기를 다룰 수 있습니다.

지역 뉴스 기자들은 전국적인 기사를 다룰 때에도 지역 소식통을 인용하는 것을 선호하는 경우가 많습니다. 최근 업계에 영향을 미치는 법안이 통과된 적이 있나요? 주요 소송이 해결되었나요? 새로운 제품, 서비스 또는 혁신이 보도되고 있나요? 이러한 기회를 놓치지 않으려면 전국적인 뉴스 동향을 주시하는 것이 중요합니다.

트렌드 정보를 알린다

협회와 업계 간행물은 종종 업계 및 마케팅 트렌드에 대해 보도합니다. 기자들은 다가오는 트렌드를 미리 파악하는 것을 좋아합니다. 여러분의 회사 또는 제품과 잘 알려진 트렌드를 연결하는 다른 지역에서 일어나고 있는 일을 간단히 지적함으로써 스토리의 한가운데에 자신을 배치할 수 있습니다.

역경을 극복한 이야기를 들려준다

누구나 멋진 결말이 있는 스토리를 좋아합니다. 여러분의 회사가 역경을 극복한 경험이 있다면 이는 훌륭한 스토리 소재가 될 수 있습니다.

사람과 관련된 이야기를 한다

승진, 신입사원 채용, 시상식, 이사회 임명, 결혼식, 출산 등 회사 내 사람들과 관련된 모든 이벤트와, 이들이 업무 내외에서 하는 일은 좋은 소재가 될 수 있습니다. 회사 소프트볼 팀이 10년 만에 처음으로 승리했을 수도 있습니다. 올해 자선 단체를 위해 8채의 집을 수리했을 수도 있습니다. 다른 회사보다 훨씬 우수한 대학 등록금 환급 프로그램을 운영하고 있으며, 이를 증명하기 위해 회사에 4명의 대학 졸업생이 새로 입사했을 수도 있습니다. 이를 스토리로 만들어 보세요.

문제 해결법을 알려준다

타깃 시장이 가진 문제, 동종 업계의 다른 회사에 영향을 미치는 문제를 해결할 방법을 발견했다면 스토리 아이디어가 됩니다. 특히 비즈니스 간행물은 항상 혁신적인 비즈니스 관행을 찾고 있습니다. 단순히 고객의 요구에 대한 해결책으로만 생각하지 마세요. 잠재적 직원을 유치하는 성공적인 방법을 발견했을 수도 있습니다. 이러한 이야기는 잠재 고객이 읽으면 여러분의 회사가 어떻게 다른지 알리는 데 도움이 될 것입니다. 또한 이러한 유형의 스토리는 너무 이기적으로 보이지 않으면서도 출판물의 독자층에게 어떻게 도움이 될 수 있는지 쉽게 보여줄 수 있습니다.

사람들의 생각과 반대되는 이야기를 들려준다

지난 몇 년 동안 놀라운 효과를 거둔 잘 알려지지 않은 PR 접근 방식은 가만히 앉아 현재의 상황을 살펴본 다음, 현재의 유행이나 인식에 반하는 마케팅 주장을 제시하는 방법을 찾는 것입니다.

이 전략은 때때로 미디어의 관심을 끌 수 있는 좋은 방법이 될 수 있습니다.

미디어 담당자는 일반적으로 이야기의 양쪽 측면을 모두 파악하도록 교육받습니다. 따라서 모든 사람이 X의 장점을 설파한다면, 그들은 Y를 말하는 사람을 찾기 위해 여기저기서 검색할 것입니다. 요점은 업계에서 트렌드를 거스르거나 트렌드를 시작할 수 있는 방법을 찾아 기사, 편집자에게 보내는 편지, 블로그 게시물 또는 광고를 게시하여 사고 방식을 차별화하는 데 도움을 주어야 한다는 것입니다. 하지만 반대를 위한 반대나 트렌드를 넘어설 정도로 확고하게 자리 잡은 신념을 거스르는 것은 자칫 어리석게 보일 수 있으니 주의하세요.

PR 도구 상자: 피치 레터, 보도자료, 홍보 키트 만들기

덕테이프 마케팅 PR 시스템의 주요 도구는 피치 레터(홍보를 위해 기삿거리나 글감이 될 만한 아이디어를 기록한 간단한 문서), 보도자료, 홍보 키트입니다. 비즈니스에 맞게 각각을 작성하고 서식을 지정하는 방법은 다음과 같습니다.

피치 레터

피치 레터는 기자가 스토리 아이디어에 관심을 갖도록 하거나 당신을 완벽한 쇼 출연자로 소개하는 데 매우 효과적인 방법입니다. 피치 레터는 스토리 아이디어에 대한 광고와 비슷합니다. 일반적으로 짧은 편지처럼 작성되며 독자에게 스토리를 판매합니다. 여기서 피치 레터는 보도자료가 아니라는 점을 이해하는 것이 중요합니다. 피치 레터는 아이디어의 구체적인 세부 사항을 제시하는 것이 아니라 아이디어의 대략적인 구성만 정리한 문서입니다.

피치 레터를 읽는 사람이 '이 아이디어에 대해 더 자세히 알아봐야겠어'라고 생각하도록 유도하는 것이 이상적입니다. 다음은 강력한 피치 레터를 작성하는 몇 가지 방법입니다.

• 한마디로 사로잡으세요.

첫 문장에서 기자에게 최고의 한 방을 날려야 합니다. 첫 문장에서 기자가 주목할 만한 가치가 있는 스토리 아이디어에 대한 관점을 제시하세요.

• 읽는 사람에게 맞게 쓰세요.

프레젠테이션을 받게 될 사람들에게 맞게 맞춤화하는 것이 매우 중요합니다. 여러분의 스토리가 독자들에게 적합할 수 있다는 것을 이해한다는 것을 알려주세요. 실제로 스토리 피치의 특정 측면을 강조하여 해당 출판물에 가장 적합한 부분을 강조할 수 있습니다. 특정 출판물의 독자가 노인층이라는 것을 알고 있다면, 왜 여러분의 피치가 노인층에게 특별한 관심을 끄는지 설명하세요.

• 답을 제시하세요.

편집자나 기자가 스토리 피치를 접할 때 스스로에게 던지는 첫 번째 질문은 '독자가 왜 이 스토리에 관심을 가질까?'입니다. 피치는 이 질문에 대한 답을 제시해야 합니다. "이 스토리는 최근 트렌드인 ○○○에 대한 취재에 귀중한 추가 정보가 될 것입니다."

보도자료

보도자료는 여전히 PR 프로그램의 핵심이지만, 이를 성공적으로 활용하려면 특정 지침을 따라야 합니다. 단순히 보도자료를 작성하여 미디어에 전송하고 보도를 기대할 수는 없다는 점을 명심하세요. 보도자료는 전체 PR 시스템의 일부일 뿐이며, 효과적인 보도자료를 작성하는 방법을 이해하지 못하면 거의 아무 일도 일어나지 않습니다.

언론 매체에서 보도자료의 내용을 기사로 사용하는 경우는 거의 없지만, 보도자료를 작성하는 방법을 이해하지 못한다고 생각하면 보도자료 요청을 기각할 수 있습니다.

한 페이지에는 한 주제만

보도자료의 핵심은 기자와 편집자의 관심을 끌고 그들이 여러분의 이야기나 회사에 대해 더 알고 싶어하도록 만드는 것입니다. 많은 사람이 보도자료를 작성하는 것이 기자에게 기사를 전달하는 것과 같다고 생각합니다. 하지만 이러한 가정은 PR 활동을 망칠 수 있습니다.

간혹 언론사가 보도자료나 발표문의 지면을 채우기 위해 일부 사실을 사용하는 경우도 있지만, 다시 한 번 강조하건대 보도자료의 목적은 더 많은 것을 알고 싶어 하는 기자에게 이야기할 수 있도록 '관심을 끄는' 것입니다. 그게 다입니다.

보도자료는 한 페이지로 줄이고 한 가지 주제에 집중하세요. 어떤 기자는 매일 수백 개의 스토리 아이디어를 얻습니다. 보도자료가 3~4페이지에 달하면 기자가 보지도 않을 가능성이 높습니다. 기자들의 관심을 끈 다음 전화가 오면 스토리를 제안하세요. 사실, 기자가 조금이라도 궁금해할 수 있다면 더할 나위 없이 좋습니다.

홍보 키트

홍보 키트를 신중하게 제작하면 PR 프로그램에 도움이 됩니다. 홍보 키트는 기본적으로 보도자료와 관련 사진 모음으로 채워진 포켓 폴더를 가리키는 멋진 용어입니다. 6장에서 소개한 마케팅 키트를 이해했다면 홍보 키트에 무엇이 필요한지 잘 이해하고 있는 것입니다. 대부분의 정보는 마케팅 자료와 비슷하지만 형식과 표현 방식이 약간 다를 뿐입니다.

이러한 문서를 완성한 후에는 몇 개의 키트를 조립하여 준비해 두어야 합니다. 특정 주제나 보도자료를 발표하는 경우 필요에 따라 언제든지 추가할 수 있습니다. 기자가 한 가지 정보만 요청하더라도 전체 '프레스 킷'을 기자에게 보내는 것이 좋습니다. 무엇이 기자의 관심을 끌지 알 수 없기 때문입니다.

다음은 홍보 키트에 포함되어야 하는 몇 가지 필수 보도자료 목록입니다.

배경

이 자료는 독자에게 회사의 역사와 배경을 충분히 설명해야 하며, 함께 일하는 고객 유형과 완료한 프로젝트를 포함해야 합니다.

핵심 메시지

이 부분에는 여러분의 회사와 함께 일을 하면 얻을 수 있는 주요 이점을 강조해야 합니다. 이 부분을 통해 회사의 차별점을 홍보할 수 있습니다. 보도자료를 작성할 때는 회사의 광고처럼 읽혀서는 안 된다는 점을 명심하세요. 사실에 충실하고 과장된 표현은 피하세요. 보도자료를 여러분의 회사가 어떻게 다른지 알리는 문서라고 생각하세요.

서비스 설명

회사가 전문적으로 제공하는 서비스를 설명하세요.

프로세스 설명

회사가 구현한 고유한 프로세스를 설명하세요. 매일 24가지 항목으로 구성된 작업 현장 정리 루틴이 있다면 설명하세요.

사례 연구

최근에 완료한 프로젝트의 세부 사항을 간략하게 설명하세요. 다시 한 번 강조하지만, 팔려고 하지 마세요. 작업 유형, 해결한 도전과제, 프로젝트의 전반적인 결과만 설명하세요. 여러 시장과 협력하는 경우 각 시장별로 하나씩 작성하는 것도 좋습니다.

창업자

회사의 창업자(소유주, 대표자) 또는 파트너에 대해 한 페이지 정도 소개합니다. 업계 배경과 경험에 대해 설명합니다.

사진에 대해 한마디

각 창업자는 최근 촬영한 5×7인치 흑백 인화 사진이나 고품질 디지털 사진을 항상 준비해야 합니다. 프레스킷에는 대표 제품 사진과 함께 창업자 사진을 포함해야 합니다. 디지털 카메라가 있고 300dpi 이상의 전문적인 사진을 찍을 수 있다면 그렇게 하세요. 그렇지 않은 경우 사진작가를 고용하거나 스튜디오를 방문하여 전문적인 사진을 촬영하는 것이 좋습니다.

미디어 인터뷰

그렇다면 모든 PR 활동을 통해 실제로 기자가 인터뷰 요청을 하게 되면 어떻게 될까요? 인터뷰를 받는 것은 절반의 성공에 불과합니다. 아래 단계를 따르면 인터뷰를 강력한 마케팅 도구로 활용할 가능성이 높아집니다.

인터뷰 목표 설정

기자가 전화 또는 직접 방문하여 인터뷰 일정을 잡기 위해 전화할 때 몇 가지 질문을 하세요. 그가 작업 중인 스토리의 성격, 청중이 누구인지, 언제 보도되는지 알아보세요. 이러한 질문에 대한 답변은 내용은 더 잘 준비하는 데 도움이 됩니다.

경솔하지 않고 침착하게

거의 모든 인터뷰에서 가장 중요한 포인트는 회사의 핵심 메시지를 설득력 있게 전달하는 것입니다. 인터뷰의 맥락에서 이를 위해서는 20초 이내의 길이로 인용 가능한 핵심 메시지를 스크립트로 작성하고 적절한 타이밍에 한 단어 한 단어 전달할 수 있도록 준비해야 합니다.

서먹한 분위기 깨기

생면부지의 기자가 인터뷰를 요청하는 경우, 종종 약간의 통제 문제가 발생할 수 있습니다. 기자가 모든 질문을 하기 때문에 주도권을 쥐고 있기 때문입니다. 사실 이 중 일부를 미리 해결하고 싶을 수도 있습니다. 영업 전화를 할 때와 마찬가지로 생각하세요. 자신의 메시지를 전달하기 위해서는 토론에 끼어들어야 할 수도 있습니다.

저는 몇 가지 아이스 브레이킹 질문을 던지는 것이 긴장을 풀고 기자의 마음을 여는 좋은 방법이 될 수 있다고 생각합니다. 제가 기자에게 잘 하는 질문은 "어디 출신인가요?"와 "이 회사에 오게 된 계기는 무엇인가요?"입니다. 개인적인 친분을 쌓으면 모두가 조금 더 편안해지는 것 같습니다.

리디렉션

때때로 기자는 여러분이 전달하려는 내용을 이해하지 못할 수도 있습니다. 또는 더 나쁜 경우, 그들은 여러분이 전달하려는 핵심 요점을 빼고 다른 얘기를 하고 싶어 합니다. 의도적으로 어렵게 말하는 것은 아니며, 대부분의 경우 기자가 업계에 대해 잘 모르기 때문일 수 있습니다. 이러한 경우에는 답변으로 상대방의 질문에 답할 수 있는 몇 가지 리디렉션 문구를 준비해야 합니다. 다음은 몇 가지 효과적인 리디렉션 문구입니다.

- "이 경우 고려해야 할 중요한 사항은 ○○입니다."
- "독자에게 더 자세히 설명해 드리겠습니다."
- "그 점에서 우리가 취할 수 있는 것은 ○○입니다."
- "그건 좋은 예이지만, 여러분이 더 알고 싶은 것은 ○○일 것입니다."

물론 기자의 질문을 리디렉션하는 데 있어 핵심은 계획과 미리 준비된 답변이 있어야 한다는 것입니다. 그런 다음 기자에게 적절한 방법으로 메시지를 전달할 수 있도록 주의를 기울이기만 하면 됩니다.

당황하지 말되 지어내지도 마라

가끔 답이 없는 질문을 받을 때가 있습니다. 당황하지 말고 답변을 지어내지 마세요. 그냥 기자에게 답을 모르지만 곧 알아보겠다고 약속하세요. 이렇게 하면 기자에게 후속 조치를 취할 수 있는 좋은 평계가 될 수 있습니다. 미처 다 말하지 못한 요점을 기억하고 후속 통화 중에 추가할 수 있습니다.

마지막으로 한 가지 더

저는 마지막 말을 하는 것이 좋다고 생각합니다. 많은 언론인은 "독자들이 더 알고 싶어 하는 것이 있다면?" 같은 개방형 질문으로 인터뷰를 마무리하도록 교육을 받아왔습니다. 이 질문은 좋은 인터뷰 기회이므로 항상 강력한 발언을 준비해 두어야 합니다. 기자가 묻지 않더라도 마지막 멘트에 "한 가지 더 지적하고 싶은 것이 있는데..."라고 끼어드는 것이 좋습니다.

마무리

기자가 사실과 수치를 정확하게 파악할 수 있도록 최대한 쉽게 설명하세요. 기사에 도움이 될 만한 요점을 준비하고 연락처 정보, 웹사이트 및 기타 자세한 정보를 찾을 수 있는 곳을 모두 포함하세요.

ACTION PLAN ─

1. 점점 늘어나는 인터넷 기반 미디어 및 뉴스 리소스 목록을 포함하여 미디어 소스를 타기팅합니다.

2. 핵심 마케팅 메시지를 뒷받침하는 연도별 미디어 테마를 서너 개 만듭니다.

3. 지속적인 홍보를 위해 사소하지만 흥미로운 마케팅 관련 테마 10~12개 목록을 작성합니다.

4. PR 캘린더를 만들고 매월 PR 테마와 목표를 할당합니다.

5. 각 주요 테마에 대해 완전히 발전된 피치를 작성합니다.

6. 각 부주제에 대해 눈에 띄는 헤드라인으로 한 페이지 분량의 보도자료를 작성합니다.

7. 한 달에 한 번 핵심 미디어 목록을 타기팅하여 주요 주제에 대한 보도자료 또는 피치 자료를 배포합니다.

8. 핵심 미디어 리스트에 전화로 후속 조치를 취하고, 피치나 보도자료에 포함하지 않은 새로운 뉴스나 트렌드의 관점을 제시하세요.

9. 지역 및 전문 언론의 언론 보도를 추적하고, 키워드를 구글 알리미에 추가하고, 마케팅 목적으로 받은 언론 보도를 다시 인쇄하세요.

10. 인터뷰 또는 언급에 대한 감사의 표시로 글 작성자에게 손글씨로 쓴 감사 메모(또는 티셔츠)를 보냅니다.

13장

자동으로 추천을 받는
시스템을 만든다

리드 생성 시스템은 잘 작동하고 있지만, 추천(referral) 시스템이 완전히 작동하지 않으면 중요한 원천을 놓치고 있는 것입니다. 추천 마케팅 시스템을 앞서 소개한 광고 및 PR 시스템과 결합하면 리드 생성 시스템이 완벽하게 작동하고 매우 견고하며 강력한 기반이 될 것입니다.

추천 마케팅이란 무엇인가

추천 마케팅은 다른 광고 방법의 도움 없이 (또는 도움을 받아) 1인 사업가에게 신규 고객, 자격을 갖춘 리드, 반복 구매를 일으키기 위해 고안된 특정 전략과 도구 세트입니다.

많은 사업자가 전적으로 추천을 통해 성공적인 비즈니스를 구축했습니다. 거의 모든 비즈니스가 이런 식으로 시작됩니다. 비즈니스가 고객을 확보하고 좋은 성과를 거두면 그 고객이 가족과 친구에게 소개합니다. 이러한 입소문 마케팅은 어느새 프로젝트의 꾸준한 흐름을 만들어냅니다. 하지만 안타까운 점은 이러한 비즈니스 중 상당수가 추천 생성에 적극적으로 참여하면 더 많은 기회를 창출할 수 있다는 사실을 깨닫지 못한다는 것입니다.

변호사, 의사, 회계사 등 일부 전문직은 추천 마케팅에 특히 적합합니다. 옐로우 페이지에 게재된 의사의 광고만 보고 의사를 고용하는 데 거부감을 느끼는 사람은 거의 없습니다. 전문가를 찾을 때는 대부분 신뢰할 수 있는 사람에게 추천을 요청합니다.

제 경험에 비추어 볼 때, 개인적인 서비스나 비용이 많이 드는 서비스일수록 잠재 고객이 다른 사람의 조언을 구할 가능성이 높습니다. 예를 들어, 창문 세척 회사의 경우 직원이 고객의 집을 방마다 돌아다니는 데 많은 시간을 할애할 수 있으므로 추천을 통해 큰 이점을 얻을 수 있습니다.

추천 마케팅은 왜 강력한가

1인 사업가가 추천 마케팅을 최대한 활용하지 못하는 이유는 시스템 부족과 두려움입니다.

여기서 두려움이란 거절당할지도 모른다는 두려움, 판매를 구걸하는 것처럼 보일지도 모른다는 두려움, 기존 고객이 여러분의 사업에 별로 관심이 없다는 두려움 등을 의미합니다. 제가 해드릴 수 있는 말은 이것뿐입니다. 그냥 극복하세요. 사람들이 문제를 해결하고 필요를 충족하는 데 도움이 되는 제품이나 서비스를 팔고 있는데도, 여러분이 적극적으로 추천을 구하지 않는다면 고객과 전 세계에 해를 끼치는 것입니다.

고객에게 도움을 줌으로써 사업을 키우려는 여러분의 열망 때문에 고객이 주저한다고 생각한다면, 여러분은 관계에 대해 제대로 생각하지 못하고 있는 것입니다. 추천을 생성하는 모든 행위는 두 가지 간단한 사항으로 귀결됩니다.

1. 사람들이 좋아하는 제품이나 서비스를 제공한다.
2. 추천받은 내용에 대한 기대치를 관리한다.

추천을 생성하기 위한 덕테이프 마케팅의 체계적인 접근 방식을 통해 방정식의 두 번째 부분은 완료되었지만, 추천 마케팅을 마케팅 사고의 최우선 순위에 두어야 하는 몇 가지 이유를 더 말씀드리겠습니다.

사람들은 추천을 좋아한다
추천을 요청하는 것에 대해 거부감이 있다면 사람들이 추천을 좋아한다는 사실을 알아야 합니다. 사람들은 자신이 다른 사람의 사업 성장에 도움이 되었다고 느끼는 것을 좋아합니다.

사람들은 또한 자신이 얼마나 똑똑한지 보여주고 싶어합니다. 문제를 해결하고, 생활을 편하게 하고, 비용을 아낄 수 있는 제품이나 서비스를 발견하면 고객은 이에 대해 이야기하기를 좋아합니다. 그들은 모든 사람에게 자신이 큰 혜택을 받았다고 말하고 싶어 합니다. 그러니 주저하지 말고 추천을 요청하세요. 여러분은 실제로 그들에게 호의를 베푸는 것입니다.

투자 수익률이 높다

비용 면에서 볼 때, 추천 마케팅은 투자 대비 최고의 효과를 얻을 수 있습니다. 어떤 방법을 선택하느냐에 따라 추천 마케팅 시스템은 아주 적은 비용으로 구현할 수 있습니다. 올바르게 수행하면 기존 광고에 비해 시간과 비용 투자 대비 가장 큰 수익을 얻을 수 있습니다.

자격 있는 고객을 더 많이 확보한다

이상적인 타깃 시장을 개발하고 이상적인 고객이 누구인지 확인했다면, 추천을 받은 고객은 광고 캠페인에서 생성된 고객보다 훨씬 더 적합할 가능성이 높습니다.

든든한 신뢰를 얻는다

잠재 고객은 신뢰할 수 있는 회사와 협력하기를 원합니다. 솔직히 그들은 여러분의 광고를 신뢰하지 않습니다. 그들은 여러분이 회사나 서비스에 대해 좋은 말을 해주기를 기대합니다. 이미 신뢰하는 사람이 괜찮다고 말하면 사실상 그 신뢰를 빌리는 것입니다.

더 높은 가격에 팔 수 있다

어떤 고객이 절친한 친구에게 여러분의 회사가 최고라는 추천을 받아 찾아왔다면, 그 고객은 여러분이 제공하는 서비스에 프리미엄을 지불할 용의가 있을 뿐만 아니라 여러분과 그 고객의 절친 관계에 더 높은 가치를 부여할 것입니다.

서비스의 질이 높아진다

회사에서 추천 마케팅을 핵심 마케팅 전략으로 삼는다면, 회사 구성원 모두의 주요 목표는 모든 고객이 친구, 가족, 동료에게 여러분의 서비스를 추천하고 싶을 정도로 만족하게 만드는 것이 될 것입니다. 이러한 목표가 여러분을 포함한 모든 직원의 목표라면 고객 서비스 방식이 달라질까요? 비즈니스에 영향을 미칠까요?

저는 이러한 사고방식을 채택하는 것만으로도 기업이 완전히 변화하는 것을 보았습니다.

추천 마케팅의 규칙

추천을 받기 위해 활용하는 주요 공급자는 두 부류입니다. 기존 고객과 전문 추천인 그룹입니다.

많은 사업자가 가장 좋은 추천인은 기존 고객이라고 생각합니다. 기존 고객은 결국 여러분의 사업을 잘 알고 있으며 최고의 입소문 광고주가 될 수 있습니다.

추천을 받기 위해 전문가 그룹에 의존하는 직업도 많습니다. 회계사는 종종 신규 고객을 변호사, 재무 설계사, 심지어 급여 지급 서비스 회사에까지 추천합니다. 제 경험상 어떤 업종에 종사하든 상관없으며, 기존 고객과 타깃 추천 그룹에서 모두 추천 리드를 생성할 수 있는 추천 전략을 개발해야 합니다.

적절한 전략적 추천 파트너는 고객보다 훨씬 더 많은 추천 리드를 생성할 수 있는 능력을 갖추고 있는 경우가 많습니다.

기존 고객은 여러분의 노력에 고마워하겠지만 전략적 파트너만큼 동기가 부여되지 않을 수 있습니다. 즉, 같은 시장에 서비스를 제공하고 수백 명의 기존 고객을 보유한 회사는 잠재 고객에게 훌륭한 서비스를 제공하기 위해 기존 고객과 잠재 고객을 포함한 전체 고객층을 추천하려는 경향이 강합니다.

추천을 받을 정도로 최고의 서비스를 제공하라

당연한 말이지만 현재 고객이 받는 서비스 수준에 만족하지 않는다면 신규 고객을 많이 추천하지 않을 것입니다. 때로는 고객을 감동시켜 추천을 이끌어내기 위해 내부 비즈니스를 개선해야 할 때도 있습니다. 먼저 다음과 같은 간단한 질문부터 해보세요.

'어떻게 하면 고객이 만족하여 신규 고객을 추천할 방법을 찾게 만들 수 있을까?'

추천인을 명확히 구별하라

최고의 고객 잠재 고객을 정의하고 타기팅해야 하는 것처럼, 최고의 추천인에 대한 매우 구체적인 프로필도 있어야 합니다.

대부분의 경우, 추천인은 최고의 고객입니다. 최고의 고객이 자신과 같은 고객을 한두 명만 유치할 수 있다면 비즈니스가 폭발적으로 성장할 수 있기 때문입니다.

앞서 언급했듯이 고객 기반의 타깃 목록 외에도 타깃 시장의 구성원들로부터 이미 신뢰를 얻은 다른 전문 연락처로 구성된 타깃 잠재 고객 목록도 개발해야 합니다.

변호사는 종종 회계사나 재무 설계사에게 훌륭한 추천인이 될 수 있으며, 반대 경우도 마찬가지입니다. 많은 페인트 도급업체는 지붕 및 배수로 전문가와 협력합니다. 요점은, 추천인을 타기팅하고 고객 관계와 마찬가지로 추천인 관계를 발전시킬 수 있는 시스템을 만들어야 한다는 것입니다.

캔자스주 파올라에 있는 컬버트슨 팀 부동산 솔루션의 제이슨 J. 컬버트슨은 상위 50명의 추천 잠재 고객에게 2인치, 3링의 빈 바인더를 제공합니다(그는 바인더를 직접 전달하여 배송비를 절약하고 또 다른 일대일 연락처를 확보합니다). 바인더에는 뉴스레터, 엽서, 편지, 명절 및 생일 카드 등 그가 보내는 마케팅 자료에 바인더를 사용해야 한다는 내용의 편지가 포함되어 있습니다. 또한 이 바인더에 들어 있는 모든 것을 일 년 내내 보관하는 사람에게는 추천을 통해 원하는 레스토랑 상품권을 증정한다는 내용도 적혀 있습니다. 그는 12월에 각 바인더의 내용을 직접 확인하고 당첨자 10명을 선정합니다. 당첨자 10명은 그의 메일링을 꾸준히 저장하고 읽으며 그의 열렬한 팬이자 최고의 추천인이 되었습니다.

기대감을 불러일으켜라

추천 마케팅의 힘을 활용하는 가장 좋은 방법 중 하나는 추천을 제공하는 것을 모든 고객 관계의 기대 사항으로 만드는 것입니다.

새로운 고객이나 네트워킹 관계를 맺을 때마다 추천에 대한 아이디어를 소개해야 합니다. 실제로 가장 효과적인 추천 마케팅 시스템은 이를 명시적으로 기대하는 것으로 시작합니다.

추천을 생성하는 이 방법은 구현할수록 더 쉬워집니다. 점점 더 많은 신규 고객이 이와 같은 방식으로 여러분을 찾아올 것이며 이미 이러한 기대치를 이해하고 있을 것입니다.

최대한 빨리 실행하라

추천 마케팅 시스템은 가능한 한 빨리 추천인을 확보할 수 있도록 설계되어야 합니다. 아무리 훌륭한 서비스를 제공하더라도 처음 해결책을 제공했을 때만큼 회사를 높게 평가받기는 어렵습니다. 시간이 지남에 따라 동일한 훌륭한 해결책을 반복해서 제공하더라도 익숙함에 따라 가치가 떨어집니다. 관계 초기에 추천을 요청하세요.

추천인을 교육하라

이 책의 서두에서 이상적인 잠재 고객을 설명하고 핵심 메시지를 작성하는 대부분의 작업은 시스템의 추천 마케팅 교육 구성 요소의 기초가 될 것입니다. 양질의 추천을 체계적으로 생성하기 위한 핵심 중 하나는 추천인을 교육하는 데 도움이 되는 간단한 도구를 만드는 것입니다. 이 도구는 복잡하거나 화려할 필요는 없습니다. 다음과 같은 정보가 적힌 종이 한 장이면 충분합니다.

이상적인 고객을 발견하는 방법

추천인은 여러분이 찾고 있는 추천인의 유형을 정확히 알고 있어야 합니다(최고의 고객을 떠올려보세요).

핵심 메시지

최고의 고객조차도 여러분이 제공할 수 있는 제품이나 서비스의 전체 범위를 이해하지 못할 수 있습니다.

사업자는 추천을 요청할 때 자신의 비즈니스와 맞지 않는 리드를 너무 많이 받는다고 불평하기도 합니다. 추천인을 적절히 교육하는 도구를 사용하면 이러한 제약을 없앨 수 있습니다.

추천 마케팅 프로세스

추천인에게 어떻게 연락할 것인지, 무슨 말을 할 것인지, 후속 조치를 어떻게 취할 것인지 추천인에게 알려야 합니다. 몇몇 추천인은 여러분이 추천을 통해 무엇을 할 것인지 확신할 수 없기 때문에 친구나 가족을 추천하는 것을 꺼립니다.

사람들이 특히 이 문서에 설명된 유형의 추천을 하는 것은 사실상 연락처와 쌓은 신뢰의 일부를 여러분에게 빌려주는 것임을 기억하세요. 추천인과의 관계에서 어떤 측면을 위험에 빠뜨릴 수 있으므로 추천 마케팅 시스템은 추천인이 편안하게 느낄 수 있어야 합니다. 이를 위한 가장 좋은 방법은 단순히 시스템을 보여주는 것입니다. 이 간단한 단계는 추천인이 여러분과 계속 협력할 수 있도록 재판매하는 데에도 도움이 될 수 있습니다.

CTA

추천 마케팅 교육 도구는 가장 좋은 추천 방법을 안내하는 것으로 끝내야 합니다. 추천인이 사용했으면 하는 실제 단어, 리드를 넘기는 방법 또는 잠재 고객에게 보낼 웹사이트 주소를 알려주세요.

추천인에게 역으로 자료를 받아라

이제 추천 마케팅 시스템에 대한 교육 및 소개 자료를 개발했으니, 이 도구를 사용하는 강력한 방법을 한 가지 소개해드리겠습니다. 교육 프로세스를 기반으로 빈 양식을 만들어 잠재적 네트워크 리소스(동일한 타깃 시장에 서비스를 제공하는 사람들) 목록에 보낸 다음, 이들에게 직접 양식을 작성하여 다시 보내달라고 요청하면 추천할 준비를 더 잘할 수 있습니다.

한 고객은 이 전략으로 65%의 응답률을 얻었으며, 오랫동안 열심히 노력한 곳에서 추천이 들어오는 것을 확인했습니다.

추천하기 쉽게 준비하라

추천인이 추천을 쉽게 할 수 있도록 준비하세요. 모든 사람은 수백 가지 방식으로 스트레스를 받습니다. 추천인이 추천을 할 때 여러 단계를 거치도록 만들지 마세요. 추천하는 과정을 쉽게 만들면 더 많은 추천을 받을 수 있습니다.

누구를 추천할지 교육하라고 이미 말씀드렸지만, 추천하는 방법도 알려주어야 할 수 있습니다. 추천 안내문을 보내거나 추천 편지를 작성하거나, 가장 인기 있는 잠재 고객 목록을 제공하는 것 등이 포함됩니다.

다양한 추천 도구를 만들어 다른 사람에게 가장 잘 추천할 수 있는 사람에게 제공하세요. 제가 가장 좋아하는 몇 가지 예는 다음과 같습니다.

- 개인 서한을 우편으로 발송하고 레터헤드에 복사하기만 하면 되는 '추천서 제안서'를 동봉합니다.
- 이미 우표가 찍혀서 보낼 준비가 된 추천서 형식의 엽서 4장을 보냅니다.
- 명함을 보내주세요.
- 추천인에게 회사 로고가 있는 펜을 제공합니다.
- 잠재 고객 목록을 앞에 놓고 대상 목록에 있는 사람에게 도움을 줄 수 있는지 물어보세요.

추천하기 쉬우면 추천의 순간이 왔을 때 가장 먼저 선택받는 제공자가 될 수 있습니다.

후속 조치를 취하라

추천인이 계속 참여하고 동기를 부여하도록 하는 것은 항상 좋은 생각입니다. 추천인에게 연락을 취했을 때 알려주세요. 어떻게 진행되었는지 알려주세요. 그리고 추천인 중 한 명이 새로운 고객으로 전환되면 반드시 알려주세요.

추천인은 회사가 번창하기를 바라기 때문에 추천을 제공합니다. 추천인이 자신의 역할이 커진다고 생각할수록 더 많이 참여하게 될 것입니다. 추천인에게 의미 있고 진정성 있는 방식으로 감사를 표하세요.

서로 도와주며 동기를 부여하라

비즈니스를 창출할 수 있는 효과적인 방법을 찾았다면 추천인에게도 그 방법을 알려주세요. 추천을 요청하기 전에 그들이 원하는 것을 얻을 수 있도록 도와주면 추천이 줄을 이을 것입니다.

인디애나주 포트웨인에 있는 메이킹 메모리즈 포토 앤 비디오의 크리스 게이는 제빵사, 케이터링 업체, 꽃집, 웨딩숍, 피로연장, 네일숍, 미용실 등 신부가 반드시 쇼핑하는 모든 곳에서 사진 서비스를 마케팅합니다. 고객의 결혼식을 촬영할 때는 케이크, 꽃, 드레스, 피로연장, 헤어, 뷔페 테이블의 사진도 함께 촬영합니다.

그런 다음 그 가게의 서비스를 사용한 결혼식 사진을 예시로 들고 가게를 방문합니다. 그리고 그 가게에 자신의 로고와 웹 주소가 들어간 액자 확대판과 잠재 고객에게 서비스를 소개하는 데 사용할 수 있는 정보 바인더 사본을 제공합니다.

프로모션이 너무 성공적이어서 그녀는 가게에서 사진을 원하는지 물어볼 필요조차 없었습니다. 그녀가 액자 사진을 들고 나타나면 그들은 보통 그 자리에서 바로 액자를 걸 곳을 찾을 정도로 감탄합니다.

추천인에게 보상을 제공하라

추천인에게 인센티브와 보상을 제공하는 방법에는 여러 가지가 있습니다. 일부 업계에서는 이를 매우 엄격하게 규제하여 추천에 대한 어떠한 형태의 보상도 허용하지 않지만, 그렇지 않은 곳도 많습니다. 또한 직접적인 금전적 제안 외에도 다양한 형태의 보상이 있다는 점에 유의해야 합니다.

추천한 고객에게 더 낮은 가격을 제시할 수 있습니다. 선물로 감사를 표할 수 있습니다. 제품으로 보상을 하거나, 추천 감사 만찬에 초대할 수 있습니다. 온라인과 뉴스레터를 통해 회사에 대한 그들의 기여를 인정할 수 있습니다. 이들에게 다시 비즈니스를 추천할 수도 있습니다. 상상력을 발휘하세요.

진실의 순간을 찾아라

추천을 요청하기에 완벽한 시기는 없지만, 추천을 받을 수 있는 능력을 극대화할 수 있는 완벽한 기회를 제공하는 몇 가지 이정표 또는 '진실의 순간' 이벤트가 있습니다.

- 프로젝트를 잘 완료하고 고객이 얼마나 만족하는지 알려줄 때
- 고객 서비스 측면에서 기대 이상의 서비스를 제공했는데 고객이 방금 자신의 목숨을 구했거나 적어도 직장을 구했다고 말할 때(추천을 요청하기에 좋은 시기라고 생각되지 않나요?)
- 새 제품을 배송할 때
- 서비스의 일부로 검토 또는 점검 프로세스를 진행하는 동안

회사가 고객 및 추천인과 접촉하는 모든 사례를 목록으로 작성하고, 추천 마케팅 시스템의 일부 측면을 체계적으로 도입할 수 있는 자연스러운 기회를 찾아보세요.

세상에서 가장 간단한 추천 전략

고객 기반에서 추천을 생성하는 가장 쉬운 방법은 추천을 거래의 일부로 만드는 것입니다. 이 장의 서두에서도 언급했지만, 이제 이를 실현하기 위해 제가 실제로 사용하는 프로세스를 알려드리고자 합니다.

고객 관계를 시작할 때, 고객이 된 후 3개월 이내에 3명의 신규

고객을 추천하는 것이 거래의 일부라는 것을 각 고객이 이해하고 있기 때문에 전례 없는 가격으로 훌륭한 서비스를 제공한다고 간단히 설명하세요. 여기서 어떤 숫자를 사용하든 상관없으며, 실현 가능할 것 같은 숫자를 만들면 됩니다.

신규 고객을 만날 때 이 문구를 리드 전환 프로세스에 약간 변형하여 추가하면 됩니다.

"[저희가 약속한 결과]에 매우 만족하실 것 같아서 90일이 지나면 고객님처럼 이런 결과를 필요로 하는 다른 세 분을 식별하는 데 도움을 요청하고자 합니다."

이 전략은 매우 강력한 마케팅 메시지를 전달하므로 이를 제시하는 거의 모든 고객이 동의할 것입니다.

일부 비즈니스는 이 전략을 매우 효과적으로 사용해서 고객이 되는 유일한 방법이 추천을 통해서만 가능합니다. 이러한 비즈니스가 서비스에 프리미엄을 부과할 수 있다고 생각하시나요?

댈러스/포트워스 지역의 부동산 중개인인 잰 마이어스(Jan Myers)는 매번 매물을 판매할 때마다 잠재 고객에게 자신의 비즈니스는 추천에 의해 유지되며, 이러한 추천을 받기 위해 회사는 놀라운 서비스를 제공할 것이라고 말합니다. 이런 식으로 그녀는 잠재 고객에게 비즈니스를 구축하기 위해 추천을 요청하면 기꺼이 추천을 해줍니다. 그녀는 이제 자주 듣던 "당신들은 최고예요!"라는 말을 새로운 비즈니스로 전환하고 있습니다. 그들은 그녀가 추천을 요청할 것이라고 미리 말했기 때문에 그녀가 추천을 요청할 것으로 기대합니다.

추천에 대한 기대치를 설정하는 것에는 매우 강력한 힘이 있습니다. 약속에 동의하고 거래의 모든 측면이 충족되면 사람들은 약속을 지키는 데 아무런 문제가 없습니다. 특정 기대치를 바탕으로 고객과 관계를 맺은 후에 다시 찾아가서 추천을 요청하는 것은 훨씬 더 어렵습니다.

전략적 추천 파트너 모임을 만드는 방법

누구나 친구의 도움이 필요합니다. 크고 작은 비즈니스, 특히 지역 밀착형 비즈니스는 파트너 사고방식을 통해 큰 이점을 얻을 수 있습니다.

파트너링 사고방식이란 조직의 마케팅 믹스 중 상당 부분이 이상적인 고객 타깃을 가진 비즈니스 파트너를 찾고 활성화하는 것과 관련된다는 비즈니스 관점을 말합니다. 하지만 완전한 형태의 이러한 사고는 단순히 서로 비즈니스를 소개하는 것 이상의 큰 관점을 취한다는 점을 이해해야 합니다.

토털 로컬 파트너 마인드는 제품 및 서비스 제공에서 시작하여 전체 팀의 노력으로 추천을 끌어내고 제공하는 것까지 이어지는 접근 방식입니다. 효과적인 프로그램을 만드는 데는 여러 가지 구성 요소가 있습니다.

모집과 소개

첫 번째 단계는 팀을 모집하고 이들에게 프로그램과 비즈니스를 소개하는 것입니다. 좋은 팀원을 찾는 가장 좋은 방법 중 하나는 현재 고객에게 구매하고 싶은 다른 비즈니스의 이름을 말해달라고 요청하는 것입니다. 아무나 파트너로 삼아서는 안 되며, 파트너는 자신 있게 비즈니스를 추천할 수 있는 사람이어야 합니다.

그런 다음, 계획을 요약하고 고객에게 비즈니스를 소개할 수 있는 가장 좋은 방법을 알려달라고 요청하는 편지를 보내면 일반적으로 고객의 관심을 끌 수 있습니다.

콘텐츠 만들기

파트너를 뉴스레터에 기고하거나 팟캐스트 또는 블로그에 게스트로 참여하도록 초대하세요. 콘텐츠를 통해 파트너에게 노출 기회를 제공하면 파트너도 노출되고 여러분도 노출됩니다. 한 단계 더 나아가 모든 파트너에게 최적화된 그룹 블로그를 만드는 것도 고려해 보세요.

화상 인터뷰 하기

파트너와 미팅 시간을 정하고 이 기회를 활용하여 소개 동영상을 녹화하여 웹사이트에 게재할 콘텐츠를 확보하고 전 세계에 파트너에 대해 알리세요. 이렇게 하면 진심을 보여줄 수 있습니다.

특별 혜택 제공하기

파트너가 제품이나 서비스를 제공하도록 유도하여 여러분 회사의 제품을 향상시키는 데 활용할 수 있도록 하세요. 로고를 구매할 때마다 무료 명함을 제공하거나, 저녁 식사 예약 시 무료 꽃을 제공하거나, 마케팅에서 무료 티켓을 제공하거나, 배관 공사를 받을 때 무료 HVAC 점검을 제공하세요. 이는 마케팅 대상에 실질적인 매력을 더하면서 파트너를 홍보할 수 있는 좋은 방법입니다. 여기서 실질적인 인지 가치를 창출해야 합니다.

추천하기

의식적으로 파트너에게 비즈니스를 추천하는 습관을 길러야 합니다. 사람들의 요청을 기다리지 말고 월요일 일과로 추천을 하세요. 이렇게 하면 많은 훌륭한 제공업체가 파트너로 삼고 싶어하는 사람이 될 수 있을 뿐만 아니라, 고객이 삶의 모든 측면에서 필요한 것을 얻을 수 있도록 지속적으로 지원함으로써 고객에 대한 가치를 높일 수 있습니다.

평가와 리뷰

가능하다면 모든 파트너의 고객이 되세요. 이렇게 하면 (사용자로서) 훨씬 더 확실한 추천인이 될 수 있으며, 진정으로 훌륭한 경험을 테스트하고 필터링할 수 있습니다. 옐프 등 온라인 리뷰 사이트에 적극적으로 리뷰와 평점을 작성하여 후속 조치를 취하세요.

이벤트 만들기

파트너를 한자리에 모아 네트워크를 형성하고 더 깊은 참여를 유도할 수 있는 방법을 찾아보세요. 각 파트너가 네트워크의 모든 사람을 교육하도록, 워크숍을 만들어 파트너의 고객을 대상으로 진행하도록 제안하세요. 파트너가 유용한 정보를 제공할 수 있는 주제로 하루를 정하고 모두가 이벤트를 홍보하도록 하세요.

약간의 창의력만 있다면 어떤 조직이든 파트너 네트워크의 놀라운 힘을 활용하여 실질적인 리드와 고객을 창출할 수 있습니다.

부가가치 주고받기

제품이나 서비스에 가치를 더하거나 서둘러 신규 고객을 확보할 수 있는 강력한 방법을 원하시나요? 가치를 높이세요. 여러분의 타깃 시장에 서비스를 제공하는 업체를 찾아서, 여러분이 판매하는 제품을 보완하거나 최소한 타깃 시장이 관심을 가질 만한 무료 제품이나 서비스를 제공하는 데 동의하도록 유도하세요. 제품의 평가판일 수도 있습니다.

여러분이 그래픽 디자이너라고 가정해 봅시다. 새로운 로고 디자인이 들어간 무료 명함 500장을 광고하면 신규 고객을 확보할 수 있을까요? 저를 믿으세요. 여러분과 협력하고 싶어하는 괜찮은 인쇄소가 많이 있습니다.

명함 500장을 인쇄하는 데 드는 비용은 약 15달러입니다. 현명한 인쇄소 사업자라면 신규 고객을 확보하기 위해 지불할 수 있는 공정한 가격이라는 것을 이해할 것입니다.

신규 고객 확보

시장에 서비스를 제공하는 비즈니스에 서비스를 제공하겠다고 제안하고 즉시 새로운 비즈니스에 소개될 수 있도록 준비하세요. 여러분이 마케팅 컨설턴트라고 가정해 봅시다. 지역의 소규모 회계 법인에 가서 새로운 1인 기업 고객 각각에 대한 1인 기업 마케팅 감사를 무료로 완료하겠다고 제안합니다. 꽤 매력적인 제안입니다.

이 제안을 정말 공격적으로 받아들인다면 제품이나 서비스를 중심으로 얼마나 많은 가치를 창출할 수 있을지 상상해 보세요. 이 전략만으로도 잠재 고객이 쇼핑을 떠날 때 가장 먼저 눈에 띄는 선택지가 될 수 있습니다.

핵심적인 추천 제안 5가지

추천 마케팅 활동은 추천을 생성하는 몇 가지 창의적인 방법을 활용하여 특정 제안과 프로모션을 통해 효과를 얻을 수 있습니다. 다음은 몇 가지 대표적인 추천 제안입니다. 이 중 하나 또는 모두를 추천 마케팅에 적용할 수 있는 방법을 생각해 보세요. 신규 고객을 위한 '기대 전략'을 마련하는 것이 현명한 경우가 많지만, 다음 중 하나를 도입하면 과거 고객이나 전략적 파트너의 관심과 참여도 이끌어낼 수 있습니다. 또한 다섯 가지 제안을 바꾸어가며 실행하고, 가장 효과가 좋은 제안을 찾을 수도 있습니다.

1. "특별 할인 가격에 드립니다"

기존 고객의 추천을 받고자 하는 경우, 일정 금액의 신규 비즈니스를 추천하는 고객에게 특별 가격을 제공할 수 있습니다. 그런 다음 신규 고객이 제품이나 서비스의 가격을 문의할 때 "정가를 원하시나요, 아니면 특별 추천 가격을 원하시나요?"라고 물어볼 수 있습니다. 이렇게 하면 재거래를 장려하고 그 자리에서 바로 추천할 수 있는 강력한 인센티브를 제공할 수 있습니다.

2. "추천해주시면 드리겠습니다"

타깃 시장에 영향력이 있는 추천인을 타기팅할 수 있다면 제품이나 서비스에 대한 보증, 추천사 또는 다음 협회 연사 패널의 자리를 대가로 체험 서비스나 제품을 제공할 수 있습니다.

타기팅하고자 하는 무역 그룹 및 조직의 리더를 찾아 서비스를 제공하거나 제품을 무료로 사용해 볼 수 있도록 제안하세요. 그들이 여러분의 제품이나 서비스가 마음에 들면 해당 단체의 회원들에게 여러분의 제안을 홍보하는 편지를 보내겠다는 데 동의하도록 하세요. 그런 다음 편지를 작성하세요.

3. "가치 있는 일에 함께합니다"

추천을 통해 얻은 비즈니스의 일정 비율을 비영리 기관에 기부하세요. 가치 있는 대의를 돕겠다고 제안함으로써 추천을 늘리는 동시에 커뮤니티에서 평판도 좋아집니다.

이 추천 전략에는 다양한 변형이 있습니다. 추천인 이름으로 지정된 자선 단체에 기부할 수 있습니다. 또 추천인이 원하는 자선 단체를 지정하도록 허용할 수 있습니다. 비영리 단체에서 사용하거나 구매하는 제품이나 서비스가 있는 경우 이를 기부할 수 있습니다.

이 전략의 숨겨진 힘 중 하나는 비영리 기관이 강력한 추천 파트너가 될 수 있다는 것입니다. 비영리 기관이 고객 추천을 통해 이익을 얻는다면 추천을 제공할 동기가 높아질 수 있습니다. 많은 경우 비영리 기관에는 추천 마케팅 프로그램을 통해 비영리 기관에 자금을 제공하는 기업과 기꺼이 거래할 충성도 높은 기부자, 이사회 구성원, 커뮤니티 활동가 및 자원봉사자가 있습니다.

4. "상품권을 드립니다"

상품권을 사용하는 것이 진정한 추천 마케팅 전략은 아니지만 추천을 생성하는 좋은 방법이 될 수 있습니다. 이에 적합한 제품이나 서비스가 있는 경우 고객이나 추천인에게 추천 도구로 사용할 수 있는 상품권을 제공할 수 있습니다. 이 아이디어는 고객이 상품권을 받으면 좋아할 것 같은 사람에게 상품권을 주는 것입니다. 대부분의 경우 이러한 수신자는 신규 고객이 될 것입니다.

컨설턴트가 한 시간 평가에 대한 인증서를 제공할 수도 있습니다. 평가의 가치는 구매 시 150달러일 수 있습니다. 인증서가 이 가치를 전달하는 것이 중요합니다. 제공하는 것이 높은 인지 가치를 가지고 있는지 확인하세요. 배관공은 각 정류장에서 무료 서비스 이용권을 제공하고 고객에게 이웃에게 나눠달라고 요청할 수 있습니다.

5. "추천하시면 100% 환불해드립니다"

이 전략은 매우 강력한 추천 전략일 뿐만 아니라 차별화의 핵심 포인트가 될 수 있을 정도로 강력한 제안을 제시하기 때문에 제가 아주 좋아하는 방법입니다. 다시 말해, 판매 메시지가 너무 강력해서 유명해집니다.

고객이 구매를 하거나, 유사한 구매를 하는 다른 5명을 추천하기만 하면 특정 구매에 대해 100% 환불을 해줍니다(여러분의 사업에 맞는 수치를 직접 계산해보세요).

1. 고객 유치에 도움이 됩니다. 사람들은 구매하는 데 지불한 돈을 모두 돌려받는 게임으로 인식합니다. 다른 사람을 추천할 때마다 20%(최대 100%)를 환불받을 수 있도록 판매 옵션을 짜보세요. 이렇게 하면 추천인이 계속 점수를 쌓을 수 있습니다. 구매에 기간 제한을 두는 것도 좋습니다.

2. 이 전략에는 바이럴 요소가 있습니다. 100% 환불을 받을 수 있다면 누구나 이에 대해 이야기할 것입니다.

3. 마지막으로, 이 환불 전략을 받아들인 고객은 모두 게임의 법칙을 잘 이해하며 기꺼이 구매 고객이 될 준비가 되어 있습니다. 게임에 참여하는 고객이 5×5×5×5와 같이 늘어날 겁니다. 직접 계산해보세요!

세 번째 항목을 다시 읽어보세요. 이것은 거의 모든 추천 마케팅 전략에 해당됩니다. 이것이 바로 추천 마케팅이 강력한 이유 중 하나입니다.

여러 형태의 추천 전략

이쯤 되면 추천 시스템이 얼마나 강력한 힘을 발휘할 수 있는지 깨달았을 것입니다. 추천을 생성하는 것이 마음속에 자리 잡으면, 추천을 생성하는 방법으로 과거에 사용했던 거의 모든 마케팅 전략을 검토할 것입니다. 고객 및 추천인과 파트너십을 맺어 모두가 많은 추천을 생성할 수 있는 추천 전략에는 다음 3가지가 있습니다.

마케팅 자료 배포하기

타깃 시장에 서비스를 제공하는 회사와 파트너십을 맺으세요. 그 업체에게 사업장, 웹사이트, 청구서 등에 여러분 회사나 제품에 대한 정보를 표기해달라고 요청하세요. 예를 들어, 전기 계약업체가 전화를 받을 때 고객에게 다음 배관 수리 전화 시 10달러 할인 쿠폰을 제공합니다. 고객이 추천한 배관 시공업체는 역으로 고객에게 전화를 걸 때 같은 방식으로 쿠폰을 제공합니다.

뉴저지 분턴에서 소매점을 운영하는 앨런 슈미트는 동료 소매업체 및 서비스업체에 연락하여 각자의 관심사를 홍보하기 위해 협력할 것을 제안하여 지역 소매업체들과 함께 '쿠폰 특별' 협동조합을 만들었습니다. 각 참여자는 고객이 매장을 방문하기만 해도 구매를 유도하거나 '조건 없는' 무료 선물을 받을 수 있도록 특별히 고안된 특가 쿠폰을 제공합니다.

각 고객은 쿠폰에 이름, 주소, 이메일 주소를 기입해야 특별 혜택을 받을 수 있습니다. 이렇게 하면 나중에 마케팅 자료로 쓸 수 있는 메일링 리스트도 얻게 됩니다. 각 쿠폰은 판매 출처를 알 수 있도록 코딩되어 있으며, 판매자에게는 미리 정한 수수료가 지급됩니다. 이는 판매자가 동료의 쿠폰을 계속 전달하도록 촉진하는 인센티브가 됩니다.

추천서 보내기

추천인에게 고객이나 네트워크에 추천서를 보내달라고 요청하는 것은 우수한 리드와 추천을 생성하는 또 다른 방법입니다.

데이터베이스에 1만 명 이상의 연락처 또는 고객을 보유한 다른 사업체와 거래를 맺는다고 상상해 보세요. 이 사업체는 고객 목록이 여러분의 제품이나 서비스를 실제로 사용할 수 있다는 것을 알고 있으므로 메일링에서 발생한 모든 매출의 일정 비율에 대한 대가로 목록에 편지를 발송하는 데 동의합니다. 이러한 유형의 보증 또는 합작 투자 전략은 모든 형태의 마케팅에서 가능한 가장 빠른 신규 매출 증가를 가져올 수 있습니다.

이 제안을 통해 발생한 수익의 상당 부분을 제공해야 하는 경우에도 이러한 신규 고객과의 장기적인 가능성을 통해 이익을 얻을 수 있습니다(더 많은 제품과 서비스를 판매할 수 있다는 점을 기억하세요). 이러한 유형의 추천은 또한 시장에서의 신뢰도를 크게 높일 수 있습니다. 특정 업계에서 잘 알려진 리더가 공개적으로 여러분을 기꺼이 추천한다면, 같은 업계의 다른 사람들도 여러분을 알아가야 한다는 신호로 받아들일 것입니다.

먼저 주고 나중에 받기

인생의 많은 것들이 그렇듯이, 원하는 것을 얻는 가장 좋은 방법은 주는 것입니다. 이는 추천에서도 마찬가지입니다. 다른 사람을 추천하는 습관을 들이면 반드시 추천이 돌아옵니다. 고객에게 도움을 줄 수 있는 공급업체 및 전문가 네트워크를 직접 구축하는 것은 고객에게도 자신을 더 가치 있게 만드는 좋은 방법입니다.

다른 업체와 잠재적인 전략적 파트너십을 시작하는 방법은 먼저 해당 업체의 고객이 되는 것입니다. 그 업체의 제품이나 서비스를 구매하고 후기를 보낸 다음 사업자에게 연락하세요. 양질의 파트너십을 모색할 때 이 작은 투자가 얼마나 큰 성과를 가져다주는지 알면 놀랄 것입니다.

묻지 않고 추천을 생성하는 방법

어떤 경우에는 비즈니스가 고객에게 직접 요청하지 않고도 많은 추천을 생성할 수 있습니다. 재택 또는 사무실 서비스 업체는 기술자를 파견하여 작업을 수행합니다. 이러한 경우 고객으로부터 직접 추천을 받기는 어려울 수 있지만, 현명한 사업자는 묵시적 추천이라고 하는 방법을 활용할 수 있습니다.

묵시적 추천은 잠재 고객에게 자신이 아는 사람이 여러분 회사의 고객이거나 회사의 서비스를 사용하여 겪고 있는 문제를 해결하고 있다는 사실을 알리는 것입니다. 예를 들어, 전기 계약업체가 한 동네에 서비스 전화를 걸러 나가서 10~12개 이웃 집의 문고리에 작은 안내문을 걸어 놓는다고 가정해 보겠습니다. 기술자가 "822번지에 있는 존슨 부부의 집을 수리했는데, 다음번 전기 서비스가 필요할 때 사용할 수 있는 10달러 쿠폰을 드리고 싶었습니다"라고 덧붙여놓는다면 강력한 반전이 됩니다.

다른 예가 있습니다. 컴퓨터 및 네트워크 수리 회사인 바워스 테크놀로지는 서비스 요청을 위해 사무실 건물에 들어가서 층에 있는 모든 회사에 메모를 남깁니다. 이때도 현재 작업 중인 회사를 언급하고 해당 회사의 이름으로 된 카드를 남깁니다.

이 전략은 개인화되어 있기 때문에 강력합니다. 고객이 실제로 전통적인 추천을 하지 않았더라도 건물이나 이웃의 다른 사람이 여러분의 서비스를 이용했다는 의미는 마케팅 노력에 신뢰성을 부여합니다. 이미 일을 하고 있는 집주인이나 사업체가 여러분의 작업에 만족해야 한다는 것은 말할 필요도 없습니다.

묵시적 추천 활동에 사용할 다양한 유형의 안내문과 카드를 인쇄할 수 있지만, 시간을 내어 고객 또는 프로젝트 이름으로 맞춤화하는 것이 얼마나 중요한지 아무리 강조해도 지나치지 않습니다. 이 단계가 없으면 단순히 전단지를 뿌리는 것에 불과합니다.

"먼지를 일으켜서 죄송합니다"

제가 좋아하는 전략 예시는 리모델링 업체에서 나온 것입니다. 리모델링 업체의 여성 대표는 공사를 시작할 때 작업하는 집의 주변에 있는 집들에 각각 편지를 보냅니다. "먼지를 일으켜서 죄송합니다"라는 제목을 적고, 회사 소개와 함께, 소음이나 쓰레기 등 문제가 생기면 언제든 전화해달라고 당부하는 내용이 담겨 있습니다.

가끔 불만 사항이 접수되면 그녀는 즉시 처리합니다. 하지만 무엇보다도 그녀는 고객뿐만 아니라 이웃 주민들로부터 감사의 인사를 받습니다. 그리고 그녀는 간단한 편지 한 통으로 많은 추천 사업을 얻습니다.

집주인에게 진행 상황을 알려주거나 완성된 작업의 사진을 보여주는 편지를 여러 번 보낼 수 있습니다.

네트워킹

네트워킹 이벤트는 새로운 잠재 고객을 만날 수 있는 방법일 뿐만 아니라 한번에 추천인을 많이 확보하는 데 이상적입니다. 많은 사람이 명함을 나눠주고 잠재적인 신규 고객에게 자신을 소개하기 위해 네트워킹 이벤트에 참석합니다. 이 점을 활용하여 다른 참석자들을 초대하여 그들이 하는 일을 소개하세요. 이 사람들이 고객에게 어떤 도움을 줄 수 있는지 메모해 두세요. 추천을 많이 하면 더 많은 추천을 받을 수 있다는 황금 추천 법칙을 기억하세요. 이러한 방식으로 네트워킹 이벤트를 보고 활용하면 훨씬 더 생산적이라는 것을 알게 될 것입니다. 여러분은 영업 사원이 아니라 구매자가 되는 셈이고, 사람들이 여러분이 누구인지 알아내기 위해 몰려들 것입니다.

유명인과 네트워크 만들기

노출, 책 홍보, 소개, 멘토 찾기, 트래픽 생성 또는 제품 출시를 위한 가장 빠른 방법 중 하나는 이미 이러한 모든 것을 갖춘 사람의 지지를 얻는 것입니다.

종종 잊어버리는 팁이 있습니다. 업계에서 유명한 작가나 다른 유명인들도 처음에는 평범한 사람이었습니다. 그게 요점입니다. 그런 식으로 접근하면 프로젝트나 조직이 매우 호의적인 지지를 얻을 수 있습니다. 마음에 들었던 책을 읽었다면 저자에게 편지를 써서 그렇게 말하세요(요즘은 거의 모든 저자가 블로그를 운영하고 있습니다).

어떤 제품이 마음에 들었다면 조직 내 누군가의 이름을 적고 사용 후기를 제공하세요. 잡지에서 특히 잘 쓰인 기사를 발견하면 해당 주제에 대해 댓글을 달아 주세요. 올바른 방식으로 접근하면 멘토, 연락처 및 충성 고객으로 구성된 매우 강력하고 주목할 만한 네트워크를 구축할 수 있습니다. 먼저 묻기 전에 베풀어주세요. 작가의 개인 이메일 주소를 노리는 스토커가 아니라는 것을 증명하면 훨씬 더 멀리 나아갈 수 있습니다. 작가의 책을 구매하거나, 블로그에 링크하거나, 작가에게 작품과 관련된 기사나 리소스를 보내세요. 관계를 구축하거나 최소한 레이더망에 오르세요. 단순히 제품을 추천해 달라는 이메일을 보내지 마세요.

몇 가지 팁이 더 있습니다. 대담하되 현실적이고 예의 바르게 행동하세요. 돈을 벌기 전에 한두 번은 "죄송합니다만, 지금은 통화할 수 없습니다"라는 말을 들어야 할 수도 있습니다.

제가 가장 좋아하는 답변은 이렇습니다. 예전에 제가 진행하던 라디오 쇼에서 한 유명 작가에게 인터뷰를 요청했습니다. 저는 편할 때 언제든 인터뷰를 할 수 있다고 제안했습니다. 그 작가의 대답은 간단명료했습니다. "죄송합니다. 시간이 없을 것 같습니다."

친절하고 성실한 태도로 임한다면, 유명인의 기분이 좋을 때 그 유명인이 여러분을 기억해낼 수 있을 것입니다. 무엇보다도 창의력을 발휘하세요. 매우 구체적인 것을 제안하고, 잠재적인 대어에게 도움이 될 만한 것을 제안하기 위해 최선을 다하세요.

네트워크에 포함시키고 싶은 사람들의 목록을 작성하고 연락할 계획을 세우세요. 최악의 상황은 무엇일까요?

온라인 추천 네트워크

최근 몇 년 동안 온라인 사용자가 다른 비즈니스 전문가와 네트워크를 형성하고 잠재적인 지원과 추천을 생성할 수 있는 새로운 유형의 네트워킹 커뮤니티가 등장했습니다. 이러한 네트워크를 통해 회원들은 최소한 같은 생각을 가진 전문가들을 만날 수 있습니다. 가장 큰 비즈니스 관련 소셜 네트워크는 링크드인입니다. 링크드인에서는 자신의 전문 지식에 대한 프로필을 작성한 다음 다른 회원의 프로필을 기반으로 인맥을 확장하기 위해 다른 회원과 네트워크를 형성할 수 있습니다.

온라인에서 추천인 발굴하기

조지아주 애틀랜타에 있는 홀너 프로모션의 존 홀너는 온라인에서 잠재적 추천인과 조인트 벤처(JV) 파트너를 찾는 가장 좋은 방법 중 하나가 검색 엔진과 기타 사이트에서 제공하는 고급 인터넷 조사 기법이라는 것을 발견했습니다. 그는 구글에서 검색할 때 '유사 페이지' 링크(또는 관련 검색어 목록)를 사용합니다. 이 방법을 통해 한 고객 또는 JV 파트너를 찾으면 보통 다른 파트너로 연결됩니다.

또한 구글 검색에서 도메인 이름 앞에 "링크:" 명령을 사용하여 잠재적인 합작 파트너 또는 고객과 연결된 사이트를 조사합니다 (링크: www.ducttapemarketing.com). 그러면 비슷한 사람들을 찾을 수 있는 잠재적 디렉토리가 표시됩니다. 또한 합작 파트너가 제공하는 서비스에 관심이 있는 다른 사람들을 나열할 수도 있습니다.

지역 연락처를 찾고 있다면 지역 번호 또는 우편 번호(예: 마케팅 교육 64105)와 함께 키워드를 사용하여 검색 범위를 빠르게 좁힐 수 있습니다. 단어 목록이나 디렉토리를 포함하면 검색 결과를 높일 수도 있습니다.

워크숍과 스피치 활용하기

워크숍에서 추천인 만들기

워크숍은 전문 지식을 전파하고 타깃 시장과 신뢰를 쌓을 수 있는 좋은 방법이지만, 최고의 추천 도구 중 하나이기도 합니다. 무역 그룹, 고객 또는 관련 비즈니스가 여러분을 초청 전문가로 초청하는 워크숍을 후원하도록 설득할 수 있다면 후원자의 지지를 효과적으로 확보한 것입니다. 후원 은행이나 상공회의소가 이벤트를 홍보할 때, 그들은 기본적으로 여러분이 들을 만한 가치가 있고 여러분을 신뢰한다는 것을 의미합니다.

워크숍이 강력한 추천 도구인 둘째 이유는 전체 잠재 고객 그룹에게 동시에 특정 전문 지식을 발표할 수 있다는 것입니다. 그리고 프레젠테이션은 여러분이 담당합니다. 이러한 유형의 마케팅 전략을 올바르게 수행하면 조율된 영업 전화로 간주할 수 있습니다.

물론 직접 워크숍을 준비할 수도 있지만, '호스팅된 워크숍' 접근 방식을 취하면 스피치를 통한 마케팅이 훨씬 더 효과적이고 비용도 훨씬 적게 든다는 사실을 발견했습니다. 덕테이프 마케팅에서 워크숍을 추천 수단으로 활용하면 워크숍을 홍보하는 위험을 호스트 그룹으로 옮길 수 있습니다.

타깃 시장에 서비스를 제공하는 기업 및 그룹에 연락하여 고객이나 회원에게 도움이 될 무료 워크숍을 개최하겠다고 제안함으로써 워크숍 마케팅 전략을 시작할 수 있습니다. 이 주제가 왜 좋은지 설명하되, 점심 및 저녁 이벤트에 연사를 필요로 하는 그룹이 많다는 점도 이해하세요. 이러한 이벤트에 익숙해지고 자신의 이름을 알리려면 몇 번의 이벤트가 필요할 수 있습니다. 주제에 맞는 연설 기회라면 어떤 것이라도 잡으세요.

저는 한 행사에서 연설할 때마다 다른 행사에서 연설해 달라는 초대를 여러 번 받았습니다. 제가 세계 최고의 연사라는 것이 아니라 좋은 정보를 제공할 수 있는 연사가 필요하다는 것입니다. 결국 이벤트의 잠재적 청중을 분석하여 이상적인 고객과 일치하는지 확인하는 것이 좋습니다.

물론 참석자들에게 가치 있는 정보를 제공할 수 있어야 합니다. 언제든 회사와 회사가 하는 일을 소개할 수 있지만, 먼저 유용하고 좋은 정보를 제공해야 합니다. 광고에 관한 장에서 말씀드린 무료 보고서로 돌아가 보겠습니다. 타깃 고객이 유용하다고 생각하는 백서를 만들 수 있다면 해당 주제를 하나 이상의 미니 워크숍으로 쉽게 전환할 수 있습니다.

예를 들어 한 페인트 도급업체가 대형 종합 건설업체에 연락하여 건축가에게 더 나은 페인트 사양과 표준을 작성하는 방법을 가르치는 세미나를 제안합니다. 종합 건설업체는 더 나은 교육을 받은 건축가를 확보하고, 페인트 업체는 업계 리더로 인정받게 됩니다.

이러한 행사에 참석할 때마다 메모를 위한 자료와 회사와 제품 및 서비스에 대한 간단한 정보를 준비해 두는 것이 좋습니다. 대부분의 조직은 이러한 이벤트에서 약간의 자기 홍보를 할 수 있도록 기꺼이 허용합니다.

매사추세츠주 애빙턴에 있는 마케팅 회사의 조 코스탄티노는 컨설팅 비즈니스를 구축하는 데 가장 효과적인 전략은 연설이라고 주장합니다. 처음 마케팅 컨설팅 업무를 시작했을 때 그는 지역 상공회의소에 가입하고 곧바로 몇 가지 위원회에서 자원봉사를 시작했습니다. 어느 정도 자리를 잡자 그는 다른 사업주들에게 무료로 마케팅 세미나를 해주었습니다. 매번 프레젠테이션이 끝나면 그는 참석자들에게 거절하기 어려운 제안을 했는데, 바로 아무런 조건 없이 무료 비즈니스 상담(45분 분량)을 제공한다는 것이었습니다. 그는 첫 무료 프레젠테이션을 진행한 뒤 2~3개월 만에 4~5명의 유료 고객을 확보했습니다.

윈-윈-윈

제가 가장 좋아하는 파트너십 워크숍 전략 중 하나는 동일한 타깃을 대상으로 마케팅하는 두 비즈니스에 접근하여 고객에게 도움이 될 세미나를 제공하겠다고 제안하는 것입니다. 이 전략이 특별한 이유는 은행과 회계법인이라는 두 개의 다른 비즈니스를 포함함으로써 제안의 가치를 크게 높일 수 있다는 점입니다.

회계법인과 은행 모두 고객에게 가치 있는 서비스를 제공할 수 있을 뿐만 아니라 그 과정에서 잠재 고객도 만날 수 있습니다.

두 파트너가 실제로 자리를 채우기 위해 경쟁할 수도 있으며, 참석자 모두가 새로운 추천인이 될 수 있습니다.

마케팅 도구 팁으로서의 워크숍

전부는 아니더라도 대부분의 연설 참여는 무보수 이벤트이므로 전문가로 인정받고, 유용한 정보를 제공하며, 우수한 잠재 고객을 창출하는 등 각 이벤트의 주요 목표에 집중하는 것이 중요합니다. 각 이벤트에서 가능한 한 많은 참석자의 이름과 연락처 정보를 남기는 것이 절대적으로 중요합니다(이는 웹사이트를 방문하는 잠재 고객을 확보하는 것과 같습니다). 대부분의 그룹은 '무료' 연사에게 지불하는 대가가 어느 정도의 마케팅이라는 것을 이해할 것입니다. 강연 이벤트를 마케팅 이벤트로 전환하는 가장 좋은 방법은 2단계 전략에 기반한 리드 캡처 시스템을 개발하는 것입니다. 강연이 끝날 때, 회의실 뒤쪽에 놓아둔 그릇에 명함을 넣는 참석자에게 유용한 정보 제품을 제공하세요. 대부분의 그룹이 연단에서 강매를 하는 발표자를 불편해한다는 점을 염두에 둔다면 매력적인 제안을 만드는 방법에는 여러 가지가 있습니다.

강연을 위한 파워포인트 프레젠테이션을 만든 경우, 참석자가 연락처 정보를 제공하면 사본을 보내겠다고 제안하세요.

호주 남부 모펫빌에 위치한 이너 서던 BEC(비즈니스 엔터프라이즈 센터)의 앨런 아메즈드로즈는 파워포인트 슬라이드 쇼를 사용하지 않고 프레젠테이션을 하면 훨씬 더 효과적이라는 것을 알게 되었습니다. 그는 자석 화이트보드를 사용합니다.

그는 다양한 색상을 사용하여 회사에서 제공하는 제품의 이름을 크게 적고 라미네이팅한 다음 각각 뒷면에 자석 스트립을 부착했습니다. 그는 자석 화이트보드에 각 항목을 던지면서 설명합니다. 그는 이 방법이 훨씬 더 효과적이고 시각적이며 역동적이라는 것을 알게 되었습니다.

대부분의 그룹은 귀중한 콘텐츠에 대한 마무리로 제품과 서비스를 소개하는 데 아무런 문제가 없을 것입니다. 판매할 실제 정보 제품이 있는 경우 관심 있는 참가자에게 이를 제공할 수도 있습니다. 실제로 일부 그룹은 참가자들이 프레젠테이션과 관련된 책이나 CD를 가지고 돌아가는 것을 좋아한다는 사실을 알게 되었습니다.

마케팅 이벤트의 핵심은 주최자와 정확히 무엇을 하려는 것인지에 대한 동의를 얻는 것입니다. 가치 있는 메시지를 전달하는 연사라는 평판이 널리 퍼지면 수수료를 받고 마케팅 및 홍보 전략에 대해 협상을 시작할 수 있습니다. 일부 그룹은 요청하면 실제로 등록한 참석자 목록을 제공하기도 합니다. 마지막으로, 저는 한 페이지 분량의 추천사 작성인 목록을 얻기를 좋아합니다. 프레젠테이션이 끝날 때 참가자에게 아주 간단한 설문조사를 완료하도록 요청하면 프레젠테이션을 개선하는 데 도움이 됩니다. 설문조사를 완료하는 대가로 무료 정보 제품을 제공할 수 있습니다.

설문조사 문항을 올바르게 작성하고 좋은 정보를 제공했다면, 향후 발표 이벤트 홍보 시 평가로 활용할 수 있는 댓글을 받게 됩니다.

마케팅 발표시 고려 사항

- 예상 참석자에 대해 가능한 한 많이 알아보세요.
- 청중에 맞게 프레젠테이션 내용을 조정합니다.
- 연락처 정보가 포함된 간단한 한 페이지 분량의 메모용 유인물을 준비합니다.
- 연락처 정보와 교환하여 제공할 정보 상품을 준비합니다.
- 후기 피드백 페이지를 만듭니다.
- 이벤트 후 1주일 이내에 참가자에게 후속 조치를 취합니다.

탁월한 발표자가 되는 방법

말하기, 즉 아이디어를 효과적으로 발표하는 것은 청중이 2명이든 2,000명이든 필수적인 비즈니스 기술입니다. 저는 기업이 회사의 고유한 관점이나 스토리를 공유하기 위해 일상적으로 하는 한두 가지 핵심 프레젠테이션이 있어야 한다고 주장합니다. 1인 기업 소유자는 온라인 및 오프라인 세미나 형식으로 정보를 제공하는 것을 중요한 리드 생성 및 전환 전략으로 생각해야 합니다.

많은 사람이 여러 사람 앞에서 발표하는 일을 힘들어합니다. 유일한 치료법은 그냥 일어나서 발표하는 것입니다. 세상에는 영원히 힘든 일은 없는 법입니다. 그래도, 효과적인 발표자가 되고자 하는 모든 분께 드리고 싶은 조언이 세 가지 있습니다. 저에게 '효과적'이라는 것은 청중이 여러분 의도대로 행동하도록 요점을 잘 전달하는 것을 뜻합니다.

발표 주제에 열정을 가지자

효과적인 발표자가 청중에게 전달하는 가장 중요한 요소 중 하나는 열정입니다. 열정은 사람들이 강의를 듣고 가치 있는 것을 얻도록 돕는 것일 수도 있고, 주제 자체에 대한 것일 수도 있습니다. 열정을 가짜로 만들 수는 없지만, 열정이 있으면 말하기의 세련미와 상관없이 메시지가 더 명확하게 전달되는 경우가 많습니다.

주제나 정보의 목적에 대해 타고난 열정이 있다면 주저하지 말고 사람들이 그 열정에 끌리도록 하세요. 그러나 유용하지만 상상력을 자극하지 않는 정보를 발표해야 하는 경우, 프레젠테이션에 열정을 불어넣는 것이 중요합니다. 네트워크 보안에 대해 이야기해야 하지만 여러분이 정말 좋아하는 것은 게임, 음악 또는 야구라고 가정해 봅시다. 자신이 열정을 가지고 있는 주제를 프레젠테이션에 녹여낼 방법을 찾으면 훨씬 더 매력적인 발표자가 될 수 있습니다.

TED 연사를 벤치마킹하기

TED(www.ted.com)는 '알릴 가치가 있는 아이디어'를 모토로 강연회를 개최하는 소규모 비영리 단체입니다. 1984년 기술, 엔터테인먼트, 디자인 등 세 가지 분야의 사람들이 모이는 컨퍼런스로 시작되었습니다. 지금은 전 세계적인 현상으로 성장했으며 더 나은 연설자가 되는 방법을 배울 수 있는 최고의 강의실입니다.

TED 연사는 흥미롭고 큰 아이디어에 대한 열정이 있기 때문에 선택됩니다. 이 형식은 18분 이내에 아이디어를 발표해야 하며, 대부분 슬라이드나 미디어를 거의 사용하지 않습니다. 모든 TED 강연은 녹화되어 웹사이트에 보관됩니다. 발표 잘하는 법을 배우고 영감도 얻을 수 있는 엄청난 자료가 있으니 이곳을 강의실로 활용하세요(ted.com/talks/dan_pink_the_puzzle_of_motivation에서 동기부여의 놀라운 과학을 말하는 대니얼 핑크(Dan Pink)의 강연부터 들어보세요).

익숙해질 때까지 연습하기

NBA의 위대한 스타였던 래리 버드는 슈퍼스타가 된 후에도 매일 100개의 자유투를 던졌다고 합니다. 그는 또한 해마다 자유투 성공률에서 상위권에 있었습니다. 더 나은 발표자가 되려면 연습을 해야 합니다.

거울 앞에서 프레젠테이션을 검토하는 데 많은 시간을 할애할 수도 있지만, 즉흥 훈련을 해보는 것도 좋습니다.

가까운 곳에 있는 토스트마스터(Toastmasters, 대중연설과 리더십 증진을 목적으로 결성된 비영리 교육기관) 모임을 찾아서 찾아서 발표하고 동료 그룹으로부터 비평적인 평가를 받아보세요. 가능한 모든 곳에서 아이디어를 발표할 기회를 찾아보세요. 실시간 피드백을 받을 수 있고 더 발전하는 데 도움이 될 것입니다.

청중 앞에서 연습하는 것의 또 다른 장점은 거의 항상 다른 연설 기회로 이어진다는 것입니다. 혼자 리허설도 해보고 연단에도 올라가보세요. 청중의 의견을 경청하면서 아이디어와 접근 방식을 계속 다듬어 나가세요.

ACTION PLAN ——

1. 추천 타깃 시장을 만듭니다. 추천 동기를 부여할 수 있는 기업 및 개인
   의 타깃 목록을 만들어야 합니다. 이는 고객 또는 관련 업계 네트워크
   일 수 있습니다.
2. 추천 교육 시스템을 설계합니다.
3. 추천 리드 제안 및 시스템 개요를 작성합니다.
4. 추천 전환 전략을 만듭니다.
5. 추천 후속 전략을 수립합니다.

14장

잠재 고객을
충성 고객으로 바꾼다

고객 확보와 추천을 생성하는 기본 작업을 마쳤으니, 이 장에서는
덕테이프 마케팅 시스템의 궁극적인 목표인 리드 전환 또는 실제
판매에 관해 자세히 살펴봅시다.

먼저, 영업에 대한 저의 접근 방식은 영업 스킬과 요령을 집중
적으로 가르치는 수십 권의 책 내용과는 크게 다르다는 점을 미리
알려드립니다. 마법같은 판매 기법을 기대하며 단번에 이 장으로
넘어왔다면 실망할 수밖에 없을 것입니다. 제가 이 부분을 리드
전환이라고 부르는 데는 이유가 있습니다. 지금까지 설명한 모든
방법을 통해 리드를 생성했다면 이미 판매한 것이므로 더 이상 판
매할 필요가 없습니다. 남은 일은 교육을 완료하고 구매 조건이나
업무 기대치에 대한 동의를 얻는 것뿐입니다.

효과적인 마케팅은
판매의 필요성을 없애준다

이 문제에 대한 혼란은 항상 존재합니다. 그렇기 때문에 많은 기업이 마케팅 부서와 영업 부서를 두고 있습니다. 마케팅 부서와 영업 부서가 모두 필요한 유일한 이유는 마케팅 부서가 비즈니스와 제품을 차별화하는 일을 제대로 하지 못하기 때문이며, 영업 부서는 직접 발로 뛰며 교육을 해야 하기 때문입니다. 그렇기 때문에 영업은 매우 힘든 일이 될 수 있습니다.

덕테이프 마케팅 시스템을 구축하면 판매에서 벗어나, 이미 비즈니스에 관심을 표명한 잠재 고객을 교육하고 독특하고 고유한 접근 방식을 교육하는 데 초점을 맞출 수 있습니다.

지금까지 마케팅의 모든 측면에 적용할 수 있는 체계적인 단계를 제시했듯이, 리드 전환 프로세스에 대한 설명도 동일한 핵심 사항으로 시작하고자 합니다. 이것은 기술이 아니라 시스템입니다.

전화가 울린 뒤에 일어나는 일

작동하는 시스템

이제 전화를 울리는 데 성공했습니다. '핫한' 잠재 고객이 전화를 걸어왔는데, 이제 어떻게 해야 할까요? 이런 질문을 던지는 사업자는 극히 드뭅니다.

특정 사람들이 다른 사람들보다 자연스럽게 리드 전환 역할에 더 적합하다는 것은 의심의 여지가 없습니다. 하지만 특정 사람에 대해 이야기하는 것이 아니라 여러분과 여러분의 비즈니스에 대해 이야기하는 것입니다. 이 장에서 소개하고자 하는 것은 거의 모든 사람이 성공할 수 있는 시스템입니다.

여러분이 프레젠테이션에 재능이 있다고 해서 조직의 모든 사람이 그렇다고 할 수 있을까요? 조직에서 가장 성공적인 영업 사원을 데려다가 성공적으로 복제할 수 있다면 어떨까요?

덕테이프 마케팅 리드 전환 시스템은 세 가지 구성 요소에 의존합니다.

1. 발견

발견의 핵심 목표는 잠재 고객이 실제로 이상적인 타깃 시장에 맞는지 알아내는 것입니다. 지금까지 마케팅을 잘 수행했다면 일반적으로 자격을 갖춘 잠재 고객을 유치할 수 있습니다.

리드 전환 시스템은 개별적으로 이러한 평가를 신속하게 수행하고 초기 리드 생성 활동에서 설정한 기대치를 지속적으로 달성할 수 있도록 도와줍니다.

2. 프레젠테이션

책상에서든 전화로든 대부분의 비즈니스는 최종 구매자에게 제품이나 서비스를 제안해야 합니다. 이 단계를 위해 선택한 덕테이프 마케팅 도구는 내부 세미나라고 부르는 것입니다. 내부 세미나는 초기 고객 미팅의 일부로 작성된 준 스크립트 프레젠테이션입니다.

3. 거래

리드 전환 시스템의 마지막 단계는 계획된 '첫 구매' 거래 프로세스입니다. 즉, 주문을 받고, 상품을 배송하거나, 계약을 체결하기 위해 신중하고 일관되게 실행되는 방법입니다. 고객 관계 구축 프로세스에서 때때로 어색할 수 있는 이 단계에 약간의 센스를 발휘하면 두 번째, 세 번째 주문으로 가는 길에 한 걸음 더 다가갈 수 있습니다.

노력하지 않아도
판매가 일어나는 경지

캔자스시티의 리모델링 회사인 슐로겔 디자인 리모델(Schloegel Design Remodel)에 잠재 고객이 전화를 걸면 일반적인 방식과는 조금 다른 프로세스를 경험하게 됩니다. 대부분의 주택 소유자는 리모델링 계약업체에 전화를 걸어 집에 와서 프로젝트에 대해 논의해 달라고 요청합니다. 슐로겔의 잠재 고객은 사무실로 초대되어 회사의 차별화 요소에 대해 소개받고, 이 회사가 완료한 여러 가지 멋진 프로젝트를 관람하고, 비디오 추천사를 통해 과거 고객들을 소개받습니다.

직원을 만나 디자인 리모델링 프로세스를 단계별로 소개받습니다. 직원들은 좋은 점과 나쁜 점을 설명하고 성공적인 프로젝트에 대한 기대치를 설정합니다.

이 모든 체계적인 프레젠테이션은 주택 소유자의 프로젝트에 대한 구체적인 세부 사항을 파악하기 전에 이루어집니다. 이 독특한 접근 방식은 이 회사가 경쟁업체와 차별화되는 데 도움이 되며, 결국 고객이 될 사람들과 훨씬 더 나은 업무 관계를 형성하는 데 도움이 됩니다.

핵심 단계로 이동하기:
발견, 프레젠테이션, 거래

발견: 계획 수립

발견 단계는 잠재 고객이 전화나 이메일을 통해 약속을 요청하거나 어떤 식으로든 도움을 줄 수 있는지 물어볼 때 시작됩니다. 이러한 요청을 체계적으로 처리할 수 있는 방법을 마련하는 것이 중요합니다.

잠재 고객에게 다시 전화를 걸어 구조화되지 않은 질문과 답변 세션에 참여하면 잠재 고객이 제공해야 하는 것이 무엇인지 완전히 파악하기 전에 특정 지점으로 고객을 잃을 가능성이 높습니다. 첫 번째 접촉에서 몇 가지 간단한 질문을 던져 잠재 고객이 제품이나 서비스의 필요성을 이해할 준비가 되어 있는지 파악하는 것이 좋습니다. 저는 잠재 고객에게 저에게 전화를 하게 된 계기나 비즈니스에서 해결해야 할 문제가 무엇인지 물어보는 것을 좋아합니다(저는 항상 웹사이트 주소도 물어봅니다).

이 시점에서 첫 연락을 끊는 것이 중요합니다. 상대방을 위해 해줄 수 있는 모든 훌륭한 일을 말해주고 싶은 충동을 참으세요. 이런 전화가 갑자기 걸려오는 경우가 종종 있는데, 이럴 때는 당황하지 마세요. 시스템은 잘 작동하고 있습니다.

이 관행의 또 다른 가치는 고객 선택 프로세스에 전문적이고 선별적이며 사려 깊은 접근 방식을 투영한다는 것입니다. 게임을 하라는 뜻은 아닙니다. 하지만 누구와 함께 일할지 신중하고 선택적으로 결정해야 합니다. 그러지 않기에는 인생은 너무 짧습니다.

신중한 프로세스는 잠재 고객의 눈에 여러분의 비즈니스를 더욱 매력적으로 보이게 할 것입니다.

다음으로, 저는 즉시 제 마케팅 프로세스를 공개하여 서로가 협력 관계를 구축해야 하는지 여부를 결정할 수 있도록 돕습니다. 구조화된 접근 방식을 가지고 있다는 사실만으로도 매우 좋은 마케팅 메시지를 전달할 수 있습니다. 제 경우에는 보통 미팅을 제안하거나 처음 몇 가지 질문에 대한 답변을 바탕으로 추가 자료 교환의 필요성을 제안할 수 있습니다.

프레젠테이션: 내부 세미나

어떤 사람들은 내부 세미나를 영업 전화라고 정의하지만, 이 둘의 차이점은 통제력입니다. 불만 사항을 조사하고, 선도적인 질문을 하고, 해결책을 제안할 기회를 찾으라고 알려주는 영업 관련 서적, 교육 과정, 트레이너가 많이 있습니다. 저는 마케팅을 통해 해결책과 가치를 제대로 제시했다면 잠재 고객이 제공해야 하는 것을 완전히 이해하고 있음을 재확인해야 한다고 생각합니다. 이는 한 번에 한 명의 잠재 고객에게 내부적으로 제공되는, 거의 대본에 가까운 프레젠테이션이나 세미나를 통해 가장 잘 이루어짐니다. 접근 방식이 효과적인 이유는 제시되는 정보를 계속 제어할 수 있기 때문입니다.

갑자기 나타나서 잠재 고객의 목구멍에 메시지를 밀어 넣으라는 것이 아니라 주요 요점을 만들기 위한 체계적인 프로세스가 있어야 한다고 말하는 것입니다. 제가 경험한 바에 따르면 이렇게 할 때 가장 적합한 고객을 유치하기 위해 필요한 핵심 메시지를 더 정확하게 전달할 수 있습니다.

많은 영업 사원들이 잠재 고객의 질문에 단순히 답변하고 그들의 핫 버튼이 무엇인지 파악하여 판매하려고 시도하는 함정에 빠집니다. 이 접근 방식의 문제점은 종종 제공해야 하는 서비스에 적합하지 않은 고객으로 이어진다는 것입니다.

미팅을 주도하고 구조화된 방식으로 핵심 사항을 제시하면 연결이 될 수도 있고 안 될 수도 있지만, 연결이 되면 올바른 연결이 될 것입니다. 내부 세미나의 구조는 많은 상호 작용을 허용할 수 있지만 잘 만들어진 세미나에서 발표자는 바로 여러분입니다. 6장에서 얘기한 마케팅 키트를 읽었다면 내부 세미나 프레젠테이션에 필요한 많은 콘텐츠를 이미 익히 알고 있을 것입니다.

내부 세미나는 핵심 요소들을 간결한 메시지로 엮어서 만듭니다.

- 문제
- 해결책

- 핵심 차별점

- 회사의 스토리

- 실제 고객 사례

- 일하는 방식

- 예상 결과

'1인 기업 마케팅의 7대 죄악'이라는 무료 워크숍에서 처음 사용한 프레젠테이션이 있습니다. 이 프레젠테이션을 약간만 수정하여 리드 전환 시스템의 기초로 사용하자 영업 전화가 계약 체결 (주문) 이벤트로 바뀌었습니다. 이 접근 방식의 또 다른 이점은 매우 체계적인 정보를 제시했기 때문에 약속이 절반으로 줄었다는 것입니다. 이 접근 방식을 사용하면 필요한 요점을 정확하게 전달하는 데 매우 능숙해질 수 있습니다.

사내 세미나에 능숙해지려면 시간이 좀 걸릴 수 있으며, 워크숍 참석자들에게 정확히 같은 방식으로 전달할 수는 없지만 거의 비슷해집니다.

마지막 단계는 다음 단계에 대해 어떤 형태로든 동의를 얻는 것입니다. 이는 비즈니스 유형에 따라 다른 의미를 갖지만 "다시 연락드리겠습니다"라는 말로 회의를 끝낼 수는 없습니다. 판매 또는 판매에 더 가까워지기 위해 다음에 해야 할 일에 대한 약속을 가지고 떠나야 합니다. 그런 다음 거래 단계로 이동하거나 교육 단계를 계속 진행합니다.

거래

1인 사업가들이 신규 고객을 유치하기 위해 몇 달을 쫓아다니다가 고객을 확보한 후에는 고객의 요구를 충족하고 주요 정보를 전달할 수 있는 프로세스를 마련하지 않는 경우가 종종 있습니다.

잠재 고객이 고객이 되고 싶다고 결정하면 리드 전환을 최종 거래 단계로 바꾸어야 합니다.

일부 비즈니스는 실제 금전 등록기 유형의 거래를 할 수도 있고 다른 비즈니스는 단순히 계약 조건을 교환할 수도 있기 때문에 거래라는 용어를 다소 느슨하게 사용합니다. 어느 쪽이든 실제 '방법'은 간단하고 명확하며 마케팅에 기반해야 합니다. 잠재 고객과 리드 전환의 거래 단계로 원활하게 전환하는 가장 좋은 방법 중 하나는 그렇게 할 수 있도록 준비를 철저히 하는 것입니다. 리드 전환 전화를 걸 때 잠재 고객을 고객으로 전환할 것을 예상하고 잠재 고객이 '예'라고 대답하면 간단히 다음 단계로 회의를 이동하세요.

신규 고객의 성공적인 시작

신규 고객이 '예'라고 대답하면 신규 고객 키트를 제공하여 이 새로운 관계나 제품을 최대한 활용하는 방법을 알려줄 준비가 되어 있어야 합니다. 신규 고객 키트는 마케팅 키트와 마찬가지로 신규 고객이 이제 고객이 되었으니 무엇을 기대해야 하는지 완전히 이해할 수 있도록 도와줍니다. 교육 마케팅 접근 방식은 판매로 끝나는 것이 아닙니다. 서비스 또는 제품 기반의 거의 모든 유형의 비즈니스는 핵심 정보를 전달하는 '교육' 문서를 개발해야 합니다. 새 고객 키트에 설명 페이지를 포함할 수 있습니다.

- 다음에 기대할 수 있는 사항
- 궁금한 점이 있는 경우 문의하는 방법
- 새 제품/서비스를 최대한 활용하는 방법
- 시작하기 위해 필요한 사항
- 오늘 합의한 내용
- 작업 비용 청구 방법
- 청구서 사본

위에서 제안한 것과 같은 일련의 문서를 작성하고 이러한 정보를 전달할 수 있는 체계적인 단계를 마련하는 것은 1인 기업이 항상 보여주지 않는 수준의 전문성을 보여준다고 생각합니다. 초기 기대치를 설정하고 충족하지 못하는 것보다 고객과의 관계를 더 빨리 망치는 것은 없습니다.

이 접근 방식의 또 다른 매우 실용적인 측면은 비즈니스를 수행하는 데 필요한 고객 세부 정보를 미리 수집할 수 있다는 것입니다.

많은 마케팅 담당자(1인 기업에서 대표자)가 잠재 고객이 '예'라고 답한 것에 너무 흥분하여 마음을 바꾸기 전에 문을 나서고 싶어 하는데, 이는 실수입니다. 첫 미팅이든 '시작하기' 미팅이든, 어떻게 일할 것인지, 무엇을 제공해야 하는지, 무엇을 약속했는지, 잠재 고객에게 무엇을 기대하는지 명확하게 설명해야 합니다.

마지막으로, 돈 문제를 아주 일찍 해결해야 합니다. 제품이나 서비스에 대한 가격에 합의했을 수도 있지만, 많은 1인 사업가가 이 부분에서 논의를 중단합니다. 이는 일반적으로 대부분의 사람들이 돈에 대해 이야기하는 것을 조금 불편해하기 때문이라고 생각합니다. 이런 실수를 하지 마세요. 최소한 거래 단계의 일부로 다음과 같은 사항을 논의해야 합니다.

- 비용 청구, 청구서 발행 방법
- 대금 수령 방법
- 주문 번호 등을 통해 청구서 결제 여부 확인
- 청구 문제와 관련하여 문의할 연락처
- 청구할 내용에 대한 확인

신규 고객과 거래할 때 이런 정보를 명확하게 얘기해야 합니다.

회계 담당자가 필요 정보를 수집할 수 있도록 미리 간단한 워크시트 양식을 만들어두면 좋습니다.

이렇게 하면 두 가지가 좋아집니다. 결제 과정에서 문제가 줄어들고, 고객에게 훨씬 전문가다운 모습을 보여줄 수 있습니다. 결제 과정을 미리 정리해놓으면 고객에게 편의를 베푸는 셈입니다.

소셜 미디어 전환 시스템을 만드는 방법

사람들은 종종 소셜 미디어가 엄청난 시간 낭비라고 불평하지만, 소셜 미디어에 뛰어들어야 한다는 것을 알고는 있습니다. 물론 소셜 미디어나 모든 비즈니스 또는 마케팅 활동을 엄청난 시간 낭비로 만드는 것은 바로 이러한 사고방식입니다. 소셜 미디어 참여와 통합은 마케팅의 중요한 측면이며, 이름, 기술 및 도구가 낯설게 느껴질 수 있지만 이를 통해 수익을 창출하는 근본적인 요소는 동일합니다.

마케팅은 신뢰를 구축하는 것입니다. 오늘날 모든 효과적인 전환 접근 방식은 참여를 통한 신뢰 구축에 중점을 두고 있습니다. 이는 판매, 광고, 리드 생성, 고객 서비스 등 모든 분야에서 마찬가지이며, 소셜 미디어 플랫폼을 사용하여 신뢰를 구축할 때도 마찬가지입니다.

모든 훌륭한 인바운드 마케팅과 마찬가지로, 비결은 비즈니스를 접하는 사람이 더 많은 것을 알고 싶어 할 만한 가치와 이유를 창출하는 것입니다.

다음은 나만의 소셜 미디어 전환 시스템을 만드는 데 도움이 되는 7가지 단계입니다(경고: 온라인이든 오프라인이든 모든 잠재 고객의 참여를 유도하는 데 권장하는 단계와 거의 동일합니다)

1. 콘텐츠를 전략적으로 게시하기

첫 번째 단계는 페이스북, 유뷰브, 슬라이드쉐어, 플리커 등 각종 소셜 미디어에 게시할 콘텐츠를 만들고 최적화하는 것입니다. 페이스북이나 링크드인에 광고를 게재하여 콘텐츠, 구매 제안, 기타 CTA에 대한 관심을 유도하는 방법도 있습니다.

2. 랜딩 페이지 활용하기

다음 단계는 각 소셜 미디어에 고유한 랜딩 페이지를 구축하는 것입니다. 즉, 트위터 CTA, 페이스북 CTA, 링크드인 CTA 등을 넣은 페이지를 만드세요. 각 랜딩 페이지는 비슷하겠지만, 고객 한 명 한 명의 참여를 유도하는 데 중요합니다. 랜딩 페이지는 직접 만들 수도 있지만 사이트튜너(www.sitetuners.com) 또는 언바운스(www.unbounce.com) 같은 서비스를 사용하면 많은 페이지의 결과를 추적하고 측정할 수 있습니다.

3. 메시지 일치시키기

소셜 미디어에서는 각 페이지의 메시지가 콘텐츠 및 CTA와 일치하는 것이 중요합니다. 방문자가 트위터의 링크를 따라갔는지, 실제로 올바른 위치에 있는지 확인하는 것부터 시작할 수 있습니다. 방문자 통계를 보려면 페이지에 실시간 트위터 스트림이나 페이스북 팬 박스를 배치하는 위젯을 사용하는 것도 고려해보세요. 좋은 랜딩 페이지 디자인에는 다른 많은 요소들이 있지만, 여기서 제가 강조하고 싶은 것은 방문자의 방문 경로와 일치하는 개인화된 페이지를 만드는 것입니다. 랜딩 페이지 결과 개선에 대한 좋은 글은 https://blog.hubspot.com/blog/tabid/6307/bid/20570/10-easy-ways-to-improve-landing-page-conversions.aspx을 참조하세요.

4. '더 알아보기' CTA 만들기

랜딩 페이지에서 참여의 핵심은 더 많은 정보를 공유할 수 있는 권한을 확보하는 것입니다. 이를 위한 가장 간단한 방법은 이메일 주소와 교환하는 대가로 귀중한 정보를 제공하는 것입니다(이메일 주소를 포기하고 싶지 않은 사람들을 위해 다른 소셜 미디어 플랫폼에서 나를 팔로우할 수 있도록 제안할 수도 있습니다). PPC 및 페이스북 광고는 자체 랜딩 페이지로 직접 연결하여 무료 정보나 혜택을 홍보할 수 있습니다. 경우에 따라 직접 제품 링크로 연결될 수도 있지만 효과는 훨씬 떨어집니다.

5. 구성 요소를 모두 테스트하기

랜딩 페이지 디자인과 전환은 다소 과학적인 작업이므로 헤드라인, CTA 버튼, 소셜 미디어 연결, 메시지, 오퍼, 심지어 비디오 및 오디오 어필까지 모든 요소를 테스트해야 합니다. 옵티마이즐리(www.optimizely.com), 구글 웹사이트 최적화 도구 또는 앞서 언급한 랜딩 페이지 서비스 중 하나를 사용하여 A/B 테스트라고 하는 도구를 만들 수 있습니다.

6. 공유 활성화하기

소셜 공간에서 활동하는 만큼 사람들이 방금 멋진 정보를 얻었거나 랜딩 페이지에 '좋아요'를 누른 사실을 트윗할 수 있도록 하세요. 소셜 미디어 플러그인을 사용하면 워드프레스 또는 정적 페이지에서 이 작업을 더 쉽게 수행할 수 있습니다. 대부분의 랜딩 페이지 서비스에서 이 기능도 제공합니다.

7. 후속 조치를 맞춤 설정하기

트위터나 페이스북에서 가장 활발하게 활동하는 사람들을 위한 캠페인을 만들거나, 특히 활동적이거나 영향력 있는 소셜 미디어 사용자가 등록할 때 알려주는 점수 시스템을 만들 수도 있습니다.

이러한 유형의 접근 방식은 실시간 영업 담당자가 후속 조치를 취할 잠재 고객 목록을 생성할 수 있습니다.

이 시스템을 설정하는 데 처음에는 약간의 작업이 필요할 수 있지만, 모든 작업이 자동화되면 소셜 미디어 사이트를 인바운드 및 아웃바운드 리드 생성 및 전환 플랫폼으로 사용하면서 콘텐츠 제작에 집중할 수 있습니다.

청구서도 DM이다

모든 회사가 고객에게 청구서를 보내지는 않지만 거의 대부분의 회사가 청구서를 보냅니다. 1장에서 배운 내용 기억하시나요?

사업에서 고객에게 전달되는 모든 것은 마케팅 기능을 수행합니다. 청구서도 홍보 기능을 할 수 있습니다. 다른 마케팅 아이덴티티 자료를 반영하는 멋진 청구서를 디자인하세요. 이를 사용하여 상향 판매, 재판매 및 중요한 판매 메시지를 전달하세요. 아무리 사소해보여도 모든 거래를 중요한 거래로 취급하세요. 시간 몇 분 아끼려고, 비용 몇 푼 아끼려고 인터넷에 돌아다니는 청구서 양식을 그냥 가져다 쓰지 마세요.

제 생각은 이렇습니다. 앞서 많은 1인 사업가가 금전적인 문제로 인해 어려움을 겪고 있다고 언급했습니다. 사람들은 대부분 돈, 하면 각자 머릿속에 깊이 자리한 온갖 가치관에 따라 휩쓸리게 마련입니다. 여러분이 청구서를 대단한 것, 중요한 것이라고 여길 때에만, 고객의 돈을 소중히 여기고, 청구서를 자랑스럽게 생각하며, 또 고객의 돈을 제품과 서비스로 교환하는 것을 고마워한다는 메시지를 전달할 수 있습니다.

기껏 종이 한 장에 많은 걸 바란다고 생각하시겠지만, 청구서는 올바른 메시지를 전달할 유일한 도구이기도 합니다. 싸구려 저질 종이에 찍혀 나온 청구서와, 고급지에 회사 로고가 말끔하게 박혀 인쇄된 청구서를 놓고 한번 비교해보세요. 고객이 어느 것을 받고 싶어할까요? 다른 모든 커뮤니케이션에서 기대치를 설정했으니 계속 유지하세요.

신규 고객의 마음을 사로잡는 법

킥오프 미팅 외에도 초기 거래 프로세스에 보너스 기능을 추가하는 것이 좋습니다. 프로세스의 일부로 신규 고객에게 예상보다 더 많은 것을 제공할 수 있는 단계를 설계하세요. 즉, 고객이 예상한 것 이상의 무언가로 즉시 놀라게 하세요. 이 깜짝 선물은 제품과 함께 제공되는 보너스 선물, 다른 유용한 정보 제품, 또는 환영 상품권 등이 될 수 있습니다(이는 열성적인 전략적 파트너가 무료로 제공할 수도 있습니다).

이 단계의 요점은 관계를 순조롭게 시작하고 신규 고객이 여러분과 거래하기로 한 결정을 재확인하는 데 도움이 된다는 것입니다. 신규 고객이 여러분을 충분히 신뢰하여 비즈니스를 맡길 수 있도록 설득했더라도 본질적으로 아직 시험 단계에 있는 것입니다. 그들은 여러분이 약속한 것을 알고 있으며, 그것이 바로 그들이 구매한 것입니다. 이제 약속과 결과 사이의 간극을 메우기 위해 더 많이 주세요. 이는 신규 고객에게 감사의 마음을 표현하는 좋은 방법이기도 합니다. 예상치 못한 선물을 받은 사람은 기억에 남을 것입니다. 깜짝 선물이나 보너스는 값비싼 것일 필요는 없으며, 사려 깊고 유용한 것이면 됩니다.

단계별 시스템 요약

덕테이프 마케팅 리드 전환 프로세스와 관련된 단계는 다음과 같습니다.

발견

1. 잠재 고객으로부터 전화를 받고 약간의 배경 정보를 알아냅니다.
2. 전화 또는 직접 만나서 미팅을 제안합니다.
3. 기본 설문지를 포함한 미팅 전 자료를 보냅니다.

프레젠테이션

1. 내부 세미나를 발표합니다.

2. 다음 단계를 결정합니다.

3. 후속 교육 자료와 계약서를 보냅니다.

거래

1. 신규 고객 미팅을 진행합니다.

2. 깜짝 선물을 제공합니다.

3. 후속 교육을 시작합니다.

더 많은 정보나 조사 시간이 필요한 잠재 고객을 위해 단계를 추가할 수 있는 상황이 있습니다. 궁극적으로 프로세스의 단계를 테스트하여 개별 비즈니스의 요구 사항을 충족하는 것이 무엇인지 찾아야 합니다. 어떤 경우에는 프로세스에 더 적은 단계가 필요할 수도 있고, 어떤 경우에는 더 많은 단계가 필요할 수도 있습니다.

리드 전환에 대한 추가 고려 사항

일관성을 통한 신뢰 구축

자신에게 적합한 시스템을 구축한 후에는 조직의 모든 사람이 시스템의 기본 단계를 사용하는 것이 중요합니다. 각자가 일부 단어를 개인화할 수는 있지만 핵심 메시지와 핵심 단계는 모두가 사용해야 합니다. 행동과 메시지의 일관성만큼 신뢰를 구축하는 요소도 드뭅니다.

모든 연락에 목적 명시하기

전화든 대면이든 미팅을 주선할 때는 모두가 동의할 수 있는 미팅의 목적과 결과를 정해야 합니다. 이는 효율성 측면에서 좋은 관행일 뿐만 아니라 모든 사람이 규칙과 기대치를 확실히 알 수 있는 또 다른 방법입니다.

프레젠테이션 사용

내부 세미나에서 파워포인트나 기타 프레젠테이션을 사용하는 경우, 프레젠테이션 형식이 방해가 되지 않도록 주의하세요.

10명으로 구성된 실행위원회와 회의를 하는 경우에는 예상 프레젠테이션이 적절할 수 있습니다. 딱 한 명과 회의하는 경우에는 노트북 프레젠테이션이 다소 부담스러울 수 있습니다.

내부 세미나 프레젠테이션에 사용할 수 있는 한 페이지 분량의 개요 또는 체크리스트 문서를 작성하는 것이 좋습니다. 이렇게 하면 잠재 고객이 항상 어디로 향하고 있는지 알 수 있습니다. 계획대로 진행하면 일반적으로 중단 없이 핵심 요점을 전달할 수 있습니다.

반대 의견의 일반적인 의미

판매 이의 제기를 극복하는 방법에 대한 책으로 가득한 도서관이 있지만, 거의 모든 판매 이의 제기를 두 가지로 요약하면 잠재 고객이 자격이 충분하지 않거나 정보가 충분하지 않다는 것입니다. 가격 이의 제기조차도 잠재 고객이 애초에 여러분이 제공하는 제품을 감당할 능력이 없거나(자격 미달), 여러분이 제공하는 제품의 가치를 아직 이해하지 못하고 있다는 뜻입니다(정보 부족). 그렇다면 여러분이 할 일은 단순히 교육을 통해 두 가지 이의 제기를 해결하는 것입니다.

많은 덕테이프 마케팅 리드 전환 시스템에서 파생된 것이 드립 시스템입니다. 드립 시스템은 잠재 고객을 자동으로 리필터링하여 1년 이상 장기간에 걸쳐 지속적으로 더 많은 정보를 제공하는 커뮤니케이션 시스템으로 전환할 수 있는 방법입니다. 아직 고객이 될 준비가 되지 않았거나 결정을 내리지 못하는 잠재 고객을 이 교육 시스템에 등록하고 그들이 반응할 준비가 될 때까지 쉽게 연락을 유지할 수 있습니다. CRM 소프트웨어와 11장에 설명된 지속적인 연락 방법을 사용하여 이 기능을 자동 설정하세요.

더 스마트한 고객 관리

이미 살펴본 바와 같이 인터넷은 비즈니스에 대해 알리고 많은 마케팅 활동을 자동화할 수 있는 좋은 공간이지만, 훨씬 더 스마트한 리드 전환 플레이어가 될 수 있는 좋은 방법이기도 합니다.

신뢰의 필수 구성 요소는 가치, 지식, 공통 기반입니다. 잠재 고객은 영업 사원에 대한 경계심을 조금이라도 완화하기 전에 여러분이 가치 있는 무언가를 제공하고, 비즈니스를 이해하고, 그들의 세계와 공감할 수 있다는 것을 알고 싶어합니다. 잠재 고객을 속이려는 노력이 아니라 올바른 맥락에서 메시지를 전달하기 위한 노력으로 잠재 고객과 빠르게 소통하려면 몇 가지 숙제를 해야 합니다. 방대한 인터넷 기반 조사 도구를 사용하여 잠재 고객, 비즈니스, 업계 및 경쟁업체에 대해 가능한 모든 정보를 찾아보세요. 잠재 고객이 어떻게 해결책을 제공할 수 있는지 이해하는 데 도움을 줄 수 있는 능력은 실제로 잠재 고객이 사용하는 전문 용어에 대한 간단한 이해에 달려 있을 수 있습니다. 개인적으로 소통할 수 있는 능력은 그들이 예술 지원에 열정을 가지고 있다는 사실을 아는 데서 비롯될 수 있습니다. 모든 것이 여러분을 위해 준비되어 있으니 좋은 방향으로 활용하세요.

프랑스에 있는 한 소프트웨어 회사에 합작 투자를 제안한 적이 있습니다. 회사 설립자들을 조사해보니, 그 중 한 명이 제 고향인 미국에서 자랐고 저와 같은 대학을 다녔다는 사실을 알게 되었습니다. 말할 필요도 없이 처음부터 대화가 달라졌습니다. 제가 더 똑똑하다는 의미는 아니었지만 양쪽 모두 더 편안함을 느꼈습니다.

만족 그 이상의 고객 서비스 계획

고객이 다시 찾아와서 여러분이 얼마나 훌륭한지 전 세계에 알리기를 원한다면 실제 제품, 프로세스, 서비스 또는 결과가 마케팅에서 약속한 것과 일치하는지 확인해야 합니다. 다시 한 번 강조하지만, 기대치를 충족하고 그 이상으로 감동을 주는 것이 중요합니다.

마케팅에 영향을 미치는 청구서를 작성하는 것이 얼마나 중요한지 이미 언급했습니다. 이제 계약 체결과 청구서 발행 사이에 일어나는 모든 일에 대해 조금 이야기해 보겠습니다.

상태 알림, 주문, 견적, 예약, 제안, 배송, 반품, 클레임, 변경 및 청구 같은 영역에서 프로세스를 분석하고 개선하면 마케팅 측면에서 큰 보상을 얻을 수 있으며, 미처 알지 못했던 경쟁 우위를 창출할 수 있습니다.

고객 서비스를 키우는 곳

간단히 말해, 충성 고객을 늘리기 위한 핵심은 충성도 높은 직원을 키우는 것입니다.

모든 직원은 마케팅 기능을 수행할 수 있고 실제로 수행하고 있습니다. 직원을 채용할 때 이러한 마케팅 마인드를 이해하고 전달하는 것이 중요합니다. 대부분의 비즈니스에서 서비스에 대한 재능과 배우려는 의지가 있는 직원은 훌륭한 마케팅 담당 직원의 자질을 갖추고 있습니다.

그 외에도 성공하는 데 필요한 도구를 제공하는 것이 절대적으로 중요합니다. 이러한 도구는 효과적인 마케팅 및 고객 시스템과 이를 운영하기 위한 교육, 업무를 더 쉽게 수행할 수 있는 기술이라는 범주에 속합니다.

이 책에서 마케팅 시스템의 필요성을 많이 다루고 강조했지만, 직원들이 필요한 작업을 효과적으로 완료할 수 있는 시스템을 구축하면 비즈니스의 모든 측면이 더 잘 운영될 수 있다는 점만 강조해도 충분합니다(또한 혁신적인 마케팅 전략을 수립하는 데 더 많은 시간을 할애할 수 있습니다).

직원들을 지원하고 그들이 고객에게 손쉽게 서비스를 제공할 수 있도록 하는 기술에 투자하세요. 고객이 원하는 정보를 더 쉽게 얻고 직원이 고객 업무를 더 쉽게 관리할 수 있는 기술을 도입하세요.

CRM 소프트웨어를 사용하여 고객 또는 프로젝트와 관련된 모든 연락처와 요청을 추적하고 정리해야 합니다. 이 간단한 단계를 통해 조직의 모든 사람이 프로젝트에 대한 고객의 질문에 그 자리에서 답변할 수 있습니다. 강력하면서도 저렴한 웹 기반 프로젝트 및 고객 관리 시스템이 매일 개발되고 있습니다.

이러한 시스템을 통해 고객은 전 세계 어디에서든 인터넷에 연결되어 있는 곳에서 실시간으로 진행 중인 작업에 액세스하고 의견을 제시할 수 있습니다.

하지만 도구가 항상 컴퓨터에 관한 것만은 아닙니다. 직원의 역량을 강화하는 도구의 또 다른 예로는 특정 유형의 고객 요청을 수락하거나 특정 금액까지 무료 평가판 서비스를 제공하는 기능을 들 수 있습니다. 이러한 유형의 투자를 통해 직원을 신뢰한다는 것을 알리고 고객에게 가장 중요한 순간에 신속하게 마케팅 결정을 내릴 수 있습니다. 새로운 기술을 익히면 1인 기업에 대기업 수준의 서비스를 제공할 수 있는 다양한 방법을 발견할 수 있습니다. 하지만 잊지 마세요. 직원이 행복해야 좋은 서비스를 제공할 수 있고 비즈니스도 성장할 수 있습니다.

커뮤니티 만들기

고객 관계를 구축하고 추천을 생성하는 또 다른 매우 강력한 방법은 잠재 고객과 고객을 하나로 모으는 것입니다. 즉, 고객과 잠재 고객이 서로 만날 수 있는 기회를 실제로 만드는 것입니다. 이 제안은 다양한 형태를 취할 수 있지만 핵심 요소는 고객이 서로 만나면 잠재적으로 더 강력한 관계를 형성할 수 있다는 것입니다.

여기에는 몇 가지 요인이 작용하고 있다고 생각합니다. 고객 그룹을 한자리에 모으면 자신과 매우 유사한 다른 사람들이 여러분을 신뢰하고 있다는 것을 직접 확인할 수 있습니다. 많은 1인 기업에서 고객은 많은 공통된 특성을 가질 수 있으므로 예를 들어 다른 1인 사업가와 연결할 수있는 기회를 제공하는 것은 고객과의 관계를 강화하는 강력한 방법입니다.

고객 커뮤니티 구축을 마케팅 도구로 활용하는 몇 가지 방법을 소개합니다.

개인 간 리드 전환

포커스 그룹 형식은 흥미로운 마케팅 기회를 제공합니다.

대부분의 사람들은 포커스 그룹이라고 하면 마케팅 리서치를 떠올리지만, 이 개념을 조금만 변형하면 판매 전환으로 전환할 수 있습니다.

특정 산업 그룹에 집중할 수 있는 경우 특히 효과적입니다. 같은 불만을 공유하고 같은 언어를 사용하여 표현하는 그룹을 찾는 것이 좋습니다.

공통된 업계 이슈 또는 성장 추세에 대해 논의하기 위한 원격 회의 패널을 구성합니다. 10명의 참가자를 초대하되, 참가자 중 최소 2명은 이러한 불만을 해결하기 위해 여러분을 찾은 행복한 고객이어야 합니다. 그런 다음 그룹이 구성되면 편안하게 앉아서 부드럽게 중재만 하세요. 통화 중에 영업이 이루어질 경우 반드시 고객으로부터만 이루어져야 합니다. 그룹이 좋은 점, 나쁜 점, 추한 점에 대해 이야기하게 하세요. 이러한 세션에서는 일반적으로 다음 세 가지 사항이 발생합니다.

1. 현재 고객은 일반적으로 자신이 내린 결정에 대해 매우 만족합니다(더 많은 추천으로 이어질 수 있음).
2. 다른 발신자들이 시장에서 여러분의 위치에 대해 매우 호의적인 인상을 받습니다(이런 종류의 교육적 노력을 하는 곳이 또 어디 있겠습니까?).
3. 다음 날 여러 명의 그룹 구성원이 전화를 걸어 어떻게 도와줄 수 있는지 보여 달라고 요청합니다.

이 접근 방식에 창의적인 요소를 더하는 방법은 여러 가지가 있지만, 현재 사용자가 회의론자에게 자신의 말로 제품이나 서비스가 얼마나 훌륭한지 이야기하는 것만큼 효과적인 방법은 없습니다.

고객 전용 이벤트
고객만을 위한 이벤트를 개최한다는 사실을 고객에게 알리세요. 단순한 만남의 장이 아닌 특정 관심사에 초점을 맞춘 라운드 테이블로 이벤트를 판매하세요. 새로운 정보를 제공하고 회의의 토론 측면을 촉진하기 위해 연사를 섭외할 수도 있습니다.

고객 충성도 도구

특별 멤버십 가격, 자주 구매하는 프로그램, 현금 인센티브 등을 통해 고객의 재방문을 유도하는 회사들이 많이 있습니다. 이런 도구가 실제로 고객을 다시 끌어들이는 경우도 있지만, 가격 동기가 강하고 비즈니스에 가장 적합하지 않을 수 있는 방식으로 충성도를 구축하는 경우가 많습니다. 결국, 가격 쇼핑객은 더 나은 거래를 찾을 때까지만 충성도가 높습니다. 저는 기존 고객과 함께 일할 때 적용할 수 있는 가장 강력한 충성도 구축 도구는 빈번한 소통과 결과에 기반한 커뮤니케이션이라는 사실을 발견했습니다.

고객 관계 관리의 일환으로 고객과의 체계적인 접점을 설정하면 새로운 문제를 해결하고 발생하는 모든 문제에 직면하는 데 필요한 피드백을 얻을 수 있습니다.

다시, 손으로 쓴 메모

콜로라도주 덴버에 있는 카탈리스트 크리에이티브(Catalyst Creative, Inc.)의 제인나 풀은 고객이 감사의 인사를 한 적이 있는지 알고 싶어합니다. 그녀는 현재와 과거의 고객들에게 감사 편지를 보낼 때마다, 아니 매번 감사 편지를 보낼 때마다 고객들로부터 감사하다는 전화를 몇 통씩 받습니다. 또한 10명 중 7명 정도는 다른 프로젝트에 그녀를 고용할 준비가 되어 있다는 사실을 알게 되었으며, 자신과 함께 일하는 1인 사업가 중 실제로 시간과 노력을 들여 감사를 표하는 유일한 사람 중 한 명이라는 사실도 알게 되었습니다.

고객 설문 조사

고객과 함께 체계적인 설문조사를 실시하는 것도 좋은 생각이라고 생각합니다. 서비스 제공 후 전화 통화, 신제품 출시와 함께 제공되는 설문조사 양식, 연례 또는 반기별 검토 등의 형태로 실시할 수 있습니다. 설문조사를 통해 고객을 실망시킨 부분이나 제품 안내를 개선할 수 있는 방법을 발견할 수 있습니다. 대규모 조직에서는 설문조사를 자주 사용하지만, 고객사가 3곳에 불과하더라도 업무 관계의 중요한 시점에 고객과 체계적으로 소통하여 고객이 업무가 어떻게 진행되고 있다고 느끼는지 파악해야 합니다.

결과

또 다른 유용한 고객 충성도 도구는 결과 리뷰입니다. 고객에게 장기간에 걸쳐 서비스를 제공하는 비즈니스에 종사하는 경우, 고객이 실제로 기대한 결과를 얻고 있는지 측정하는 것이 중요합니다. 이 작업을 수행한 후에는 기대한 결과와 실제 결과를 비교하여 전달하는 것도 마찬가지로 중요합니다.

고객은 회사가 제공하는 작업과 결과를 당연하게 여기고 새로운 것을 제공하는 경쟁업체의 말에 귀를 기울이고 싶은 유혹에 빠지는 경우가 너무 많습니다. 달성한 결과를 추적하고 전달할 수 있는 시스템을 만들어 고객에게 계속 정보를 제공하는 것이 매우 중요합니다.

구독 및 멤버십 고객

많은 비즈니스에서 구독, 멤버십 및 유지비 계약은 고객을 확보하고 유지하는 좋은 방법입니다. 미네소타주 엑셀시어에 있는 PR 리즈(PR LEADS)의 댄 자날은 "신규 고객을 확보하는 것보다 기존 고객에게 판매하는 것이 더 쉽다"는 말을 들었습니다. 그래서 그는 사업에서 어떤 부분을 구독 기반 또는 자동 갱신 기반으로 전환할 수 있는지 알아보기로 했습니다. 그는 고객이 매일 자신의 서비스를 쓸지 말지 저울질하고 있다는 것을 알고 있었습니다. 연회비나 약정 없이 고객이 월 단위로 서비스를 이용할 수 있는 모델로 전환하자 고객이 서비스를 더 오래 사용하는 경향이 있고 청구 프로세스가 훨씬 쉬워져 더 많은 구독 판매에 집중할 수 있다는 사실을 알게 되었습니다.

ACTION PLAN ──

1. 새 고객 키트를 만듭니다.

2. 전화가 울릴 때 다음 잠재 고객에게 할 말을 스크립트로 작성합니다.

3. 내부 세미나 프레젠테이션 초안을 작성합니다.

4. 고객에게 어떤 놀라움과 기쁨을 줄지 정하세요.

5. 잠재 고객과 돈에 대해 명확하게 이야기하세요.

3부
모든 과정을
선순환시키는
유지관리법:
진짜 마케팅을
시작합시다

DUCT TAPE
MARKETING

덕테이프 마케팅 시스템의 마지막 장, 다소 전술적인 조언을 살펴보기 전에,

설명하기가 쉽지는 않지만 확실히 효과가 있음이 증명된 제안을 소개하고자

합니다. 바로 '긍정적인 기대의 힘'입니다.

어떤 일이 잘될 것이라고 예상했는데 실제로 잘된 적이 있나요? 반대로, 어

떤 일이 꼭 실패할 것만 같았는데, 정말 실패한 적이 있나요?

양자물리학에서 쓰는 용어로 정확한 작동 원리를 설명할 수 있으면 좋겠지

만, 저는 결과를 중시하는 사람입니다. 결과가 나오면 그 이유를 항상 알 필

요는 없습니다.

물론, 좋은 고객 리스트, 강력한 카피, 효과적인 디자인이 필요 없다는 말이

아닙니다. 마케팅을 통해서 성과를 낼 것이라고 믿지 않으면, 힘든 시간을

버티고 안간힘을 쓰는 동안 에너지와 열정을 쏟지 못할 것입니다.

정말 믿지 않는 제품, 즉 확신이 없는 물건을 파느라고 필사적으로 노력해본

적이 있나요? 있다면, 정말 힘들지 않았나요? 반면에, 제품이나 서비스가 너무 잘 팔릴 것 같아서 고객이 지갑을 흔들며 쫓아오는 듯한 느낌을 받은 적 없나요?

성공을 기대하고(또는 외면하고) 그 결과를 받는다는 개념은 자기계발, 철학, 영성 분야에서 널리 받아들여지고 있습니다. 사업자는 때때로 차가운 팩트와 뻣뻣한 통계가 필요하다고 느낍니다. 팩트와 통계는 논리적인 설명입니다. 그런데 잠깐 생각해봅시다. 순전히 논리적인 이유로 구매를 한 적이 있나요? 거의 모든 구매 결정은 감정에 근거를 두고 논리로 합리화됩니다.

그렇다면, 막연한 기대가 아니라 감정을 마케팅에 도입하려면 어떻게 해야 할까요? 여러분의 비즈니스가 성공하리라고 믿어야 합니다! 덕테이프 마케팅이 조금이라도 도움이 될 것입니다.

이 책의 마지막 장에서는 (1) 새로 알게 된 마케팅 지식을 액션 플랜에 적용하는 법과, (2) 지속적인 마케팅 교육을 위한 가이드가 되는 법을 살펴봅니다. 이 두 가지 작업을 효과적으로 수행하면 무엇이 효과가 있는지 파악하고 더 많은 일을 하도록 집중할 수 있습니다. 새로운 마케팅 여정을 본격적으로 시작하기 위해서는 계획, 예산, 캘린더 작성의 기본 사항도 필요합니다.

15장

실전 마케팅의 실행과 관리 :
목표, 측정, 예산, 일정

지금까지 우리는 덕테이프 마케팅 시스템을 구축하는 데 사용할 수 있는 성공적인 마케팅 전략을 탐구했습니다. 이미 읽은 내용을 잘 실행해야 하지만, 통합 계획을 완성하기 위해서는 마케팅 계획, 활동 및 최종적으로 예산과 연계된 일련의 목표를 설정하는 것이 중요합니다.

마케팅 목표, 어떻게 달성할 수 있을까

목표 설정의 힘에 관해서는 많은 책이 나와 있지만, 마케팅에서 목표 설정의 개념을 다룬 책은 없습니다. 일부 비즈니스의 경우 마케팅 목표를 설정하는 것 자체가 목표 달성을 위한 큰 발걸음이 될 수 있습니다. 다른 기업에게는 단순히 비즈니스 비전에 집중해야 할 필요성을 확인하는 과정일 수도 있습니다.

저는 어떤 목표를 달성하는 능력은 행동에 동기를 부여하는 목표의 힘에 의해 크게 영향을 받기 때문에 목표가 강력할수록 목표를 달성할 가능성이 높다는 것을 알게 되었습니다.

다음은 목표의 달성 가능성을 높이는 10가지 요소입니다.

1. 목표를 정말로 달성하고 싶어야 합니다. 그렇지 않다면 그렇게 할 수 있는 방법을 찾아야 합니다.
2. 목표를 달성할 수 있다고 믿어야 합니다.
3. 목표를 문서로 작성해야 합니다.
4. 목표를 달성했을 때 얻을 수 있는 모든 혜택을 자세히 나열해야 합니다.
5. 목표 달성을 위한 기한을 설정해야 합니다.
6. 목표 달성에 방해가 되는 요소를 나열해야 합니다.
7. 목표 달성을 위해 필요한 기술, 지식, 담당자를 나열해야 합니다.
8. 목표를 달성하기 위한 계획이 있어야 합니다.
9. 계획을 지속적으로 수정해야 합니다.
10. 약속을 해야 합니다.

비전 목표와 전술 목표

비전 목표는 사업과 인생에 대한 더 큰 비전을 포함합니다. "5년 후 사업이 어디까지 발전할 것으로 보십니까?" 같은 질문은 비전 지향적 목표의 출발점입니다.

전술적 목표는 훨씬 더 가시적입니다. 신규 고객 수, 매출 증가 또는 수익 증가 같은 요소는 모두 이 목표 설정 범주에 속합니다. 단기 비전과 전술적 목표를 설정한 후에는 조직의 모든 구성원에게 이러한 목표를 전달할 방법을 찾아야 합니다.

비전을 위한 목표

다음 내용은 이 책에서 들려준 얘기 중에서 가장 어려울지 모릅니다. 그러나 깊이 생각하면 가장 유익한 얘기가 될 수도 있습니다. 바로, 여러분이 장래에 무엇이 되고 싶은지 물어보려 합니다.

사업이 꽉 틀어막혀서 이 책을 집어 들었다면, 제가 지금부터 하려는 질문에 대한 답이 실마리가 될 수 있습니다. 그러니 전화기를 끄고 이메일 연결을 해제하고 아래 질문에 대한 답을 종이에 적어 보세요.

인생에서 가장 중요한 목표를 달성하기 위해 여러분의 비즈니스는 어떤 모습, 어떤 행동, 어떤 상태가 되어야 할까요? 1년 후, 3년 후, 5년 후에는 어떤 모습일까요?

고객이 비즈니스와 맺기를 바라는 이상적인 경험/관계를 설명하세요.

여러분에게 완벽한 직장의 하루를 묘사하세요.

위의 그림을 실현하기 위해 무엇을 바꿔야 할까요? 이 질문에 대한 답을 통해 비전 마케팅 목표가 상당히 쉽게 도출될 수 있을 것입니다.

전술적 목표

회계사가 아니라면 수학에 대한 생각은 그다지 매력적이지 않을 수 있습니다. 이 책에서는 회계의 속살을 파헤치지는 않지만, 좋든 싫든 여러 수준에서 마케팅의 성공은 기본적인 회계 원칙과 관련이 있다는 사실을 발견했습니다.

최소한 전술적 마케팅 목표에는 매출과 순이익에 대한 예측이 포함되어야 합니다.

매출(Revenue)

대부분의 경우 매출이란 판매 수익입니다. 매출은 늘 좋은 것이고 사업을 계속 굴러가게 하지만 그게 다는 아닙니다. 매출 계획은 마케팅 계획이 창출하는 비즈니스의 양을 실제로 서비스할 수 있는 역량을 다루어야 합니다. 어떤 사람들은 단순히 작년보다 몇 퍼센트 높은 수치를 선택합니다. 과거에 해당 목표를 뒷받침하기 위해 어떤 유형의 목표 설정이나 마케팅도 해본 적이 없다면 이것이 최선의 접근 방식일 수 있습니다. 중요한 것은 목표 수치를 정하는 것입니다.

순이익(profit)

순이익이 없는 판매는 재앙의 지름길입니다. 많은 사업가가 사업과 련된 비용을 계산하는 방법을 이해하지 못해 제품 및 서비스 가격을 잘못 책정하거나 수익을 전혀 내지 못합니다. 이러한 경우 회계 전문가에게 도움을 받는 것을 적극 고려해야 합니다. 회계사와 협력하여 사업의 손익 관계를 마케팅에 통합하는 데 도움을 받으세요.

만약 회계사가 사업의 금전적 흐름과 추이를 마케팅 목표와 연결시키지 못하거나 보고서를 통해 지원할 방법을 이해하지 못한다면 다른 회계사를 찾아봐야 합니다.

소득(income)

사업 운영자이거나, 해당 사업의 수입의 원천이라면 소득과 연계된 마케팅 목표를 설정해야 하는 것은 당연합니다.

놀랍게도 많은 사업가가 소득 목표를 전혀 설정하지 않습니다. 소득 목표가 없으면 무엇이든 들어오는 대로 받아들여야 합니다. 그렇다면 내년 한 해 동안 사업으로 소득을 얼마나 내고 싶습니까? 다음 3년이나 5년 동안에는 예상 소득이 얼마나 될까요?

또한 실제 마케팅 전략과 연계된 목표를 설정해야 합니다.

- 활성 예비 고객 수
- 무료 보고서 배포
- 생성된 잠재 고객 수
- 약속이 성사된 건수
- 고객으로 전환된 잠재 고객 수
- 첫 번째 고객
- 웹사이트 방문자 수
- PR 멘션
- 추천
- 명함 배포
- 워크숍 개최
- 받은 추천서

시간을 효율적으로 사용하는 법

시간은 우리가 사용할 수 있는 가장 희소한 자원입니다. 이를 관리하고 통제하는 데 도움이 되는 수많은 책, 소프트웨어 프로그램 및 시스템이 있지만, 1인 기업에게는 복잡한 변수가 작용합니다.

저는 사업을 운영할 때 물류라는 용어를 더 넓게 적용했습니다. 이 용어는 일반적으로 한 장소에서 다른 장소로 제품을 배송하는 것을 말하지만, 한 주에서 다른 주로 결과를 전달하기 위해 시간을 옮긴다고 생각하면 어떨까요? 저는 이것이 바로 1인 기업이 가장 높은 수준에서 해야 할 일이라고 생각합니다. 회사의 대표나 관리자는 조직의 가장 큰 자원인 시간을 관리가 아닌 조율할 때 최고의 가치를 창출할 수 있습니다.

한 가지 더 추가해야 합니다. 오늘날 모든 비즈니스에는 항상 3개의 시계가 돌아가고 있으며, 상품, 정보 및 기타 자원, 에너지, 인력의 흐름 관리는 각 시계를 관찰하는 데 달려 있습니다.

오늘날의 비즈니스는 실시간, 거래 시간, 식사 시간을 동시에 지켜야 합니다.

실시간

오늘날 정보와 기회는 놀라운 속도로 우리에게 다가옵니다. 기업은 마케팅, 홍보, 제품 개발 기회를 즉각적으로 활용할 수 있는 시스템과 프로세스를 구축해야 합니다. 실시간 경쟁 우위를 모니터링하고 포착하지 못하면 아무리 확고한 입지를 구축한 기업이라도 위협을 받을 수 있습니다. 물론 새롭고 반짝이는 것을 쫓는 것도 그 어느 때보다 쉬워졌습니다. 마케팅 전략의 렌즈를 통해 세상에서 벌어지는 일을 창의적으로 바라보는 것은 반드시 해야 합니다.

거래 시간

사업을 운영하는 현실은 냉혹합니다. 급여나 대학 등록금 지급에 직면한 모든 비즈니스는 항상 거래 시간을 염두에 두고 있으며, 현실적으로 대처해야 합니다. 이는 컴퓨터 뒤에서 나와 직접 문을 두드리는 것을 의미할 수도 있지만, 이상적인 고객의 모습과 서비스 요금을 인상하는 방법을 개선하는 데 시간을 할애하는 것을 의미할 수도 있습니다. 더 나은 고객 경험과 더 높은 전환율에 초점을 맞추는 것이 거래 시간을 가장 잘 활용하는 방법일 수 있습니다.

식사 시간

궁극적으로 모든 비즈니스는 장기적인 비전에 대한 관심을 통해 성장합니다. 이는 현재 또는 다음 분기에도 성과가 나지 않을 수 있는 일에 리소스와 일관된 시간을 할당하는 데서 비롯됩니다. 이것은 자원을 할당하기 가장 어려운 영역이지만, 봄에 씨앗을 심는 것처럼 궁극적으로 기업가가 거의 풀타임으로 살아야 하는 영역입니다. 비전, 가치, 사명을 만들고 전달했나요?

각각의 요소에 적절한 주의를 기울일 때 조화가 이루어지며, 이는 건강한 비즈니스에서 쉽게 느낄 수 있는 부분입니다. 이 시계

들을 모두 보면서 하루를 계획한다면 어떨까요? 할 일 목록이 달라질까요? 그렇게 하면 시간이 조율된 물류처럼 흘러가게 될까요?

시간을 돈으로 생각해보기

매출, 순이익, 소득에 대한 목표를 설정한 후에는 그 목표를 달성하기 위한 계획 프로세스를 시작해야 합니다. 한 가지 중요한 단계는 마케팅 목표를 달성하는 데 시간을 가장 효율적으로 사용할 수 있는 방법을 결정하는 것입니다.

한 번도 생각해 본 적이 없다면 충격을 받을 수 있는 간단한 공식이 있습니다. 이 공식은 시간당 임금의 개념과 관련이 있습니다. 많은 직원이 시간당 임금을 생각하지만 사업주와 급여를 받는 사람들은 이런 생각을 하지 않습니다. 따라서 그들은 종종 시간이 실제로 돈이라는 사실을 잊어버립니다.

매출, 순이익, 소득 목표를 설정한 후에는 이를 가능한 가장 작은 단위인 시간으로 세분화해야 합니다. 예를 들어 주당 40시간, 연간 52주를 시간당 수치를 계산하는 기준으로 사용하겠습니다.

$$40 \times 52 = 2,080$$

따라서 일반적인 근로자는 1년에 2,080시간 동안 매출, 순이익, 소득을 창출할 수 있습니다. 연간 25만 달러의 매출 목표를 달성하고 회사의 유일한 수익 창출자라면 매일 8시간씩 시간당 약 120달러의 수익을 창출해야 한다는 뜻입니다.

연봉 목표를 10만 달러라고 해봅시다. 그런 다음 제품, 서비스 또는 비즈니스 운영과 관련된 모든 비용을 제외하고 시간당 약 50달러의 수익을 창출해야 합니다. 이 연습의 요점은 매일 시간을 어떻게 사용할지 우선순위를 정할 때 참고할 수 있는 냉정한 기준을 제시하는 것입니다. (오늘 시간당 5달러짜리 일을 하셨나요?) 하루를 정해서 매 순간 어떻게 시간을 보내는지 추적해 보시기 바랍니다. 그런 다음 돌아가서 시간을 어떻게 보냈는지에 대한 가치에 1달러를 할당해 보세요. 목표에 방해가 되는 일에 얼마나 많은 시간을 소비하고 있는지 알게 되면 매우 놀랄 것입니다.

시간을 가장 수익성 있게 보내는 방법은 무엇인가요? 오늘 마케팅에 얼마나 많은 시간을 할애했나요? 구체적인 마케팅 전략과 연계된 마케팅 목표를 설정하는 것의 가장 큰 장점은 퍼즐의 작은 조각을 맞추는 데 도움이 되는 시스템과 전략을 개발하도록 만든다는 것입니다. 작은 조각(추천 수와 같이 대부분의 비즈니스가 생각조차 하지 않는 부분)을 충족하면 큰 조각은 거의 마술처럼 제자리에 놓이게 됩니다.

노력에 따른 보상 규칙 만들기

이전 장에서 팀 전체가 마케팅에 참여하도록 하는 아이디어를 소개했습니다. 이는 마케팅 목표와 관련하여 특히 필요합니다. 팀이 마케팅에 참여하도록 하는 가장 좋은 방법 중 하나는 모두가 참여할 수 있는 마케팅 목표를 설정하고 전달하는 것입니다. 판매나 추천은 보통 여러 사람이 함께 노력했기 때문에 이루어집니다.

목표를 세우고 나면 검증된 오픈북 관리(기업의 재무정보를 비롯한 각종 경영정보를 직원과 공유함으로써 혁신을 꾀하는 기법)의 몇 가지 원칙을 활용하면 목표가 훨씬 더 큰 힘을 발휘할 수 있습니다. 오픈북 관리는 전체 관리 및 회계 철학이지만, 그 원칙 중 하나는 목표에 기여하는 일련의 중요한 활동을 식별하고 이러한 활동의 성과에 일정 수준의 보상을 연계하는 것입니다.

어떤 마케팅 활동을 지속적으로 수행하면 마케팅 목표 달성에 탄력을 받을 수 있을까요? 보너스 풀을 만들어 식별된 활동을 완료한 직원에게 포인트를 지급할 수 있나요? 식별된 활동은 원하는 만큼 크거나 작게 만들 수 있습니다. 조직의 모든 직원이 실제로 판매를 할 수는 없지만 어떤 식으로든 고객 만족에 기여할 가능성이 높습니다. 따라서 이들에게 함께 할 수 있는 방법을 제공하세요. 그들이 더 많이 기여할 수 있도록 도전하세요.

소프트웨어 개발 회사인 비전페이스는 오픈북 관리 방식을 따르며 보너스 풀 포인트를 마케팅 활동과 연계하는 경우가 많습니다. 예를 들어, 프로그래머는 회사 블로그에 게시물을 작성할 때마다 보너스 포인트를 얻습니다. 승리의 기회는 그 자체로 대부분의 인간에게 동기 부여가 됩니다. 비결은 우승과 수익성 있는 마케팅 활동에 기여하는 것을 동일하게 만드는 것입니다.

당신의 목표를 세상에 알려라

1인 사업가는 석탄더미에서 삽질을 하고 사업을 운영하느라 너무 바빠서 사업에 대한 장기적인 비전은 거의 빛을 보지 못합니다. 1년 후, 5년 후, 언젠가 여러분의 비즈니스가 어떤 위치에 있기를 원하는지 어느 정도 파악하고 있다면 전 세계가 볼 수 있도록 공개하세요. 어떻게 달성할지 모르더라도 고객과 잠재 고객에게 궁극적인 목표를 알리세요. 세상이 여러분의 목표 달성을 돕기 위해 음모를 꾸미는 경우가 많다는 것을 알게 되었지만, 그것은 여러분이 그것을 알릴 때만 가능합니다. 1인 기업만이 지닌 매력 하나는 고객과 네트워크가 서로 힘을 합쳐 더 큰 것을 이룰 수 있도록 돕는 것입니다. 이것이 바로 여러분의 이야기를 들을 가치가 있는 이유입니다.

저는 종종 '준비, 사격, 조준'이라는 비즈니스 방식에 대해 죄책감을 느끼지만, 덕테이프 마케팅과 함께 가고자 하는 방향을 공유하면 사람들이 삽을 들고 나타납니다. 그러니 일단 시작하세요. 어디로 가고 싶은지 말하세요.

마케팅 효과 측정하기

마케팅 목표를 달성하려면 마케팅 진행 상황을 적극적으로 추적해야 합니다. 숫자의 노예가 되라는 말은 아니지만, 그럴 시간도 필요도 없지만 중요한 마케팅 목표를 모두가 볼 수 있도록 벽에 붙일 수 있는 포스터를 만들어야 한다고 생각합니다. 마케팅 차트는 무엇이 중요한지, 무엇이 순조롭게 진행되고 있는지, 무엇이 순조롭지 않은지 매일 시각적으로 확인할 수 있는 프로세스로, 마케팅 목표에 집중할 수 있는 강력한 힘을 발휘합니다.

마케팅을 평가하는 기준

결국 마케팅 효과의 궁극적인 척도는 고객을 창출하고 유지하는 것입니다. 저는 이 궁극적인 척도를 주시할 수 있는 측정 지표를 만드는 것을 좋아합니다.

성공을 추적하면 집중력을 유지하고 진행 상황을 확인할 수 있을 뿐만 아니라, 시스템의 문제 영역을 파악하는 데 도움이 됩니다. 예를 들어, 많은 리드를 생성하고 있지만 그 중 고객으로 전환하는 리드가 너무 적다면 리드 전환 프로세스에 문제가 있는 것일 수 있습니다. 반면에 대부분의 약속을 성사시켰지만 충분한 잠재고객을 확보하지 못했다면 광고 또는 리드 생성 전략을 조정해야 할 수 있습니다.

대부분의 비즈니스에서 간단한 스프레드시트로 만들어 마케팅 성공 또는 끈기라고 부르는 마케팅 성공률을 추적하는 데 사용할 수 있는 세 가지 간단한 보고서가 있습니다. 잠재 고객 대 고객 비율, 리드 생성 보고서, 리드 전환 보고서입니다.

잠재 고객 대비 고객 비율

신규 고객 수를 리드 생성 시스템에서 생성된 잠재 고객 수로 나눈 값이 잠재 고객 대 고객 비율입니다. 예를 들어 한 달에 5명의 신규 고객을 생성하고 47명이 무료 보고서를 다운로드하거나 DM 편지에 응답하여 리드 생성 시스템에 들어왔다면 해당 월의 비율은 5를 47로 나눈 10.6%가 됩니다. 매우 간단한 계산이지만, 이와 같은 숫자가 마음에 드는 이유는 마케팅의 효과를 매우 간단하게 확인할 수 있다는 점입니다.

1인 기업 마케팅과 관련하여 수행하는 거의 모든 작업이 이 수치에 영향을 미칩니다. 이제 이 숫자를 확보했으니 이 숫자를 목표로 삼으세요. 매월 이 수치를 개선하는 것을 목표로 삼으세요. 이 수치는 비즈니스와 업종에 따라 크게 달라질 수 있으므로 제가 제안하는 것은 불가능합니다. 중요한 것은 벤치마크 수치를 설정하고 이를 개선하기 위해 노력하는 것입니다.

리드 생성 보고서

특정 달에 생성된 리드 수는 마케팅 측정에서 매우 중요한 부분이므로 가능한 모든 소스에서 생성되는 리드 수를 볼 수 있는 방법을 만드는 것이 좋습니다. 물론 이를 가장 효과적으로 수행하려면 홍보하는 각 메일, 광고 또는 URL에 어떤 형태의 추적 코드를 할당해야 합니다.

가능한 각 리드 소스가 포함된 차트나 스프레드시트를 만들고 각 소스에서 생성된 리드를 집계하기만 하면 됩니다. 모든 발신자에게 여러분의 회사를 어떻게 알게 되었는지 물어보는 것도 잊지 마세요. 이러한 수준의 추적을 수행하는 가장 큰 이유는 가장 효과적인 프로모션 및 매체에 대한 데이터를 수집하여 마케팅 비용을 항상 어디에 가장 잘 할당할 수 있는지 파악하기 위해서입니다. 측정되지 않는 것은 개선할 수 없습니다!

리드 전환 보고서

새로운 마케팅 시스템을 구축할 때 매우 유용한 또 다른 도구는 리드 전환 프로세스의 중간에서 추적하는 것입니다. 일부 비즈니스는 이를 통화 보고서라는 일반적으로 사용되는 영업 도구와 연관시킬 수 있습니다.

리드 전환 보고서를 사용하여 영업 통화를 추적하되, 리드 생성 보고서와 다시 연결해야 합니다. 하나의 광고나 매체로 많은 리드를 생성할 수 있지만 그 중 고객으로 전환되는 경우는 극히 드물다는 것은 재미있는 일입니다. 다른 프로모션은 많은 리드를 생성하지 못할 수도 있지만 올바른 리드이며 신규 고객으로 전환됩니다.

특정 비즈니스의 경우, 통화 보고서는 리드 전환 회의 중에 어떤 일이 발생했는지에 대한 개요일 수도 있습니다. 이는 바쁜 업무처럼 보일 수 있지만 성공적인 리드 전환 시스템을 개선하거나 복제하는 방법을 이해하는 데 매우 유용할 수도 있습니다.

예산 계획하고 집행하기

마케팅 예산을 고민하는 것은 필수적입니다. 마케팅 예산을 논의하기 위해 덕테이프 마케팅 시스템을 더 깊이 이해해야 한다는 점을 말해둡니다.

제가 함께 일한 대부분의 1인 사업가는 두 가지 진영에 빠졌습니다. '예산? 무슨 예산?' 진영과 '판매율' 진영입니다. 제 생각에 이 두 진영은 모두 치명적인 곳입니다.

마케팅에 할당된 예산이 없으면 두 가지 중 하나를 하게 됩니다. 마케팅에 전혀 투자하지 않거나 금주의 아이디어에 투입되는 마케팅 비용을 낭비하는 것입니다. '매출 대비 비율' 계산은 올바른 방향으로 나아가는 단계일 수 있지만 마케팅의 요점도 놓치고 있습니다.

1인 기업 마케팅 예산의 경우, 마케팅 목표를 달성하기 위해 가능한 한 적은 비용을 지출해야 한다는 것이 덕테이프 마케팅 시스템의 예산 철학입니다(이러한 목표가 왜 그렇게 중요한지 아시겠죠?). 저는 이것이 그렇게 급진적인 주장이라고 생각하지 않습니다. 아무도 마케팅 예산을 이런 식으로 생각하라고 말하지 않았기 때문입니다. 자, 여기 문제가 있습니다. 마케팅 계획을 세우고, 결과를 측정하고, 계획을 실행하지 않으면 이러한 접근 방식을 취할 수 없습니다.

고객 기여도 요소 결정

필요한 만큼만 지출하는 덕테이프 마케팅 예산을 만드는 방법을 정하려면 몇 가지 간단한 계산을 해야 합니다.

필요한 만큼만 지출해야 한다고 말했지만, 이는 "마케팅에 돈을 쓰지 말라"고 말하는 것과는 다릅니다.

전체 예산 프로세스를 목표에 연결하여 목표가 얼마나 공격적인지, 목표 달성을 위해 얼마나 많은 돈을 투자할 의향과 능력이 있는지에 따라 예산이 영향을 받거나 제한될 수 있도록 했습니다.

하지만 이 모든 것을 결정하기 전에 고객 기여도라는 요소를 살펴볼 필요가 있습니다. 고객 기여도란 '신규 고객이 사업에 얼마나 가치가 있는가'라는 말을 좀 더 멋지게 표현한 것입니다.

신규 고객을 확보하면 그 신규 고객이 2~3년 동안 얼마나 많은 수익을 창출할지 예측할 수 있어야 합니다. 이 수치를 통해 신규 고객을 확보하기 위해 얼마나 많은 돈을 투자할 수 있는지 파악할 수 있습니다.

이는 마케팅 예산을 세울 때 고려해야 할 요소 중 하나입니다.

완벽하지는 않지만 확실히 주목할 가치가 있습니다. 예를 들어 컨설턴트인 경우 각 신규 고객이 회사에 5만 달러 상당의 수익을 창출할 가능성이 높다는 것을 알고 있다면 각 신규 고객을 유치하기 위해 얼마를 지출할 수 있는지 생각해 볼 수 있습니다.

교체 부품이 전혀 필요 없는 79달러짜리 제품을 판매한다면 각 신규 고객을 확보하는 데 사용할 수 있는 예산은 위의 컨설턴트보다 훨씬 낮을 것이며 확실히 79달러보다 적을 것입니다.

첫 번째 단계는 비즈니스에 대한 고객 기여도 요인이 무엇인지 파악하는 것입니다. 대부분의 1인 기업에서 이것은 그리 어려운 방정식이 아닐 수 있습니다. 이상적인 고객 목록을 살펴보고 3년 동안 고객당 평균 수익이 얼마인지 또는 얼마인지 파악하세요. (3년은 상당히 임의적이지만 시작하기에 좋은 기준입니다.)

이 시점에서 새로운 수익과 신규 고객 목표를 다시 살펴보고 예산 수치를 생각하기 시작합니다. 작년에 신규 고객을 창출했고 마케팅에 지출한 금액도 추적할 수 있다면 이론적으로 각 신규 고객에 대한 신규 고객 확보 비용을 결정할 수 있습니다.

다시 정리해 보겠습니다. 지금까지 매출 및 신규 고객 목표를 설정하는 방법, 신규 고객의 비즈니스 가치를 결정하는 방법, 고객 확보 비용을 계산하는 방법을 소개했습니다. 완벽한 세상이라면 신규 고객 목표에 신규 고객 확보 비용을 곱하기만 하면 됩니다. 이것이 마케팅 예산입니다. 하지만 이 방법은 여러분이 계속 덕테이프 마케팅 시스템을 사용해 왔다고 가정하기 때문에 문제가 있습니다. 따라서 이 장에서 배운 내용을 가져와서 덕테이프 마법을 적용해야 합니다.

예산을 세우고 고수하기

이 모든 계산을 통해 얻으려는 숫자는 총 마케팅 예산 금액입니다. 마케팅 예산을 정확히 예측할 수 있는 입증된 방법을 알려드리려는 것이 아니라, 향후 마케팅 지출에 대한 수익을 정확하게 예측하기 위해 무엇에 집중해야 하는지 알려드리려는 것입니다. 마케팅 예산 책정을 한 번도 해본 적이 없다면 어디서부터든 시작해야 합니다. 기껏해야 계산된 추측을 내놓은 다음 그 추측을 테스트해 볼 수 있습니다.

지금까지 파악한 요소는 다음과 같습니다.

1. 마케팅 목표(신규 고객에 대한 예상 목표 기준)
2. 신규 고객을 확보하는 데 드는 비용(과거 마케팅 지출 기준)

3. 마케팅 예산

내년에 100명의 신규 고객을 추가하고 싶고 과거에 5,000달러의 마케팅 지출로 12명의 고객을 확보한 경우, 내년에 사용할 마케팅 예산은 41,000달러(또는 작년에 지출한 신규 고객당 416달러와 거의 같음)입니다. 당황하지 말고 여기서 하는 계산을 지나치게 단순화하지 마세요. 이 책에 설명된 전략과 전술을 사용하면 신규 고객을 확보하는 데 드는 비용이 훨씬 줄어들겠지만, 저는 합리적인 1인 기업 예산 시스템을 알려드리려고 합니다.

이해해야 할 주요 개념은 다음과 같습니다. 고객 확보 비용을 예산 도구로 추적하고 적극적으로 관리하세요. 다시 말하지만, 변수가 너무 많기 때문에 신규 고객을 확보하는 데 '반드시' 필요한 비용은 없습니다. 그러나 이러한 방식으로 예산을 관리하면 마케팅 지출이 실제적이고 측정 가능한 결과를 창출할 수 있도록 책임감을 가질 수 있습니다.

예산 테스트, 추적 및 조정

목표와 위의 공식에 따라 마케팅 예산을 4만 달러로 정했다고 가정합시다. 이 수치를 1년 동안의 마케팅 활동 전체에 걸쳐 분산시켜 보세요. 실제로 4만 달러를 지출한다는 의미는 아닙니다. 이를 기반으로 계획을 세운 다음 마케팅 계획의 특정 측면을 소규모의 측정 가능한 테스트를 통해 실행하고 결과에 따라 예산을 조정하면 됩니다. 이 방법에서 매우 빠르게 발견할 수 있는 것은 덕테이프 마케팅 시스템이 리드, 고객 및 수익에 대한 목표를 달성하고 고객 확보 비용이 떨어지면 원래 예산을 크게 줄일 수 있다는 것입니다.

원래 예산을 준비할 때 이 책 전체에 걸쳐 제시된 다음과 같은 주요 구성 요소를 고려하세요.

- 고정 연간 비용
- 컨설팅 비용
- 그래픽 디자인 비용
- 인쇄 비용
- 웹 디자인 비용
- 웹사이트 관련 비용

이러한 항목과 관련된 고정된 기초 유형 비용 외에도 리드 생성 시스템의 일부로 주로 테스트할 실제 프로모션 지출을 결정해야 합니다. 전체 마케팅 계획의 일부로 다음 지출에 대한 DM 및 광고 비용을 확보해야 합니다.

- 프로모션 기반 비용

- DM 비용
- 광고 비용
- 리드 전환 비용
- 고객 관계 비용

마케팅 일정 관리하기

덕테이프 마케팅 시스템의 마지막 단계는 계획된 전략을 예산과 결합하여 마케팅 활동을 시각적으로 관리하고 추적하는 캘린더를 만드는 것입니다.

대부분의 경우 현재 자금 수준으로 지원할 수 있는 마케팅 예산을 선택하고, 효율이 높은 마케팅 활동을 선택한 다음 그에 따라 계획을 세우면 됩니다. 이러한 시스템은 많은 스타트업 비즈니스에 충분히 도움이 되었지만, 장기적인 계획에는 예측 가능한 결과를 기반으로 한 계획이 포함되어야 합니다.

1년치 마케팅 계획 적어보기

사업을 예측 가능한 결과로 이끄는 가장 좋은 방법 중 하나는 벽에 걸 수 있는 크기의 달력에 1년치 마케팅 활동을 계획하는 것입니다. 이 달력에는 웹사이트 생성 또는 수정 같은 기본적인 마케팅 작업은 물론 계획된 리드 생성 테스트 및 프로모션이 모두 포함되어야 합니다.

　처음에는 이 책에서 설명하는 많은 도구를 만드는 데 필요한 스타트업형 작업의 양에 압도당할 수도 있지만, 마케팅이 바뀔 때까지는 아무것도 바뀌지 않을 것입니다.

　저는 앤 라모트(Anne Lamott)가 쓴 《글쓰기 수업(Bird by Bird)》이라는 책을 무척 좋아합니다. 라모트는 아버지가 들려준 이야기에서 책 제목을 따왔다고 말합니다. 그녀의 오빠는 새에 관한 리포트를 써서 학교에 내야 했는데 부담감을 느껴 아버지에게 어떻게 해야 할지 물었습니다. 아버지는 "하나씩, 하나씩. 새 한 마리씩 한 마리씩 차근차근 처리하면 돼"라고 조언했습니다. 마케팅도 마찬가지입니다. 계획을 세운 다음 한 번에 한 단계씩 완성해가야 합니다.

월간 마케팅 테마 만들기

　제가 즐겨 사용하는 또 다른 도구는 월별 마케팅 테마를 정하는 것입니다. 이렇게 하면 해당 테마에 필요한 도구와 시스템을 구축하는 데 집중할 수 있습니다. 예를 들어 3월에는 추천 시스템을 구축하고, 4월에는 홍보 프로그램을 시작하는 데 필요한 도구를 마련합니다. 1~2주 안에 모든 것을 다 할 필요는 없습니다. 하지만 매달 한 가지씩만 잘 해나가면 6개월 동안의 진전이 몇 년 동안 지속될 수 있습니다.

매일 약속을 지키는 습관 만들기

여러분은 마케팅 비즈니스에 종사하고 있습니다. 여러분은 최고 마케팅 책임자입니다. 금요일에 여유 시간을 쪼개서 그 일을 할 수는 없습니다. 매일 약속을 정하고 시간을 쪼개서 마케팅 활동을 하세요. 마케팅 키트 홍보물을 작성하고, 기자 세 명에게 전화를 걸고, 전략적 파트너와의 미팅 일정을 잡고, 메일링 리스트를 조사하고, 5개의 감사 메모를 작성하세요. 이것이 바로 마케팅 부서에서 '좋은 한 주'라고 부르는 것입니다. 습관이 되지 않으면 이런 일은 일어나지 않습니다. 일정에 그 시간을 확보하는 방법을 찾아내고 약속을 취소하지 마세요.

강력한 마케팅 습관 5가지

저는 몇 년 전부터 이 마케팅 활동을 시작했는데, 이 간단한 전략이 얼마나 효과적인지 놀라움을 금치 못합니다. 매주 월요일 아침, 5가지 마케팅 활동을 정하고 약속처럼 예약하세요. 그런 다음 금요일에 모든 작업이 완료될 때까지 집에 가지 마세요.

웹 카피 작성이나 제품 작업 같은 기초적인 작업도 할 수 있지만, 진정한 힘은 리드 생성, 판매, 추천 생성에 있습니다.

- 고객에게 감사하는 손글씨 메모 5개를 작성하세요. 이렇게만 해도, 시간이 지나면 추천을 얻을 수 있습니다.

- 거래가 끊긴 고객 다섯 명에게 전화를 걸어 오늘 거절할 수 없는 제안을 하세요! 어떤 고객은 그럴 만한 이유가 있어서 떠납니다. 고객이 그 이유가 무엇인지 알려주면 다시 고객을 확보할 수 있습니다.

- 기존 고객 5명에게 전화를 걸어 더 나은 서비스를 제공할 수 있는 방법이나 고객이 원하는 새로운 서비스 또는 제품에 대해 간략하게 인터뷰하세요. 그들의 말에 귀를 기울이세요. 그들은 여러분보다 여러분을 특별하게 만드는 요소를 더 잘 이해합니다. 핵심 메시지를 찾는 데 도움을 줄 수 있습니다.

- 잠재 고객 다섯 명에게 전화를 걸어(콜드 콜을 권장하지 않지만, 꼭 해야 한다면 하세요!) 웹사이트에 있는 무료 팁 시트, 체크리스트 시리즈 또는 보고서 작성 방법을 제공하세요. 고객에게 무언가를 팔려고 하지 말고, 약속을 잡으려고 하지 말고, 더 많은 정보를 요구하지 말고, 고객에게 필요한 무료 정보를 제공한 다음 입을 다물면 됩니다. 보고서가 판매되도록 내버려두고 정보를 얻은 사람들에게 후속 조치를 취하세요.

이런 습관을 매일 실천한다면 어떨까요? 비즈니스에 어떤 도움이 될까요?

ACTION PLAN ——

1. 마케팅 목표를 세웁니다.

2. 마케팅 성공을 측정할 방법을 결정합니다.

3. 마케팅 예산을 세웁니다.

4. 마케팅 캘린더를 만들어 모두가 잘 볼 수 있는 곳에 걸어두세요.

지은이 **존 잰스** John Jantsch

소기업을 전문적으로 지원하는 마케팅 컨설턴트, 작가, 강연가다. 소기업 마케팅을 집중적으로 연구하는 블로그 ducttapemarketing.com을 운영하고 있으며 20년 이상 비즈니스 운영과 성장, 마케팅 전략과 실행법을 전파하고 있다.

〈포브스〉는 그의 블로그를 '소기업 마케팅 최고의 블로그'로 꼽았고, 〈패스트컴퍼니〉는 그가 진행하는 팟캐스트를 '사업가가 반드시 들어야 할 팟캐스트'로 선정했다. HP, 마이크로소프트, 버라이즌, 아메리칸익스프레스, 이베이, 미국중소기업처(SBA) 등에서 키노트 연설을 했고 〈뉴욕타임스〉, 〈월스트리트저널〉, 〈CNN머니〉 등의 매체에 칼럼을 게재했다. 지은 책으로 《The Referral Engine》, 《The Commitment Engine》, 《Duct Tape Selling》, 《SEO For Growth》, 《The Self-Reliant Entrepreneur》, 《The Ultimate Marketing Engine》이 있다.

옮긴이 **최보배**

대학에서 영어영문학을 공부하고 출판 기획편집자로 일했다. 비즈니스 분야에서 탁월한 업적을 남긴 인물들과 그들의 생각법을 다룬 이야기를 좋아하며 마케팅, 광고, 카피라이팅 분야의 책에 관심이 많다. 영미권 외서를 기획하고 있으며 새로운 생각과 오래 남는 이야기를 번역한다.

감정이 결정하고 논리로 뒷받침하는 덕테이프 마케팅의 비밀

고객의 95%는 자기 의지로 물건을 사지 않는다

초판 1쇄 발행 2023년 10월 12일

지은이 존 잰스
옮긴이 최보배

편집 이가영, 구주연
디자인 Aleph design

펴낸이 최현준
펴낸곳 빌리버튼
출판등록 제 2016-000166호
주소 서울시 마포구 월드컵로 10길 28, 201호
전화 02-338-9271 | **팩스** 02-338-9272
메일 contents@billybutton.co.kr

ISBN 979-11-92999-20-3 03320